von Gratkowski

Zwillinge

Liebe Kati,

ein paar Tage nachdem ich erfahren habe, dass Du Zwillings-Mami wirst, habe ich in einem Second-Hand-Laden dieses Buch entdeckt und spontan für Dich mitgenommen. Vielleicht sind ein paar brauchbare Tips drin

Liebe Grüße

Ata

Die Autorin:

Marion von Gratkowski, hier mit ihren Zwillingen Maximilian und Constantin (heute bereits 19) sowie ihrem Sohn Nicolai (fast 14), lebt in Landsberg am Lech. Seit 1988 gibt sie die Zeitschrift »Zwillinge« im Selbstverlag heraus. Ihren großen Schatz an praktischen Erfahrungen zum Thema »doppelter Kindersegen« gibt die Journalistin in diesem hilfreichen und humorvollen Ratgeber weiter.

Marion von Gratkowski

Zwillinge

Wie Sie mit ihnen fertig werden, ohne selbst fertig zu sein

4., überarbeitete Auflage

TRIAS

Leserservice:

Wenn Sie Fragen oder Anregungen zu diesem Buch haben, schreiben Sie uns:
TRIAS Verlag
Postfach 300504
D-70445 Stuttgart

Oder besuchen Sie uns im Internet:
www.trias-gesundheit.de

Anschrift der Autorin:
Marion von Gratkowski
Postfach 401111
D-86890 Landsberg am Lech

Programmplanung: Sibylle Duelli

Medizinische Mitarbeit:
Dr. Karen Franke

Umschlaggestaltung:
Cyclus · Visuelle Kommunikation, Stuttgart

Textzeichnungen:
Friedrich Hartmann, Nagold

Bildnachweis:
Mauritius: Umschlag, S. 92, 182
Bavaria: S. 36, 192, 220

Gedruckt auf chlorfrei gebleichtem Papier

Oswald-Hesse-Str. 50, 70469 Stuttgart
Printed in Germany
Satz: Fotosatz H. Buck, Kumhausen
Druck: Westermann Druck Zwickau GmbH

ISBN 3-8304-3015-9 1 2 3 4 5 6

Bibliografische Information der Deutschen Bibliothek
Die Deutsche Bibliothek verzeichnet diese Publikation in der Deutschen Nationalbibliografie; detaillierte bibliografische Daten sind im Internet über http://dnb.ddb.de abrufbar.

Zu diesem Buch 7

Schwanger mit Zwillingen 9

Die Zwillinge werden entdeckt 10

Zwillinge im Mutterleib 13

Tipps für die Schwangerschaft 20

Vorbereitungen vor der Geburt 35

Die letzten Wochen 44

Die Geburt 51

Besonderheiten und mögliche Komplikationen 52

Welche Art der Entbindung ist möglich? 57

Erfahrungen von Zwillingsmüttern 64

Wie geht's nach der Geburt weiter? 69

Die Gefühle danach 70

Der Klinikaufenthalt 74

Frühgeborene und andere Sorgenkinder 77

Kann man Zwillinge erfolgreich stillen? 86

Der Alltag 93

Nach Hause kommen 94

Die ersten Wochen 97

Die Säuglingspflege 101

Die Ausstattung 144

Achtung, Unfallgefahr! 176

Krankheiten und Kinderarztbesuche 179

Die neue Lebensphase erfordert neue Maßnahmen 183
Mit Zwillingen mobil bleiben 184
Stress, lass nach! 194
Tipps fürs Haushaltsmanagement 205
Allein erziehende und Zwillinge 207
Berufstätig bleiben mit Zwillingen 208
Finanzielle Fragen 216

Die Zwillinge 221
Ähnlichkeiten und Entwicklungsschritte 222
Persönlichkeitsentwicklung 229
Besondere Erziehungsprobleme 236
Zwillinge im Kindergarten 241

Die Zwillingseltern 245
Kontakte für Zwillings- und Drillingseltern 246
Zwillingseltern ziehen ein persönliches Fazit 249
Wie sollen die Kinder heißen? 252

Wichtige Adressen für Zwillings- und Drillingseltern 253

Bücher zum Weiterlesen 261

Sachverzeichnis 262

Zu diesem Buch

Schon als ich erfuhr, dass ich Zwillinge erwarte, beschloss ich, ein Buch zu schreiben, das anderen Eltern einmal helfen sollte, mit ihrem doppelten Nachwuchs zurechtzukommen.

Zweieinhalb Jahre später war es soweit. Doppelte Freude, aber auch doppelte Arbeit, zweifache emotionale Beanspruchung und technische Anforderungen, doppelte Ausgaben ... Mein Mann und ich hatten unsere ersten Erfahrungen gemacht, ich konnte meinen Plan aufgreifen.

Ich wollte nicht nur auf das zurückgreifen, was wir an uns und mit unseren Zwillingen erfahren hatten, sondern ich wollte auch die Erlebens- und Erfahrungswelt, die Fragen, Probleme und Antworten anderer Zwillingseltern einbringen.

Deshalb startete ich eine Fragebogenaktion beim Zwillingsclub »Clübchen II e. V.« und bei der Zwillingsrunde e. V. in Frankfurt. 35 Elternpaare haben einen umfangreichen Fragenkatalog beantwortet und so dazu beigetragen, dass es in diesem Buch wirklich praktische Vorschläge und Tipps gibt.

Dieses Buch erhebt keinen Anspruch auf Vollständigkeit. Es wird unter den jährlich ca. 10 000 Zwillingseltern welche geben, die andere Erfahrungen gemacht haben oder die unsere Meinungen nicht teilen. Ich will Eltern nicht belehren, wie sie mit Zwillingen richtig umgehen, sondern beschreiben, wie sie mit ihnen umgehen *können*. Deshalb sollen meine Ratschläge Anregungen sein.

Wir haben auch einige Tipps für Drillingseltern zusammengestellt; viele praktische Empfehlungen gelten sowieso auch für sie.

Marion von Gratkowski

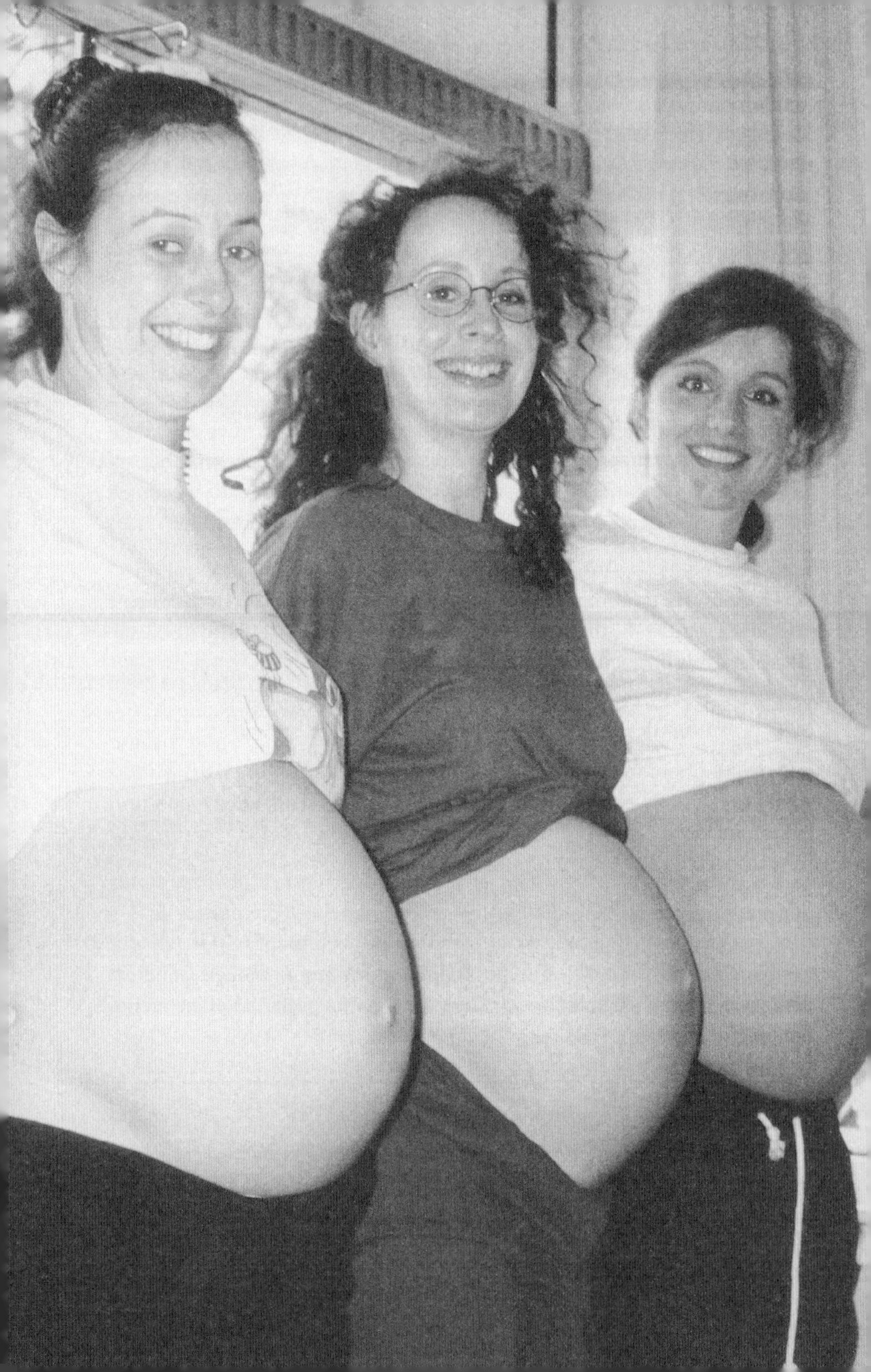

Schwanger mit Zwillingen

Gibt es Unterschiede zwischen der Schwangerschaft mit Zwillingen und der »einfachen« Schwangerschaft? Worauf sollten Sie als Zwillingsschwangere besonders achten? Und wie sehen die letzten Vorbereitungen vor der Geburt aus? Die Antworten finden Sie in diesem Kapitel.

Die Zwillinge werden entdeckt

Noch vor zwanzig Jahren erfuhren viele Zwillingseltern erst bei der Geburt vom doppelten Kindersegen. Damals waren die Ärztinnen und Ärzte weitgehend auf das angewiesen, was sie außen ertasten konnten. Manchmal deutete auch schon der enorme Bauchumfang auf eine Zwillingsschwangerschaft hin. Oder aber es waren mehr oder weniger zufällig zwei verschiedene Herztöne zu hören. Doch oft überlagern sich diese, denn die Herzen der Babys können im gleichen Rhythmus schlagen.

Mit den neuen Ultraschallgeräten lässt sich heute schon in der 5. oder 6. Woche feststellen, ob eine Schwangere Zwillinge erwartet, da in diesem Fall zwei Fruchtsäckchen zu sehen sind. Allerdings wird sich der Arzt mit der endgültigen Diagnose noch zurückhalten, da man mittlerweile weiß, dass sich manche Zwillingsanlagen wieder zurückbilden, das heißt, dass nur eine Einlingsschwangerschaft bestehen bleibt. Deshalb ist es sicherer, mit der Diagnose zu warten, bis man beide Herzschläge sieht.

Ein Zwilling versteckt sich

Wenn eine Zwillingsschwangerschaft beim heutigen Stand der Medizin bis zuletzt nicht entdeckt wird, so kann das als Kunstfehler angesehen werden. Für das nicht entdeckte Kind können Schwangerschaft und Geburt zahlreiche Gefahren mit sich bringen. Eine etwaige Unterversorgung während der Schwangerschaft oder ein Sauerstoffmangel während der Geburt werden nicht festgestellt und können demnach auch nicht behandelt werden. Im Fall von Drillingen oder gar Vierlingen werden die Kinder häufig erst nach und nach entdeckt, da sie einander überlagern können.

Der erste Schreck, die erste Freude

Die meisten Schwangeren bekommen erst einmal einen gehörigen Schreck, wenn sie erfahren, dass sie Zwillinge erwarten. Das ist ganz natürlich, und Sie brauchen sich dessen nicht zu schämen. Die Reaktionen auf den unverhofften Zuwachs reichen von Lachen bis Weinen.

Die Autoren der Mehrlingsstudie, die die Allgemeine Rentenanstalt Lebens- und Rentenversicherungs-AG, Stuttgart, anlässlich ihres 150. Jubiläums in Auftrag gegeben hatte, sprechen sogar von »Schock«. In der Untersuchung, die Prof. Dr. Alfred Lorenzer vom Fachbereich Gesellschaftswissenschaften der Johann-Wolfgang-Goethe-Universität Frankfurt durchführte, wurden 35 Zwillingsfamilien befragt. 20 bezeichneten die Überraschung, Zwillinge zu bekommen, klar als Schock.

Die Studie kommt jedoch auch zu dem Ergebnis: »Der erste Schreck sagt aber wenig darüber aus, wie er von den Betroffenen verarbeitet werden konnte. Es lässt sich nicht ableiten, dass die spontan Begeisterten auch die erfolgreicheren Zwillingseltern sein werden, ebenso wenig ergibt das Material, dass die anfangs schockierten Mütter bzw. Eltern größere Probleme mit ihren Kinder haben, obgleich einige angeben, dass es einige Zeit gedauert und viel Kraft gekostet hat, die neue Situation zu akzeptieren.«

Praxistipp

Fragen notieren

Angst vor dem Unbekannten überwindet man am besten durch gute Information: Notieren Sie sich deshalb alle Fragen, die Sie an Ihre Gynäkologin oder Ihren Gynäkologen haben und die Sie beim nächsten Vorsorgetermin stellen möchten. Auf vieles finden Sie aber auch in diesem Buch eine Antwort.

Wie reagieren die anderen?

Wenn Freundinnen, Freunde, Verwandte oder die Kolleginnen und Kollegen vom doppelten Kindersegen hören, freuen sie sich in der Regel mit den werdenden Eltern. Waren Sie vorher als Schwangere im Mittelpunkt des Interesses, so werden Sie nun geradezu bestaunt, und Ihr Wohlergehen ist allen doppelt wichtig. Auch im Geburtsvorbereitungskurs oder bei den routinemäßigen Vorsorgeuntersuchungen sind Sie etwas Besonderes. Sonnen Sie sich in dieser Aufmerksamkeit.

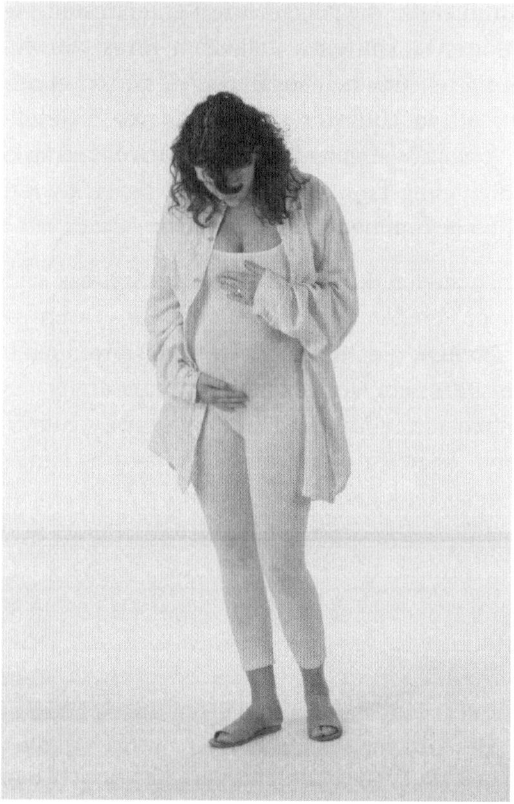

Das »dicke Ende« kommt noch – bis zur 28. Schwangerschaftswoche verlaufen Zwillingsschwangerschaften nicht viel anders als Einlingsschwangerschaften.

Es gibt aber auch viele Mitmenschen, die überall ein Haar in der Suppe finden müssen. Die kennen dann Zwillinge, bei denen alles schief gegangen ist, oder Zwillingsmütter, die mit ihren anstrengenden Kindern nicht zurechtgekommen sind. Besonders »nette« Zeitgenossen haben eventuell auch Kommentare wie »Wenn mir das passiert wäre, würde ich mich erschießen!« auf Lager. Lassen Sie sich davon nicht negativ beeinflussen. Sehen Sie alles, was auf Sie zukommt, realistisch – oder besser: Sehen Sie's gelassen positiv.

Zwillinge im Mutterleib

»Eineiig oder zweieiig? Diese Frage hörte ich sicher schon 1000-mal! Für mich spielt die »Ei-Frage« keine so große Rolle. Ich habe bloß die Fragerei satt und möchte endlich Bescheid wissen, um dann richtig Auskunft geben zu können.« (Irma P.)

Wie entstehen Zwillinge?

Eineiige Zwillinge entstehen durch Teilung aus einem einzigen befruchteten Ei. Sie sind mit identischen Erbanlagen versehen und stets gleichgeschlechtlich. Sie sehen sich sehr ähnlich, haben gleiches Haar (Farbe und Struktur) und gleiche Augen (Form und Farbe), sie weisen auch die gleichen Unregelmäßigkeiten am Gebiss auf, doch ihre Fingerabdrücke unterscheiden sich minimal. Völlig identisch sind sie also nicht.

Eineiige Zwillinge machen jedoch nur etwa ein Viertel aller Zwillinge aus. Die Mehrzahl ist zweieiig. Es sind Zwillingsgeschwister, die aus zwei verschiedenen Eizellen entstehen, die von je einer männlichen Samenzelle befruchtet werden. Im Körper einer Frau sind viele tausend Eianla-

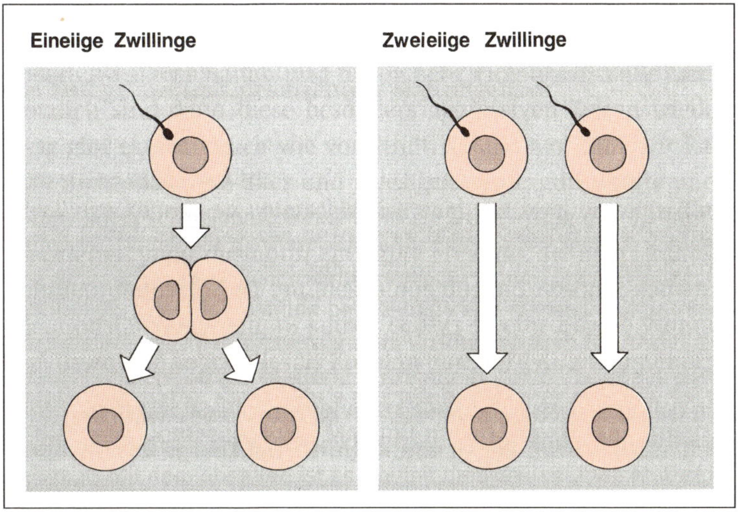

Ein Ei wird befruchtet und teilt sich = eineiige Zwillinge.
Zwei Eizellen werden befruchtet = zweieiige Zwillinge.

gen vorhanden, doch nur etwa 500 davon gelangen je zur Reife. Während eine Eizelle reift, werden Hormone freigesetzt, die verhindern, dass ein weiteres Ei gleichzeitig zur Reife kommt. Aber dieser Unterdrückungsmechanismus funktioniert eben nicht immer. Dann entwickeln sich zwei Eizellen gleichzeitig, die beide befruchtet werden und sich in die Gebärmutter einnisten können. Die Hälfte aller zweieiigen Zwillinge sind ein Junge und ein Mädchen, je 25 % sind zwei Jungen und zwei Mädchen.

Drillinge entstehen durch Teilung von Eizellen und/oder durch mehrere gleichzeitig reife Eizellen. Dabei gibt es verschiedene Kombinationen mit eineiigen und/oder zweieiigen Drillings- und Vierlingskindern.

Unterbringung und Versorgung im Mutterleib

Eineiige Zwillinge können je nach Teilungszeitpunkt in zwei getrennten Fruchtblasen, in einer gemeinsamen äußeren und zwei getrennten inneren Eihäuten oder in einer gemeinsamen Fruchtblase wachsen. Eine befruchtete Eizelle teilt sich nach 24 Stunden zum ersten Mal. Spaltet sich zu diesem frühen Zeitpunkt ein Keim ab, dann wachsen die Zwillinge mit jeweils einer eigenen Plazenta in je einer eigenen Fruchtblase heran. Diese frühe Teilung kommt jedoch sehr selten vor.

Sehr viel häufiger entstehen eineiige Zwillinge etwa um den sechsten Tag nach der Befruchtung. Bis zu diesem Stadium hat sich die Eizelle bereits mehrere Male geteilt und will sich in die Schleimhaut der Gebärmutter einnisten. Zwillinge, die zu diesem Zeitpunkt entstehen, haben nur eine Plazenta, eine gemeinsame äußere Eihaut und zwei getrennte innere Eihäute. Doch es gibt auch eineiige Zwillinge, die noch später entstehen. Hat sich das befruchtete Ei schon eingenistet, ist die Plazenta bereits angelegt und trennt sich der Keim erst jetzt ab, kommt es zu Zwillingen, die in einer Fruchtblase und mit einer (großen) Plazenta heranwachsen.

Inzwischen ist bekannt, dass es eine dritte Kategorie von Zwillingen gibt, bei der sich das Ei vor der Befruchtung durch zwei Spermien teilt. Diese Zwillinge sind ähnlicher als zweieiige Zwillinge und nicht so gleich wie Eineiige. Bei zweieiigen Zwillingen laufen eigentlich zwei Schwangerschaften gleichzeitig ab. Jedes Kind wächst in seiner eigenen Fruchtblase

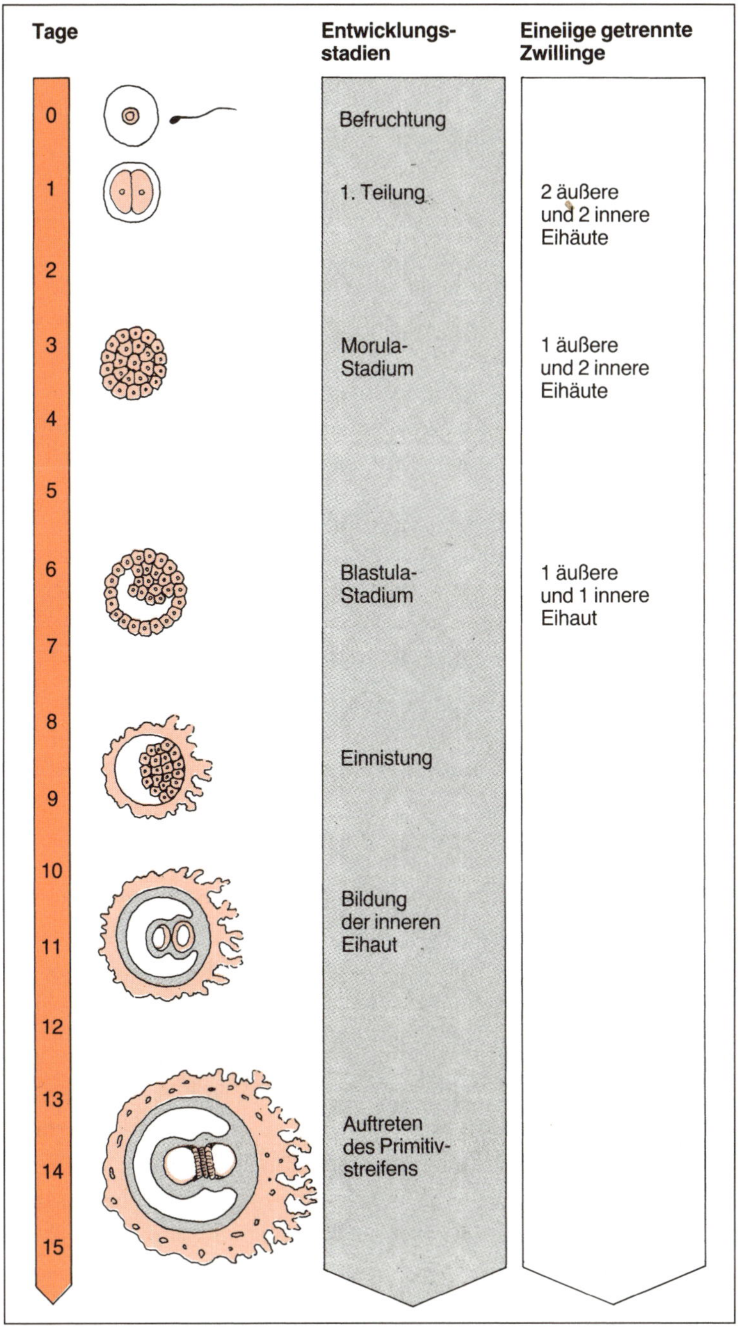

Die Entwicklungsstadien der Eizellen.

heran und wird auch durch seine eigene Plazenta versorgt. Oft gehen auch beide Plazenten ineinander über.

Es wird eng

Während Einzelkinder etwa bis zum 6. Monat so viel Platz haben, dass sie sich frei bewegen können, wird es für Zwillinge im Bauch schon viel früher eng. Zwillingsmütter spüren die Bewegungen ihrer Kinder auch schon früher (etwa Ende des 4. Monats) als Frauen, die nur ein Baby erwarten. Andererseits werden die Bewegungen oft weniger heftig empfunden – für stärkere Tritte reicht der Platz nicht.

Die meisten Zwillinge wachsen in getrennten Fruchtblasen heran (nur etwa 1 % ist in einer gemeinsamen Fruchtblase untergebracht), und Fruchtwasser mildert die Tritte und Püffe, die sie sich gegenseitig verabreichen. Die Bewegungsfreiheit endet für Zwillinge ohnehin etwa ab der 30. Schwangerschaftswoche, dann nämlich sind sie zu groß (oder der Platz ist zu eng), um ihre Lage noch wesentlich zu ändern. Sie sitzen in der Gebärmutter fest – meist der eine auf der rechten und der andere auf der linken Seite. Bei Drillingen und Vierlingen wird es natürlich schon früher eng.

»Bei uns hießen die Zwillinge schon bald ›der Untere‹ und ›der Obere‹. Es war deutlich zu merken, welches Kind sich bewegte. Der Untere schien etwas ›braver‹ zu sein, wir erwarteten ein Mädchen, der Obere zappelte ziemlich wild. Das würde wohl ein Junge werden. Tatsächlich war der Untere Max, ein sehr wildes Kind, und der Obere war Jonas, ein sehr zurückhaltender Junge.« (Marlies W.)

Teilen müssen Zwillinge aber nicht nur den Platz, sondern auch die Verpflegung. Vor allem, wenn sie durch eine gemeinsame Plazenta versorgt werden, besteht die Gefahr, dass der eine dem anderen etwas wegnimmt. Auch zwei einzelne Plazenten können zusammenwachsen, wenn sie dicht beieinander liegen, und damit besteht ebenfalls die Gefahr, dass ein Zwilling auf Kosten des anderen lebt.

»Es ist hart, zu den Feten eine zuversichtliche, fröhliche Beziehung aufzubauen, wenn man nicht weiß, wie lange sie noch in der Gebärmutter bleiben oder ob es nicht

schon bald zum Abbruch kommt. Leider fand auch bei uns nie eine psychologische Begleitung in dieser horrenden Leidensphase statt.« (Sigrun L.)

Nur in 15% der Fälle kommt es zu einer Verbindung zwischen den Plazentakreisläufen. Wenn einem Zwilling immer zu viel Blut zufließt und dem anderen zu wenig, führt das im Extremfall zum Absterben des unterversorgten Zwillingskindes. Dieses so genannte fetofetale Transfusionssyndrom führt auch zu einer enormen Steigerung der Fruchtwassermenge. Behandelt wird dieses Syndrom durch Entlastungspunktionen, die mehrfach durchgeführt werden müssen. Die Schwangerschaft muss genauestens überwacht werden (eventuell stationäre Aufnahme in die Klinik). Dennoch sind Ultraschallaufnahmen natürlich immer nur Momentaufnahmen, und es dürfte nicht einfach sein, den Zeitpunkt zu finden, zu dem die Geburt möglicherweise eingeleitet werden muss. Es besteht auch die Möglichkeit, die Gefäße dieser miteinander verbundenen Zwillingskreisläufe mit Lasertechnik zu trennen. Dr. Hecher in Hamburg hat große Erfahrungen und gute Erfolge damit. Verschiedene andere Universitätskliniken versuchen inzwischen nachzuziehen, aber die meisten Erfolge und besten Apparaturen dazu sind immer noch in Hamburg.

»Die Technik der Trennung mit einem Laser gab es seit ungefähr vier Jahren. Doktor Hecher in Hamburg hat sie in London erlernt. In dem Krankenhaus, in dem ich gelegen hatte, kannte man das Problem, aber nicht die Methode.« (Iris Z.)

Es kommt auch vor, dass eine Plazenta an einer schlechter durchbluteten Stelle der Gebärmutter sitzt. Damit ist die Versorgung für einen Zwilling ebenfalls schlechter. Das schwächere Kind wird zwar bei der Geburt weniger wiegen als der stärkere Zwilling (Gewichtsunterschiede können 1 000 Gramm und mehr betragen), doch das Längenwachstum ist von der unfreiwilligen »Fastenkur« während der Schwangerschaft meist nicht wesentlich beeinflusst. Die Entwicklung von Gehirn und Herz wird durch eine Art Notversorgung gewährleistet, die beide vorrangig mit Sauerstoff beliefert, wenn ein Mangel droht.

Die Enge im Mutterleib muss aber nicht nur als Konkurrenz empfunden werden, sie kann auch besondere Nähe und Gemeinschaft bedeuten. Viele Zwillinge fühlen sich deshalb auch erst in engem Hautkontakt (zum

Beispiel im Bettchen) mit dem anderen Zwilling wirklich wohl und geborgen.

Vaginale Entbindung oder Kaiserschnitt?

Generell wird nach der 37. Schwangerschaftswoche eine vaginale Entbindung angestrebt, wenn das erste Kind in Schädellage liegt. Vor der 34. Woche ist unabhängig von der Lage der Kinder meist ein Kaiserschnitt angezeigt. Zwischen 34. und 37. Woche wird bei Steiß-/Steißlage, Steiß-/Schädel- und Schädel-/Steißlage mit dem Kaiserschnitt sehr großzügig verfahren. Etwa 50 % aller Zwillinge liegen richtig, das heißt beide Kopf nach unten in Schädellage. Oft ist der stärkere Zwilling (wenn es einen stärkeren gibt) in Führung, und das ist auch gut so: Er weitet die Geburtswege für sein Zwillingsgeschwisterchen, das dann mühelos hinausgleiten kann.

Liegt das erste Kind in Steißlage, wird bei einer Erstgebärenden meist ein Kaiserschnitt durchgeführt, bei Mehrgebärenden kommt es auf die Größe des ersten (bzw. auch des zweiten) Zwillings an und auf den Geburtsverlauf (etwa auf die Schnelligkeit der Eröffnung des Muttermundes). Wenn das erste Kind Kopf voran die Geburtswege weitet, wird das zweite als Steißlage meist auch vaginal geboren werden können. Manchmal dreht sich das zweite Kind (oder lässt sich drehen) noch in Schädellage, sobald das erste geboren ist. In manchen Fällen wird für das zweite Kind doch noch ein Kaiserschnitt gemacht, was aber bei vorausschauender Geburtsleitung sehr selten vorkommt. Manche Ärztinnen und Ärzte entscheiden auch nach dem Gewicht der Kinder, das anhand der per Ultraschall gemessenen Größe geschätzt werden kann: Liegt das erwartete Geburtsgewicht unter 1500 Gramm oder bestehen voraussichtlich Gewichtsunterschiede von mehr als 500 Gramm, ist eher ein Kaiserschnitt anzustreben, anderenfalls kann vaginal entbunden werden. Kann der Kaiserschnitt längerfristig geplant werden, setzt man den Termin dafür meist in die 38. Schwangerschaftswoche an.

Zwillingsgeburten gelten als Risikogeburten und werden deshalb sehr sorgfältig überwacht (mehr darüber im Kapitel »Besonderheiten und mögliche Komplikationen«). Möglicherweise raten Ihnen manche Ärzte von vornherein zu einer Periduralanästhesie (PDA), die Ihre untere Körperhälfte vom Zwerchfell abwärts betäubt und somit gefühllos macht. Dann kann ein plötzlich notwendiger Kaiserschnitt ohne lange Vorbereitungen durchgeführt werden. Solche Notsituationen sind allerdings äußerst selten geworden. Machen Sie sich am besten keine allzu genauen Vorstellungen, wie die Geburt Ihrer Zwillinge verlaufen sollte. Dann sind Sie nicht so enttäuscht, wenn doch alles anders kommt. Bei Drillingen wird in der Regel ein Kaiserschnitt geplant.

Welche Frauen bekommen Zwillinge?

Frauen, die etwas älter sind und schon Kinder haben, können eher mit Zwillingen rechnen als sehr junge werdende Mütter. Denn das Hormon, das die natürliche Auslese der Eianlagen während des Zyklus steuert, wirkt weniger zuverlässig, je älter die Frau ist. Deshalb sind die Chancen bei einer Frau von 35 Jahren sechsmal so groß wie bei einer 20jährigen, dass sie Zwillinge bekommt. Bis zum 35. Lebensjahr steigt die Kurve an, doch danach sinken die Chancen für doppelten Nachwuchs rapide. Die Chancen, eineiige Zwillinge zu bekommen, bleiben dagegen unabhängig vom Alter konstant.

Dass die jahrelange Einnahme der Anti-Baby-Pille häufiger zu Mehrlingsschwangerschaften führen kann, ist nicht bewiesen. Allerdings kommt es aufgrund von Hormonbehandlungen zu Zwillings-, Drillings- bis hin zu Sechslingsschwangerschaften. Neuerdings gibt es auch immer mehr Zwillinge und Drillinge, die außerhalb des Körpers gezeugt werden (In-vitro-Fertilisation), weil ihre Mütter auf natürlichem Weg nicht schwanger werden können. Um die Chance einer Schwangerschaft zu erhöhen und die langwierige Prozedur nicht zu oft wiederholen zu müssen, werden diesen Frauen mehrere befruchtete Eizellen gleichzeitig eingesetzt. Was daraus wird, hängt davon ab, wie viele dieser Eizellen sich dann tatsächlich in der Gebärmutter einnisten.

Für die gängige Theorie, dass Zwillinge in der Familie erblich sind, gibt es immer noch keinen eindeutigen Beweis. Zwar kommt es in einigen Familien zu einer auffälligen Häufung von Zwillingsgeburten, doch konkrete Zusammenhänge haben Wissenschaftlerinnen und Wissenschaftler bislang nicht nachweisen können. Schließlich spielen anscheinend auch noch regionale Faktoren eine Rolle. So gibt es in Finnland besonders viele Zwillinge (etwa bei jeder 59. Geburt). Hierzulande ist nur etwa jede 80. bis 90. Geburt eine Zwillingsgeburt, allerdings ist diese Zahl durch die künstlichen Befruchtungen und Hormonbehandlungen stark gestiegen. Den Rekord hält Nigeria mit einer Zwillingsgeburt auf jede 22. Geburt.

Tipps für die Schwangerschaft

Bedauerlicherweise gibt es so gut wie keine populäre Literatur über Zwillingsschwangerschaften, und wir werdenden Zwillingsmütter können eigentlich nie so richtig abschätzen, wie hoch denn nun das Risiko tatsächlich ist. Antworten auf diese Frage möchte das folgende Kapitel geben. Nach ihren persönlichen Erfahrungen befragt, konnten vor allem »erfahrene« Mütter keine gravierenden Unterschiede zwischen einer Einzelschwangerschaft und einer Zwillingsschwangerschaft feststellen.

Vorsorge ist wichtig

Müssen Frauen, die Zwillinge erwarten, eigentlich öfter zur Vorsorgeuntersuchung? Ja und nein. Das hängt ganz vom Verlauf der Schwangerschaft, von den Beschwerden, aber auch von Ihrem jeweiligen Gynäkologen ab. Wenn Ihre Schwangerschaft ohne Komplikationen verläuft, werden Sie in der Regel, wie Einzelschwangere auch, alle vier Wochen zur Untersuchung bestellt. Ab der 30. Schwangerschaftswoche – bis dahin verlaufen Zwillingsschwangerschaften nicht unbedingt viel anders als Einzelschwangerschaften – wird Sie Ihre Ärztin oder Ihr Arzt vielleicht im Drei- oder Zwei-Wochen-Rhythmus sehen wollen. Insgesamt sind zehn Vorsorgeuntersuchungen vorgesehen.

Wenn Sie Vertrauen in Ihre ärztliche Betreuung haben, werden Sie die Risiken der Zwillingsschwangerschaft weniger beunruhigen. Wenn Sie sich dagegen unverstanden oder schlecht behandelt fühlen, wechseln Sie ohne Hemmungen oder schlechtes Gewissen noch während der Schwangerschaft die Ärztin oder den Arzt.

Welche Untersuchungen werden beim Vorsorgetermin durchgeführt? Es wird der Gebärmutterstand geprüft und ob der Muttermund noch fest verschlossen ist. Die Schwangere wird gewogen, muss Urin und anfangs einen Tropfen Blut zur Untersuchung abgeben. Am Blutbild kann abgelesen werden, ob die Schwangere eventuell eine Eisentherapie mit Tabletten machen muss, im Urin lässt sich erhöhte Eiweißausscheidung (Hinweis auf Schwangerschaftsvergiftung) nachweisen. Wasseransammlungen und Blutdruckerhöhung sind weitere Anzeichen einer beginnenden Toxikose, die meist erst im letzten Schwangerschaftsdrittel auftritt. Zucker im Urin kann auf einen bestehenden Schwangerschaftsdiabetes hinweisen.

Sehr wichtig ist die regelmäßige Messung der Wachstumsgröße der Zwillingskinder (per Ultraschall). Nach der 33. Woche verläuft die Wachstumskurve bei Zwillingen etwas flacher als die von »Einlingen«. Das bedeutet jedoch nicht gleich eine Gefährdung. Die Herztöne der Babys lassen sich ebenfalls per Ultraschall überprüfen. Auf dem Bildschirm sind

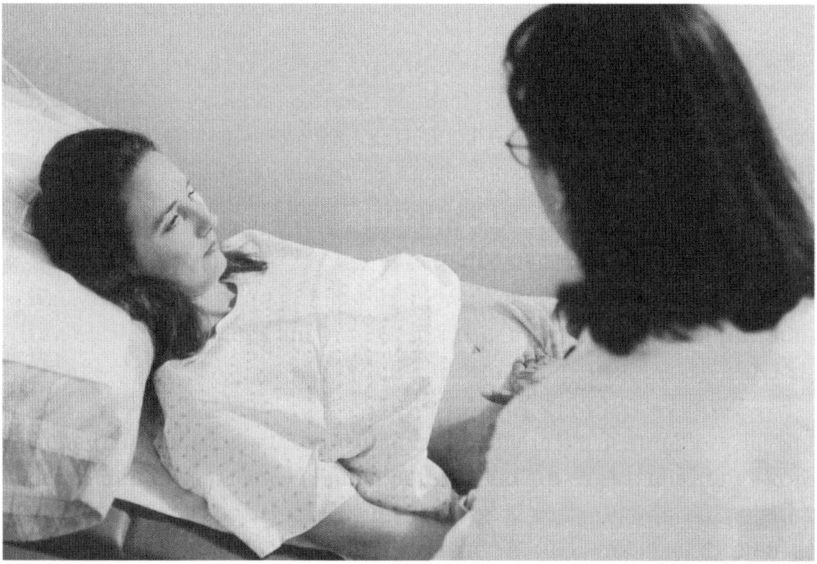

Es ist nichts so banal, dass es nicht mit der Ärztin besprochen werden sollte.

»Sowohl physisch als auch psychisch hatte ich eine überwiegend problemlose Schwangerschaft. Mein Bauch war in der 33. Woche so dick und hinderlich, dass ich nach einer halben Stunde einfacher Hausarbeit fix und fertig war. Ab der 30. Woche habe ich nicht mehr zugenommen, weil ich nur noch kleine Mengen essen konnte. So erging es mir in den beiden ersten Schwangerschaften aber auch. Die Kinder allerdings holen sich, was sie brauchen, mitunter auch auf Kosten der Gesundheit der Mutter.« (Gudrun Sch.)

»Ich hatte insgesamt eine gute Schwangerschaft, meine seelische Verfassung war sehr gut. In den letzten Monaten ließ die erhöhte Blutmenge die Adern schwellen. Wenn ich länger gesessen hatte und dann aufstand, taten mir die Oberschenkel weh, und ich musste mich erst einlaufen. Mein sonst lebhaftes Temperament glich dem einer Schnecke, ich war kurzatmig.« (Marion D.)

»Ich hatte einen wahnsinnig dicken Bauch, Schwangerschaftsstreifen, Blutungen und entzündete Nerven zwischen den Rippen, die natürlich nicht behandelt werden konnten. Zum Schluss lag ein Kind auf dem Schambein, was manchmal große Schmerzen verursachte.« (Ulrike Sch.)

»Die Schwangerschaft war die schönste Zeit meines bisherigen Lebens. Ich fühlte mich fit, gesund, und alle meinten, ich sähe blendend aus. Der Bauch wurde dick und dicker, und ich unbegreiflicherweise immer beweglicher.« (Andrea S.)

»Bis auf die beschwerliche Zeit am Ende der Schwangerschaft fühlte ich mich körperlich gut. Dank meiner guten Einstellung hatte ich auch das zweite Risiko – Diabetes – im Griff. Zum Ende der Schwangerschaft stellte sich eine beginnende EPH-Gestose ein, also leicht erhöhter Blutdruck und Wasseransammlungen in den Beinen.« (Melitta K.)

»Bis auf eine kleine Blutung am Anfang verlief die Schwangerschaft vom Körperlichen her bilderbuchmäßig. Lästig war ein Ausschlag auf meinem Bauch von der Creme gegen die Schwangerschaftsstreifen. Zum Schluss der Schwangerschaft, die in der 33. Woche jäh endete, machten mir so genannte Schwangerschaftswehen sehr zu schaffen, das heißt, die Gebärmutter zog sich partiell zusammen, und ich hatte dabei das Gefühl, als zöge es meinen Bauch, der ohnehin immer tief unten hing, noch tiefer. Auf dem Heimweg vom Büro musste ich mich einmal sogar auf die Straße setzen, weil ich einfach nicht mehr weiterlaufen konnte.« (Marion v. G.)

Erfahrungen von Zwillingsmüttern

»Bis auf die letzten vier Wochen habe ich mich sehr wohl gefühlt. Ich war allerdings dauernd müde, hatte Vitaminmangel, Rückenschmerzen und ein sehr ausgeprägtes Geruchsempfinden. Etwa ab dem achten Monat konnte ich kaum noch schlafen. Die letzten vierzehn Tage vor der Geburt konnte ich weder sitzen noch liegen. Ich bin stundenlang Tag und Nacht durch die Wohnung gelaufen. Ich war hundemüde. Ich konnte auch nichts mehr essen und habe mich nur noch von Malzbier ernährt. Außerdem hatte ich Probleme mit meiner Blase. Ich traute mich nicht mehr aus der Wohnung.« (Angela B.)

dann zwei pulsierende Flecken zu sehen. Zum Ende der Schwangerschaft wird auch immer mal wieder ein CTG (Kardiotokogramm) geschrieben, um zu sehen, ob es den Kindern noch gut geht. Mit diesem Gerät werden die Babys auch während der Geburt überwacht. Bei Drillingen sind auf jeden Fall häufigere Kontrolluntersuchungen erforderlich. Meist wird dann auch vorsorglich zu einer vorzeitigen Einweisung in die Klinik geraten.

Doppelte körperliche Beschwerden?

Übelkeit

Die hormonelle Umstellung in den ersten drei Monaten der Schwangerschaft fällt meist drastischer aus als bei einer Einlingsschwangeren. Die Plazenta, die erhebliche Mengen an Sexualhormonen produziert, ist größer bzw. zweifach vorhanden. Aus der Umstellung resultiert das häufige Auftreten von Übelkeit und Erbrechen. Ein Großteil davon hat jedoch psychische Ursachen. Deshalb hilft oft schon die Unterstützung der Umwelt und verständnisvolle Zuwendung. Oder Sie nehmen ein kleines Frühstück im Bett – noch vor dem Aufstehen – ein. Sie können sich auch Medikamente verordnen lassen, die den Brechreiz (angeblich) lindern. Gefahr durch das Erbrechen besteht allerdings erst, wenn der gesamte Stoffwechsel entgleist. Das kann durch eine Urinuntersuchung auf Azeton festgestellt werden. Gegebenenfalls wird eine Infusionsbehandlung notwendig, die ambulant oder stationär durchgeführt werden kann. Nach den ersten drei Monaten verschwindet die verstärkte Übelkeit oft wie von selbst.

»Meine unwahrscheinliche Freude wurde leider getrübt. Mir war ja so schlecht. Ich übergab mich, wo ich nur konnte. Ich verbrachte die meiste Zeit auf der Toilette oder im Bett. Bei meiner zweiten Ultraschalluntersuchung war mein Mann Uli Gott sei Dank dabei. ›Frau B.‹, sagte mein Arzt, ›es haben sich drei Eier eingenistet‹.« (Conny B.)

Depressionen

Auch Depressionen können als Begleiterscheinung der Hormonumstellung zu Beginn der Schwangerschaft auftreten. Sie verschwinden ebenso wie die Übelkeit, wenn der Körper sich an seine neue Situation gewöhnt hat.

Kurzatmigkeit

Manche Frauen haben das Gefühl, kaum noch Luft zu bekommen. Vor allem beim Treppensteigen macht sich Kurzatmigkeit stark bemerkbar. Einfachste Hausarbeit strengt schon nach wenigen Minuten an.

Sodbrennen

Viele Frauen können gegen Ende der Schwangerschaft nur noch geringe Mengen essen, weil die Zwillinge auf den Magen drücken. Sodbrennen entsteht, weil Magensäure in die Speiseröhre zurückfließt. Medikamente helfen oft nicht. Besser ist es, sich ein paar Minuten aufrecht hinzusetzen, einen Zwieback zu knabbern oder ein paar Haselnüsse so lange zu kauen, bis sie ein geschmackloser Brei sind. Sie können auch einen Teelöffel Heilerde in einem Glas Wasser verrühren und trinken. Aus Majoran, Basilikum oder Ingwer können Sie einen Tee zubereiten, von dem Sie zwischen den Mahlzeiten immer wieder einen Schluck nehmen. Oft hilft es auch schon, Speisen zu vermeiden, die den Magen reizen könnten: stark gewürzte und gebratene Speisen, saures Obst, Kaffee und Hefegebäck.

Blasen- und Darmprobleme

Im fortgeschrittenen Stadium der Schwangerschaft drücken die Zwillinge auch auf die Blase. Manche Frauen trauen sich dann kaum noch aus dem Haus, weil sie sich nicht mehr so recht auf ihre Blase verlassen können. Ein Ausscheidungsproblem ganz anderer Art ist die lästige Verstopfung. Die Darmtätigkeit lässt während der Schwangerschaft etwas nach. Um die Verdauung dennoch gut in Gang zu halten, sollten Sie viel Rohkost essen, Vollkornprodukte und Joghurt, vermischt mit Weizenkleie oder anderen Ballaststoffen.

Wasseransammlungen

Zwillingsmüttern machen auch Wasseransammlungen oft zu schaffen. Die Schuhe von »vorher« passen nicht mehr, oder die Fußsohlen brennen schon nach ein paar Schritten. Wenn Sie Umstandskleidung besorgen, denken Sie auch an Umstandsschuhe – weit und bequem, mit flachen Absätzen, möglichst ohne fremde Hilfe anzuziehen.

Krampfadern

Mit dem Wachstum des Bauches erhöht sich der statische Druck auf die untere Körpervene, so dass die Bildung von Krampfadern begünstigt wird. Gibt es in Ihrer Familie vermehrt Krampfadern, sollten Sie besonders darauf achten. Dagegen können Sie sich Stützstrümpfe verschreiben lassen, die allerdings an heißen Sommertagen sehr lästig sein können. Bestes (vorbeugendes) Mittel gegen Krampfadern ist immer noch die Entlastung der Beine, die Sie deshalb so oft wie möglich hochlagern sollten. Darüber hinaus fördert morgendliches vier- bis fünfminütiges Abbrausen der Beine mit kaltem Wasser (keine Wechselbäder!) das Zusammenziehen der venösen Gefäße.

Kreuzschmerzen

Ebenfalls vermehrt treten Kreuzschmerzen in der zweiten Hälfte der Schwangerschaft auf, da sich der Körperschwerpunkt nach vorn verlagert, und die Schwangere ein verstärktes Hohlkreuz ausbildet. Gegen Kreuzschmerzen kann ein Schwangerschaftsmieder verschrieben werden, dessen Nutzen allerdings nicht unumstritten ist. Die befragten Zwillingsmütter fanden jedoch, dass es der Wirbelsäule hilft, die enorme Last zu tragen. Gegen Kreuzschmerzen helfen auch flache Schuhe, auf einem Stuhl statt im Sessel zu sitzen, und zum Schlafen eine relativ harte Matratze. Manche Frauen empfinden auch die Lage der Kinder oder deren heftige Bewegungen als lästig oder sogar schmerzhaft. Bei Problemen mit dem Ischiasnerv können Sie sich Massagen verschreiben lassen. Lindernd wirkt auch eine Akupunkturbehandlung.

Unbeweglichkeit

Viele werdende Zwillingsmütter klagen über ihre Unbeweglichkeit in den letzten Wochen. Der Bauchumfang kann mehr als 1,20 Meter betragen, an Gewicht nehmen einige Frauen über 30 Kilogramm zu (mehr darüber im Kapitel »Ernährung« auf Seite 29). Da fällt jeder Schritt, jede Bewegung schwer – sogar das Aufstehen oder Hinsetzen. Manche Frauen müssen sich immer erst eine Weile »einlaufen«.

Schwangerschaftsstreifen und Hautjucken

Viele Frauen cremen sich den Bauch ein, um Schwangerschaftsstreifen zu vermeiden. Besser geeignet sind Öl und so genannte Zupfmassagen. Allerdings hängen Risse im Gewebe, also Schwangerschaftsstreifen, von der jeweiligen Hautbeschaffenheit ab. Manche Frauen neigen zu diesen Streifen, andere wiederum nicht. Gegen lästiges Hautjucken wegen übergroßer Dehnung des Bauches helfen Cremes gegen Juckreiz.

Schlaflosigkeit

Die meisten Frauen leiden gegen Ende der Schwangerschaft unter Schlaflosigkeit. Das hat mehrere Gründe. Zum einen sind die Kinder meist dann aktiv, wenn bei der Mutter Ruhe eingekehrt ist. Zum anderen drücken sie auf die Blase, und die meisten Frauen kommen ohne nächtlichen Gang zur Toilette nicht mehr aus. Außerdem haben die meisten Mühe, mit dem dicken Bauch überhaupt noch zu liegen. Der nämlich muss bei jeder Drehung mit – das kann sich niemand vorstellen, der es nicht mitgemacht hat: der Bauch muss buchstäblich mit herumgehoben werden. Hinzu kommen noch Phantasien, die sich um die nahende Geburt und die Zeit danach ranken. Einmal durch vorgenannte Gründe aufgewacht, können viele Frauen nicht mehr einschlafen. Stehen Sie in diesem Fall für ein paar Minuten auf, lenken Sie sich ab, gehen Sie in der Wohnung umher, machen vielleicht noch etwas Hausarbeit, wozu Sie tagsüber keine Lust hatten, lesen Sie oder trinken Sie ein Glas warme Milch. Mütter von »Einzelkindern« machen die gleichen Erfahrungen.

Schwangerschaftsanämie und -vergiftung

Schwangerschaftsanämien, die bei Zwillingsschwangerschaften häufiger vorkommen als bei Einlingsschwangerschaften, werden durch Kontrolle des roten Blutfarbstoffes erkannt. Dagegen kann Ihnen Eisen in Tablettenform verordnet werden. Die so genannte Schwangerschaftsvergiftung (Schwangerschaftstoxikose oder -gestose) kann im Rahmen der Vorsorge rechtzeitig festgestellt werden. Sie kommt in etwa 20 % der Fälle vor, in der Regel allerdings erst jenseits der 30. Woche. Sie äußert sich durch: Blutdruckerhöhung, Wassereinlagerungen und vermehrte Eiweißausscheidung im Urin. Symptome können Oberbauchschmerzen, starke Kopfschmerzen oder Sehstörungen sein. Die Behandlung reicht von diätetischen über medikamentöse Maßnahmen, rechtzeitiger Krankschreibung bis hin zur stationären Krankenhauseinweisung bzw. Einleitung der Geburt bei möglichst fortgeschrittener Reifung der Kinder.

Empfehlung

Über Beschwerden sprechen

Wenn Sie sich während der Schwangerschaft über das eine oder andere körperliche Problem sorgen, sprechen Sie mit Ihrer Ärztin oder Ihrem Arzt darüber. Es ist nichts so banal, dass es sich nicht doch lohnte, untersucht zu werden (zum Beispiel können lästige »Kreuzschmerzen« erste – vorzeitige – Wehen sein!). Wenn Sie regelmäßig die Vorsorgetermine wahrnehmen, werden Blut- und Urinwerte kontrolliert, die Ihnen, auch wenn sie von der Norm abweichen, zunächst keine Beschwerden bereiten.

Muss ich mich doppelt schonen?

Die Antwort darauf hängt wieder ganz von der individuellen Verfassung und Belastbarkeit der werdenden Mutter ab. Es gibt kein Patentrezept, wie Sie sich verhalten sollen. Am besten folgen Sie den Signalen Ihres Körpers, gönnen sich eine Ruhepause, bevor Ihnen »alles zu viel« ist. Verrichten Sie keine anstrengenden Hausarbeiten mehr, erledigen Sie vieles im Sitzen, schicken Sie Ihren Mann zum Einkaufen, und legen Sie sich hin, so oft Sie können. Auch bei den Vorbereitungen für die Ankunft der Zwillinge – Besorgungen, Kinderzimmer einrichten oder gar ein Umzug – sollten Sie sich sehr zurückhalten. Zu viel Schonung kann keinesfalls schaden, zu wenig dagegen sehr.

Die Gewichtszunahme bei Zwillingsschwangerschaften kann am Ende der Schwangerschaft etwa 2 bis 3 Kilogramm über der normalen Zunahme bei Schwangeren von 10 bis 11 Kilogramm liegen, aber auch wesentlich darüber. Doch eine zu große Gewichtszunahme hat keine Vorteile, im Gegenteil, es ergeben sich sowohl bei der Geburt Probleme durch zu-

Ernährung in der Zwillingsschwangerschaft

Allgemein sollte die Ernährung ausgewogen und abwechslungsreich sein und nicht übertrieben kalorienreich. Auf keinen Fall sollten Sie jetzt für zwei oder gar für drei essen. Entscheidend ist, dass dem Körper alle benötigten Nährstoffe in vernünftiger Relation zugeführt werden. In der ersten Schwangerschaftshälfte genügt es, wenn Sie 2 500 Kalorien pro Tag, in der zweiten Hälfte 2 700 bis 2 800 Kalorien zu sich nehmen. Bei einem abwechslungsreichen Speisezettel wird es nicht zur Fehlernährung kommen. Deshalb an dieser Stelle keine ausführlichen Empfehlungen, nur folgenden Tipp: Besonders nahrhafte Gerichte, die wenig Platz im Magen brauchen, hat die Zeitschrift »Eltern« zusammengestellt. Die Rezepte können dort beim Leserdienst gegen Rückporto bezogen werden. Spezielle empfehlenswerte Ratgeber für die Ernährung in der Schwangerschaft und für die Stillzeit finden Sie auf Seite 260.

Es kann allerdings auch in unseren Breitengraden zu Mangelzuständen kommen. Am häufigsten tritt die verminderte Eisenzufuhr, in Bayern auch ein Jodmangel auf, und neu in der Diskussion sind ein Mangel an Magnesium und Fluor bei der Zahnbildung. Speziell bei Zwillingsschwangerschaften wird von ärztlicher Seite sehr großzügig eine **Eisentherapie** verordnet werden. In manchen Regionen (in Jodmangelgebieten) sollten Zwillingsschwangere zusätzlich **Jod** in Form von Kaliumjodidtabletten einnehmen, da der Neugeborenenkropf unter dieser Behandlung fast ganz verschwindet.

Magnesium wird mittlerweile ein Schutzeffekt bei Neigung zu Frühgeburt, bei Schwangerschaftsvergiftungen und bei einer Ernährungsstörung einer zu kleinen Plazenta zugeschrieben. All diese Elemente können in so genannten Multivitaminpräparaten kombiniert eingenommen werden, allerdings werden die Kosten dafür nicht von den Kassen übernommen. Einzelpräparate dagegen werden von den Kassen bezahlt und sind sehr sinnvoll. Der erhöhte **Kalzium-** und **Phosphor**bedarf kann in der Schwangerschaft durch ein Glas Milch oder ein Schälchen Magerquark am Abend gedeckt werden.

»Essen für drei« ist nicht nötig – Hauptsache, Sie ernähren sich ausgewogen.

sätzliche Fettansammlungen (auch im Bereich des kleinen Beckens) als auch Nachteile für die Figur. Schwangerschaftsstreifen, die durch die Überdehnung der Bauchdecke häufiger entstehen, werden durch eine übermäßige Gewichtszunahme noch begünstigt.

Von selbst versteht sich, dass Sie während der Schwangerschaft nicht rauchen. Hören Sie jetzt damit auf, wenn Sie es vorher noch nicht geschafft haben. Gleiches gilt für Alkohol und andere Drogen: Schluss damit zum Wohl Ihrer Zwillinge!

Sind Sport und Sex tabu?

Eine Sportart können Sie getrost ausüben, so lange sie Ihnen Spaß macht und nicht von ärztlicher Seite verboten wird: Schwimmen. Denn Schwimmen entlastet die Wirbelsäule, die in Ihrem Fall noch stärker beansprucht wird als bei Schwangeren, die nur ein Kind erwarten. Andere

Sportarten wie Joggen oder Rad fahren werden Sie vielleicht schon bald von selbst aufgeben, weil sie Ihnen zu anstrengend werden. Generell kommt es darauf an, wie man eine Sportart betreibt. Hochleistungssport verbietet sich sowieso während der Schwangerschaft. Lassen Sie aber auch ärztlich abklären, ob Sie den gymnastischen Teil des Geburtsvorbereitungskurses mitmachen dürfen. Bei Frühgeburtsbestrebungen sind Bodengymnastikübungen verboten.

Gegen Sex in der Schwangerschaft ist so lange nichts einzuwenden, wie Sie und Ihr Partner noch Spaß daran haben und keine Komplikationen auftreten. Allerdings wird der Bauch dabei bald lästig und bei den meisten Frauen lässt auch das Verlangen nach sexueller Betätigung entsprechend nach. Wenn Sie unsicher sind, was Sie sich noch zumuten können, fragen Sie Ihre Ärztin oder Ihren Arzt. Sie bzw. er kann am besten beurteilen, ob eine Gefährdung für die Schwangerschaft besteht.

Wie lange kann ich noch arbeiten?

Auch wenn eine Frau Zwillinge erwartet, beträgt die Mutterschutzfrist für Berufstätige vor dem errechneten Geburtstermin nur sechs Wochen. Doch die meisten Frauen sind schon lange vor dieser Zeit arbeitsunfähig. Bedauerlicherweise hat der Gesetzgeber bis heute nicht vorgesehen, den Mutterschutz vor der Geburt für Zwillings- und Mehrlingsschwangere zu verlängern.

Ab der 30. Schwangerschaftswoche werden Krankschreibungen flexibel gehandhabt, das heißt, manche Ärztinnen und Ärzte schreiben Frauen, die Zwillinge erwarten, problemlos krank, andere lassen sich recht bitten. Ohne Probleme erfolgt die Krankschreibung, wenn sich irgendwelche Frühgeburtsbestrebungen feststellen lassen, wenn es also zu vorzeitigen Wehen oder zu einer beginnenden Öffnung oder Verkürzung des Muttermundes kommt. Die Art Ihrer Arbeit ist dabei eher sekundär. Besser: Es besteht die Möglichkeit, dass von ärztlicher Seite ein »generelles Beschäftigungsverbot« ausgesprochen wird. Das ist für die betroffenen Frauen finanziell günstiger, da sie Lohnfortzahlungen weiterhin in voller Höhe bekommen. Dieses Beschäftigungsverbot betrifft nicht nur »exoti-

Praxistipps

So machen Sie sich das Leben mit einem dicken Bauch leichter

- Setzen Sie sich so oft wie möglich hin. Ich habe sogar im Sitzen Geschirr gespült.
- Gehen Sie beim Bücken in die Knie; keinen Katzenbuckel machen.
- Wenn Sie aus liegender Position aufstehen möchten: Drehen Sie sich erst zur Seite und richten Sie sich dann seitlich auf.
- Stützen Sie sich mit den Ellbogen auf einem Tisch oder einer Arbeitsplatte in der Küche auf, und lassen Sie den Bauch hängen.
- Schneiden Sie sich beizeiten noch einmal die Fußnägel. Es könnten Wochen kommen, da sehen Sie Ihre Füße nicht mehr!
- Besorgen Sie sich deshalb rechtzeitig ein Paar Schuhe, in das Sie ohne zu gucken, ohne sich bücken zu müssen, hineinschlüpfen können.
- Massieren Sie Ihren Bauch regelmäßig mit einer Creme (besser: Öl), und wenden Sie auch die so genannte Zupfmassage an.
- Als Umstandskleidung sind zu empfehlen: Weite Kleider, weite Sweatshirts und Jogginghosen ohne Hosengummi (mit Hosenträgern befestigt), Hosen nur dann, wenn sie ein verstellbares Gummi im Bund haben, andere Umstandshosen mit Elastikeinsatz rutschen ständig, kneifen und sind bald zu eng. Auch Latzhosen sind nicht unbedingt bis zuletzt tragbar.
- Im Winter empfiehlt sich statt eines Mantels ein dicker Umhang, den Sie auch noch im nicht schwangeren Zustand tragen können.
- Viele Frauen bedienen sich im Kleiderschrank ihres Mannes.
- Um mit dem dicken Bauch besser liegen zu können, stützen Sie ihn mit vielen Kissen ab. Besorgen Sie sich jetzt schon ein praktisches Stillkissen, das nicht nur beim Stillen gute Dienste leistet.
- Wenn die Hüftknochen schmerzen, betten Sie Ihre Hüfte auf die Mitte eines aufgeblasenen Schwimmreifens.
- Im letzten Schwangerschaftsdrittel empfiehlt es sich, Ringe (vor allem sehr eng sitzende) abzunehmen, da die Finger anschwellen.
- Beim Autofahren sollten Sie sich trotz Bauchs anschnallen. Der Beckengurt verläuft dann unterhalb des Bauches.

sche« Berufe wie Dachdeckerin oder Kaminkehrerin. Viele Ärzte wissen oft nicht, dass sie so ein Verbot aussprechen können, da es ja eher selten vorkommt. Trauen Sie sich in jedem Fall, einmal nachzufragen!

»Als ich endlich zu Hause bleiben durfte, genoss ich ›die Ruhe vor dem Sturm‹. Die letzte Zeit hatte ich meinen Arbeitsplatz mit dem vollbesetzten Bus kaum noch erreichen können.« (M. v. G.)

Das seelische Befinden: ein Auf und Ab

Gewisse unbewusste Ängste haben viele Erstgebärende. Das kommt nicht nur bei Zwillingsmüttern vor. Frauen, die beide Arten der Schwangerschaft kennen, konnten in dieser Beziehung keine gravierenden Unterschiede feststellen Viele machen sich natürlich Gedanken, ob sie mit den neuen Anforderungen fertig werden. Gerade hier ist die seelische Unterstützung durch den Partner, Eltern und Freundinnen sehr wichtig. Sie sollten das Gefühl haben, dass Sie nicht allein sind, sondern dass Sie alle zusammen das schaffen, was auf Sie zukommt. Gerade hierzulande begegnen Zwillingsschwangere nicht selten mitleidigen Blicken. Dann sollten Sie selbstbewusst darauf hinweisen, dass Zwillinge etwas ganz Besonderes sind und nur eine von 80 Schwangeren Zwillinge erleben *darf*.

In den ersten Wochen kann manchen Frauen auch die stärkere Hormonausschüttung zu schaffen machen. Depressionen sind die Folge. Sobald sich der Körper an die neue Situation angepasst hat, verschwinden solche Stimmungsschwankungen wieder. In all den Jahren, in denen ich mit anderen Zwillingsmüttern zu tun hatte, hat sich immer wieder herausgestellt, dass sich die meisten sehr rasch an die neuen Perspektiven gewöhnt haben bzw. sich alle sehr auf ihre Zwillinge und die tolle Aufgabe freuen, statt sich zu fürchten vor dem, was kommen *könnte!*

Welche Ängste sind wirklich berechtigt?

Die Hauptsorge bei Zwillingsschwangerschaften bezieht sich immer auf die Gesundheit und Lebensfähigkeit der Kinder nach der Geburt. Während bis in die siebziger Jahre die Sterblichkeit von Zwillingskindern fünf- bis zehnmal so hoch lag wie bei Einzelkindern, kann die Zwillingsmutter heute damit rechnen, dass ihre Kinder sich weitgehend ähnlich entwickeln wie die Einzelkinder. Warum kann man diese optimistische Aussage machen? Weil durch die modernen Ultraschallschnittbildgeräte die Zwillingsschwangerschaft eigentlich immer früh genug erkannt wird und weil mit den wehenhemmenden Medikamenten, die seit über 20 Jahren in großem Maßstab eingesetzt werden, die vorzeitige Wehentätigkeit unterbrochen werden kann. Dadurch wurde die Anzahl der Zwillingskinder, die unter 2 500 Gramm wiegen, mittlerweile von 60 auf 30 % gesenkt.

Außerdem hat die Behandlung von *Frühgeburten* enorme Fortschritte gemacht. Dadurch gilt nicht nur, dass Zwillinge, die nach der 37. Woche geboren werden, gleiche Überlebenschancen haben wie »Einlinge«, sondern dass auch die Frühgeborenen annähernd gleich gute Chancen haben. So sollten in modernen Frühgeburtszentren zum Beispiel Hirnblutungen bei Kindern unter 1 000 Gramm nicht mehr häufiger vorkommen als bei Kindern über 2 000 Gramm. Auch bei Drillingen und Vierlingen gibt es heute dank medizinischer Fortschritte gute Überlebenschancen. Das mittlere Geburtsgewicht liegt derzeit bei 1 760 Gramm (nach einer Berechnung des ABC Club e. V., Darmstadt).

Missbildungen, genetische Störungen und Stoffwechselstörungen sind bei Zwillingen nicht häufiger zu erwarten als bei Einlingen. Die so spektakulären Doppelmissbildungen (siamesische Zwillinge) sind sehr selten, kommen nur etwa einmal auf 60 000 Geburten vor. Sie entstehen, wenn sich das befruchtete Ei sehr spät teilt, etwa 14 bis 15 Tage nach der Befruchtung. Zu diesem Zeitpunkt haben sich die Zellen des Keims bereits so spezialisiert, dass eine komplette Verdoppelung nicht mehr wahrscheinlich ist. Die meisten befruchteten Eianlagen teilen sich jedoch um den 6. Tag nach der Zeugung.

Eine Reihe von Missbildungen kann heute schon frühzeitig durch die Ultraschalltechnik entdeckt werden. So wissen Sie aber auch schon bald, dass Sie sich auf zwei gesunde Kinder freuen können. Bei Schwangeren ab dem 35. Lebensjahr ist allerdings eine Fruchtwasserpunktion zu empfehlen, um ein Trisomie-21-Kind (volkstümlich: Mongolismus) oder eine

Störung der Rückenmarksanlage zu erkennen. Natürlich müssen bei Zwillingen beide Fruchthöhlen punktiert werden, um Zellen aus dem Fruchtwasser beider Kinder untersuchen zu können. Diese Untersuchung wird in der 16. Schwangerschaftswoche durchgeführt.

Die Beziehung zu zwei Babys im Bauch

Lange bevor sie geboren werden, können Babys schon Berührungen wahrnehmen, hören, schmecken, sich gut oder unwohl fühlen. Viele Mütter sprechen deshalb schon mit ihrem ungeborenen Kind und streicheln es. Wie ist das Gefühl mit zwei Babys im Bauch, und wie stellen sich Zwillingsschwangere darauf ein? Für die Zwillingsmütter, die an meiner Fragebogenaktion teilgenommen haben, war es kein Problem, sich auf zwei Babys einzustellen, wenn sie sich an die Entdeckung erst einmal gewöhnt hatten. Die meisten hat das Wissen um die Zwillingsschwangerschaft eher positiv beeinflusst.

»Ich wollte natürlich, wie sollte es anders sein, eine gute Mutter werden und es mir mit dem Baby nach zwölf Berufsjahren gemütlich machen. Und jetzt das. Zuerst waren Joachim, mein Mann, und ich beleidigt, denn ohne dass wir gefragt worden waren, hatte sich ein zweites Baby eingenistet. Doch langsam freundeten wir uns mit dem blinden Passagier in meinem Bauch an, und erlebten gemeinsam ganz intensiv die Schwangerschaft.« (Anita D.-L.)

Vorbereitungen vor der Geburt

Im Folgenden gebe ich Ihnen viele praktische Tipps und Checklisten für Ihre notwendigen Erledigungen vor der Geburt Ihrer Zwillinge: Wie Sie ggf. Ihr erstgeborenes Kind gut auf die neuen Geschwisterchen vorbereiten können, was bei Geburtsvorbereitungskursen zu beachten ist, nach welchen Kriterien Sie Ihre Klinik und die kinderärztliche Betreuung auswählen sollten. Schließlich einige Gedanken zu der Frage, ob vielleicht ein Umzug in eine größere Wohnung notwendig ist.

Mit der richtigen Vorbereitung freut sich auch Ihr erstgeborenes Kind auf die neuen Geschwisterchen.

Wie bereitet man ältere Geschwister auf Zwillinge vor?

Wenn ein zwei- oder dreijähriges Kind gleich zwei neue Babys vorgesetzt bekommt, sind Schwierigkeiten meist nicht auszuschließen. Die Mutter scheint nun überhaupt keine Zeit mehr zu haben, mit den Zwillingen kann man noch nicht spielen, der Papi kümmert sich auch nur noch um die »Neuen« und beim Spaziergang oder Verwandtenbesuch stehen immer nur diese beiden »Schreihälse« im Mittelpunkt.

»Wir dachten, dass Florian noch zu klein wäre, um schon richtig eifersüchtig zu sein. Welche Fehleinschätzung! Als die Zwillinge mit ungefähr neun Monaten mobil wurden, war das der Anfang eines ganz schlimmen Jahres.« (Betty W.)

Manche Kinder reagieren mit »Wieder-in-die-Hose-Machen« oder sogar mit offener Aggressivität. Wenn Sie Ihr erstgeborenes Kind gut auf seine neuen Geschwister vorbereiten, haben Sie es hinterher möglicherweise leichter. Und so könnte diese Vorbereitung aussehen:

- Spielen Sie schon während der Schwangerschaft mit Ihrer Tochter oder Ihrem Sohn »Zwillinge«. Mit zwei (gleichen) Puppen, die die Babys darstellen, üben Mutter und Kind, wie es ist, Zwillinge zu haben.
- Nehmen Sie Ihr erstgeborenes Kind zu den Vorsorgeuntersuchungen, vor allem zum Ultraschall, mit.
- Wecken Sie keine falschen Erwartungen. Versprechen Sie Ihrem/r Ältesten keine neuen Spielkameraden, denn bis er/sie mit den Zwillingen spielen kann, dauert es noch eine ganze Weile. Zwillinge sind erst einmal eher »Kaputtmacher«, die die Spiele des älteren Kindes zerstören.
- Lassen Sie Ihr ältestes Kind die Bewegungen der Babys in Ihrem Bauch fühlen.
- Malen Sie ein Bild, zum Beispiel: Das ist Thomas (3 Jahre), und das sind seine beiden neuen Schwestern oder Brüder.
- Vielleicht sagen Sie Ihrem/r Erstgeborenen, dass es besonders stolz darauf sein könne, gleichzeitig zwei Geschwister zu bekommen.
- Fragen Sie Ihr Kind um Rat, welchen Zwillingswagen Sie kaufen sollen. Lassen Sie es auch andere Anschaffungen aussuchen. Beziehen Sie es in alle Vorbereitungen mit ein.

- Erwarten Sie nicht, dass Sie Ihr ältestes Kind stets zur Versorgung der Zwillinge voll einspannen können.
- Astrid Lindgren hat ein Buch geschrieben mit dem Titel *Ich will auch Geschwister haben.* Lesen Sie es gemeinsam mit Ihrem älteren Kind.

Geburtsvorbereitungskurse

Sind die Zwillinge Ihre ersten Kinder, dann möchten Sie vielleicht an einem Geburtsvorbereitungskurs teilnehmen. Die meisten Schwangeren tun dies etwa zwischen dem 6. und 9. Monat. Sie sollten unbedingt schon früher daran denken. Die Krankenkassen zahlen den Geburtsvorbereitungskurs, der von ärztlicher Seite verschrieben wird. Kommt der Partner zur Geburtsvorbereitung mit, muss er seine Teilnahme selbst bezahlen. Alle größeren Kliniken, in denen Geburten betreut werden, bieten solche Vorbereitungskurse in der Regel an. Darüber hinaus führen auch freie Hebammen und entsprechend geschulte Personen diese Veranstaltungen durch.

Was bringen solche Kurse? Die meiste Zeit wird für Gespräche genutzt. Hier können Frauen Fragen stellen, die vielleicht nirgendwo sonst beantwortet würden. Im meist klein gehaltenen Kreis fällt es auch leichter, über eigene Sorgen und Nöte zu sprechen. Hier können Schwangere, die ihr erstes Kind erwarten, von den Erfahrungen anderer Frauen profitieren, die schon einmal ein Kind geboren haben.

In diesen Vorbereitungskursen werden auch Entspannungstechniken geübt. Doch wer das »Sich-Entspannen« hier zum ersten Mal bewusst trainiert, sollte sich nicht wundern, wenn es nicht gleich oder gar nicht klappt. Sicher ist es sinnvoller, wenn Sie sich schon rechtzeitig mit gezielten Entspannungstechniken wie Yoga oder autogenem Training beschäftigt haben. Und noch etwas Wesentliches können Sie in Geburtsvorbereitungskursen lernen: die richtige Atemtechnik für die Wehen. Den geringsten Teil des Kurses machen gymnastische Übungen aus. Sie sollen vor allem den Beckenboden für die Belastungen der Schwangerschaft und der Geburt trainieren. Doch viele Zwillingsschwangere dürfen nicht »turnen«, da die Gefahr einer Frühgeburt besteht.

Empfehlung

Im Kurs die Hebamme kennen lernen

Gehen Sie zu einem Geburtsvorbereitungskurs, den »Ihre« Hebamme leitet. Es ist besser, wenn Sie sie vor der Geburt Ihrer Zwillinge kennen gelernt haben, denn das schafft eine gute Atmosphäre und gibt Ihnen Vertrauen. Oft ist es möglich, dass Sie von dieser Hebamme auch nach der Geburt zu Hause noch einige Male besucht werden.

Sehr empfehlenswert sind Kurse, an denen auch die werdenden Väter teilnehmen können. Das gibt ihnen das Gefühl, nicht ausgeschlossen zu sein, und sie erfahren etwas über die bevorstehende Geburt, die auch sie aktiv miterleben sollen.

Praktisches Zwillingstraining

Sind Sie noch unerfahren im Umgang mit Babys, weil die Zwillinge Ihre ersten Kinder sind, so überlegen Sie sich vielleicht, ob Sie nicht einen Säuglingspflegekurs besuchen sollen. Vielleicht haben Sie aber auch schon ein Kind und möchten sich trotzdem informieren, wie es so zugeht in einer »Zwillingsfamilie«. Den besten Einblick gewinnen Sie, wenn Sie einfach einmal – oder noch besser: öfter einmal – bei so einer Familie vorbeischauen. Nebenbei können Sie sich auch gleich mit der Säuglingspflege vertraut machen.

»Ich hatte das große Glück, schon während der Schwangerschaft bei meiner Freundin Sabine zu sehen, wie man mit Zwillingen zurechtkommt. Ich durfte den robusteren Zwilling wickeln, baden oder füttern. Und meine Freundin gab mir gute Tipps, welche Anschaffungen sich wirklich lohnen. Dieses praktische Zwillingstraining machte mir weit mehr Mut als jeder herkömmliche Säuglingspflegekurs.« (Sieglinde A.)

Wenn Sie keine Freundin mit Zwillingen haben, fragen Sie doch einfach Ihren Gynäkologen, ob Ihnen nicht entsprechende Kontakte vermittelt werden können. Oder wenden Sie sich an einen Zwillingsclub (Adressen siehe Seite 253), der Ihnen gerne weiterhilft. Und scheuen Sie sich vor allem nicht, bei einer dieser Adressen anzurufen. Die meisten Zwillingsmütter sind gerne bereit, ihre Erfahrungen weiterzugeben.

Die Auswahl der Klinik

Die meisten werdenden Eltern wünschen sich heute eine möglichst natürliche Geburt in nicht allzu steriler Umgebung. Zwillinge werfen solche Pläne in der Regel über den Haufen. Auf folgende Punkte sollten Sie bei der Wahl Ihrer Entbindungsklinik achten:

Checkliste

Wichtige Punkte bei der Wahl der Entbindungsklinik

- Suchen Sie eine Klinik aus, die technisch auf dem neuesten Stand ist und wo man Erfahrungen mit der Entbindung von Zwilligen hat, zum Beispiel eine Uniklinik.
- Wählen Sie eine Klinik, in der es zum Standard gehört, dass mindestens eine Kinderärztin oder ein Kinderarzt (besser: zwei) bei der Geburt dabei ist.
- Auf alle Fälle sollten Sie Vertrauen haben zu der Klinik Ihrer Wahl. Schließlich ist eine Geburt nicht ein rein mechanischer Vorgang, sondern vor allem ein Erlebnis mit viel Gefühl. Deshalb sollten Sie sich dort, wo Sie Ihre Kinder zur Welt bringen, auch wohl fühlen.
- Regionale Tipps zur Klinikwahl gibt ein Heft »Wo bekomme ich mein Baby« mit mehr als zehn regionalen Ausgaben, wo alle Geburtskliniken und deren Leistungen in Ihrer Stadt beschrieben sind. Sie bekommen es im Zeitschriftenhandel oder in Ihrer gynäkologischen Praxis. Ein ähnliches Heft wird inzwischen auch von der Zeitschrift »Eltern« herausgegeben.
- Schauen Sie sich die Klinik vorher an. Zu diesem Zweck veranstalten Kliniken Informationsabende. Wenn es möglich ist, besuchen Sie auch eine Frühgeborenenabteilung. Wenn man weiß, wie es dort zugeht, ist der Schock nicht so groß, wenn die eigenen Zwillinge davon betroffen

sind. Vor allem, wenn Sie Drillinge erwarten, wird man Ihnen diesen Wunsch in der Klinik sicherlich gern erfüllen!

- Falls Sie eine Frühgeburt befürchten, sollten Sie auf alle Fälle eine Klinik wählen, in der Ihre Babys anschließend auf einer Neugeborenen-Intensivstation untergebracht werden können.
- Falls Komplikationen zu erwarten sind, sollten Sie vielleicht alle weiteren Vorsorgeuntersuchungen direkt in der von Ihnen gewählten Geburtsklinik durchführen lassen. Das schafft Vertrauen zu den dortigen Ärztinnen, Ärzten und Hebammen.
- Denken Sie auch daran, dass jeder Transport ein zusätzliches Risiko für Ihre Neugeborenen birgt.
- Melden Sie sich rechtzeitig in der Klinik Ihrer Wahl an. Meist genügt es, wenn Sie dort eine Vorsorgeuntersuchung machen lassen, bei der gleich alle wichtigen Daten aufgenommen werden.
- Fahren Sie den Weg zur Klinik ein paarmal ab, prägen Sie sich die Strecke ein. Probieren Sie auch mögliche Schleichwege aus. Prägen Sie sich die direkte Route zur Klinik ebenfalls auf einer Nachtfahrt ein. Denken Sie bei Ihrer Entscheidung an die Dauer der Anfahrt.
- Erkundigen Sie sich, welcher Eingang des Krankenhauses Tag und Nacht geöffnet ist.
- Falls Sie liegend in die Klinik gefahren werden müssen (etwa bei einem vorzeitigen Blasensprung mehrere Wochen vor dem errechneten Geburtstermin), brauchen Sie einen Krankenwagen. Notieren Sie sich deshalb frühzeitig die Telefonnummern der entsprechenden Sanitätsdienste (Deutsches Rotes Kreuz, Arbeiter-Samariterbund etc.). Notieren Sie sich ebenso die Telefonnummer Ihrer Entbindungsklinik, eventuell mit Direktdurchwahl.
- In keiner Klinik kann man Ihnen ein Bett reservieren. Auch wenn Sie unangemeldet kommen, können Sie nicht abgewiesen werden.
- Wenn Sie Drillinge oder Vierlinge erwarten, sollten Sie unbedingt eine sehr gut ausgerüstete Klinik wählen. Sicherheit für Mutter und Kinder sind oberstes Gebot!

Die Wahl des Kinderarztes

Wenn Sie nicht schon eine gute kinderärztliche Betreuung haben oder Ihre Kinder Ihrer Hausärztin anvertrauen möchten, sollten Sie sich rechtzeitig, also möglichst schon vor der Geburt Ihrer Zwillinge, darum kümmern. Bei der Wahl sollten Sie Folgendes beachten:

- Suchen Sie sich eine Praxis, die nicht zu weit entfernt liegt, damit sie auch ohne lange Anfahrt zu erreichen ist.
- Klären Sie vor Ihrer endgültigen Entscheidung, ob diese Ärztin oder dieser Arzt auch Hausbesuche macht.
- Rufen Sie ruhig schon vor der Geburt in der Praxis an, und fragen Sie, ob überhaupt noch neue Patienten angenommen werden.
- Fragen Sie bei dieser Gelegenheit auch gleich, ob es möglich ist, für Zwillinge »Spezialtermine« auszumachen, das heißt, ob Sie stets als erste frühmorgens oder nach der Mittagspause drankommen können.

Oft sind Mütter, die noch keine Kinder hatten, in den ersten Wochen nach der Geburt unsicher im Umgang mit den Babys. Dann ist es beruhigend zu wissen, wohin man sich mit allen medizinischen Sorgen und Nöten wenden kann. Wenn Ihre Zwillinge jedoch zu früh gekommen sind, hatten Sie vielleicht keine Gelegenheit mehr, sich nach einem passenden Kinderarzt umzusehen. Dann fragen Sie am besten auf der Neugeborenen-Intensivstation Ihrer Entbindungsklinik nach. Die Klinikärzte, die Ihre Frühgeborenen dort betreuen, kennen oft Kolleginnen und Kollegen, die sie weiterempfehlen können.

Ist ein Umzug nötig?

Wenn Sie ein Kind planen, haben Sie normalerweise auch den nötigen Wohnraum zur Verfügung, in dem Sie dieses Wunschkind unterbringen können. Wenn sich jedoch zu diesem geplanten Baby noch ein zweites, ungeplantes, hinzugesellt, stehen Sie möglicherweise vor der Frage: umziehen oder nicht?

Doch nicht nur das Platzproblem kommt auf Sie zu, wenn Ihnen Zwillinge »ins Haus« (oder die Wohnung) stehen. Denken Sie einmal an solche Dinge wie: Kann man den Zwillingswagen im Hausflur abstellen; passt er in den Keller? Gibt es einen Fahrstuhl im Haus? Ist die Wohnung sehr hellhörig? Könnten sich Nachbarn gestört fühlen? Sind Lebensmittel-

Checkliste

Letzte Besorgungen

Im wahrsten Sinne des Wortes: Sie sollten den Koffer für Ihren Klinikaufenthalt schon etwas früher gepackt haben als andere. Solange Sie noch mobil sind, das heißt keine vorzeitigen Wehen haben und nicht liegen müssen, sollten Sie letzte Besorgungen machen:

- Haben Sie alle wichtigen Babyartikel schon besorgt?
- Wissen Sie schon, welchen Kinderwagen Sie sich zulegen möchten?
- Ist das Kinderzimmer fertig eingerichtet?
- Haben Sie sich in Ihrer Bücherei einen Stapel Bücher besorgt?
- Haben Sie sich auch ein Buch übers Stillen geholt?
- Haben Sie mit Ihrem Arbeitgeber besprochen, wie es nach dem Mutterschaftsurlaub weitergehen soll?
- Hat Ihr Partner schon seinen Urlaub geregelt? Eventuell möchte er Ihnen ja nach der Geburt Ihrer Zwillinge zur Hand geben. Vielleicht kann er einen »Urlaub auf Abruf« vereinbaren, um flexibel zu sein?
- Bei Drillingen: Haben Sie sich um eine (bezahlte) Hilfskraft bemüht?
- Haben Sie sich über Kinderärztinnen und -ärzte informiert, die für Sie in Frage kommen?
- Gehen Sie noch einmal zum Friseur, solange sie noch dazu in der Lage sind.
- Haben Sie Ihren Koffer für die Klinik schon gepackt?
- Notieren Sie sich rechtzeitig wichtige Telefonnummern: Gynäkologe (Praxis- und Privatnummer), Sanitätsdienste, Entbindungsklinik (eventuell mit Durchwahl zur Entbindungsstation).
- Und schließlich: Haben Sie ein paar Namen für die Kinder parat?

und andere wichtige Geschäfte in der Nähe? Komme ich schnell zum Spazierengehen ins Grüne? Habe ich einen Balkon, um die Babys dort an die frische Luft stellen zu können? Gibt es genügend Möglichkeiten, Wäsche zu trocknen? Wenn Sie es sich leisten können, dann rate ich Ihnen dringend: Ziehen Sie rechtzeitig in eine größere Wohnung um, nicht höher gelegen als im ersten Stock, am besten mit Gartenanteil oder Gartenmitbenutzung, in ein Haus mit Garten, in eine kinderfreundliche Gegend mit wenig Verkehrsaufkommen und einigen Geschäften in der Nähe. Das erspart Ihnen eine Menge Extrastress!

»Ich glaube, uns hat der zusätzliche Stress durch mangelhafte Wohnverhältnisse (kein Fahrstuhl, vierter Stock, laute Nachbarn, Baustellen) erst richtig fertig gemacht. Wie soll man ausgeglichen sein, wenn die Kinder dank U-Bahn-Baustelle mit den dazugehörigen Geräuschen und Erschütterungen einer Ramme keinen Mittagsschlaf mehr machen können und die Gläser in den Schränken noch weit nach 22 Uhr klirren?« (Marion v. G.)

Aber nicht jede Familie kann eine größere Wohnung oder auch nur den Umzug bezahlen. Leider sind es jedoch meist die ohnehin sozial schwächeren Familien, deren Wohnsituation sich dringend ändern müsste. Gehen Sie, wenn Sie sich keine hohe Miete leisten können, rechtzeitig zum Wohnungs- oder zum Sozialamt. Sprechen Sie mit Ihrer Gemeinde. Scheuen Sie sich nicht zu fragen, ob Sie Anspruch auf Wohngeld oder eine Sozialwohnung haben. Seien Sie hartnäckig, und geben Sie nicht schon von vornherein auf.

Die letzten Wochen

Nun steht die Geburt der Zwillinge unmittelbar bevor. Die Möglichkeit der Frühgeburt ist größer als bei einer »einfachen« Schwangerschaft. Was ist dagegen zu tun? Wie ist die Situation, wenn Sie in den letzten Wochen zu Hause oder in der Klinik liegen müssen? Wie kündigt sich die Geburt an?

Zwillinge kommen oft zu früh, Drillinge meistens

Während die Frühgeburtenrate noch vor etwa 10 Jahren bei über 60 % lag, ist sie mittlerweile auf 20 % zurückgegangen. Die Hauptursache für diese immer noch hohe Rate ist vorzeitige Wehentätigkeit durch vermehrte Dehnung der Gebärmutter und den erhöhten Gewichtsdruck des Kindes auf den Muttermund; hinzu kommt häufig noch eine Verschlussschwäche des Muttermundes. Während die Schwangerschaftsdauer früher bei nicht diagnostizierten Zwillingsschwangerschaften im Schnitt 34,5 Wochen betrug, liegt sie heute bei 38 Wochen.

Bei Drillingen ist in erhöhtem Maße mit einer Frühgeburt zu rechnen. Nach einer Untersuchung des ABC Club e. V., Darmstadt, beträgt die mittlere Tragzeit bei Mehrlingsgeburten heute 33,4 Schwangerschaftswochen.

Was Sie tun können, um eine Frühgeburt zu verhindern

Schonung

Wenn keine Komplikationen aufgetreten sind und keine Frühgeburtsbestrebungen bestehen, wenn darüber hinaus beide Zwillinge einen gleichmäßigen Wachstumsverlauf zeigen, ist »doppelte« Schonung nicht nötig.

Cerclage

Bei beginnender Muttermundverschlussschwäche (Zervixinsuffizienz) in der ersten Schwangerschaftshälfte besteht die Möglichkeit, den Gebärmutterhals mit einem Bändchen zu verschließen. Die Cerclage wird unter Narkose gemacht (auch Periduralanästhesie) und erfordert einen kurzen Klinikaufenthalt von etwa einer Woche. Auch im Anschluss daran müssen Sie sich vielleicht schonen. Gelöst wird die Cerclage in der 38. Schwangerschaftswoche. Mit dem Beginn der Geburt ist dann oft in den nächsten Tagen zu rechnen. Die Cerclage ist nicht ganz unumstritten, vor allem fürchten Ärztinnen und Ärzte die dadurch erhöhte Infektionsgefahr.

Wehenhemmende Medikamente

Wehenhemmer können durch eine Infusion (den Tropf) gegeben werden oder in weniger schweren Fällen in Tablettenform. Die Medikamente sorgen dafür, dass sich die Gebärmutter entspannt (also die Tendenz, sich zusammenzuziehen, nachlässt), zusätzlich wird manchmal ein Beruhigungsmittel gegeben, das die Frauen insgesamt ruhiger stellt. In richtiger Dosierung gegeben, schaden die Medikamente den Babys nicht. Bei den Schwangeren können Wehenhemmer mit Nebenwirkungen wie starkem Herzklopfen und Nervosität einhergehen.

Liegen

Zusätzlich zur Einnahme wehenhemmender Mittel werden Sie viel liegen müssen. Nicht immer müssen Sie dafür stationär in die Klinik.

Wenn Sie zu Hause liegen müssen Die letzten Wochen zu Hause werden Ihnen möglicherweise noch schwerer fallen, wenn Sie fest liegen müssen. Sie brauchen jemanden, der für Sie kocht und ein paar Hausarbeiten verrichtet. Am einfachsten ist es immer noch, wenn der Partner oder Verwandte – die Schwester, Mutter oder Schwiegermutter – einspringen können. Im dörflichen Bereich ist es oft einfacher, eine Haushaltshilfe oder Dorfhelferin anzufordern, die von der Krankenkasse bezahlt wird.

Gehören zum Haushalt noch mehrere Kleinkinder, sind die Kassen eher bereit, eine Haushaltshilfe zu zahlen. Andererseits muss die Schwangere gerade in diesem Fall damit rechnen, dass ihre Ärztin oder ihr Arzt zu stationärer Aufnahme in der Klinik rät. Denn eine echte Schonung der Mutter ist mit Kleinkindern im Haushalt kaum möglich. Ein Problem ist sicher die Isolation der werdenden Mutter. Jetzt zeigt sich, wer gute Freundinnen hat.

Wenn Sie in der Klinik liegen müssen Stationäre Aufnahme in der Klinik mehrere Wochen vor dem Entbindungstermin ist dann geboten, wenn die Gefahr einer Frühgeburt besteht, bei Schwangerschaftstoxikosen und wenn die Kinder nicht mehr ausreichend von der Plazenta versorgt werden. In den meisten Fällen muss eine Infusionsbehandlung durchgeführt werden. Zur Wehenhemmung wird ein so genannter Wehenhemmer eingesetzt. Zusätzlich wird heute oft Magnesium in Tablettenform oder in die Infusion gegeben. Das entspannt die Muskulatur und wirkt sich außerdem günstig auf Plazentainsuffizienz (Mangelversorgung der Babys) aus. Droht eine Frühgeburt, wird zusätzlich bis zur 36. Schwangerschaftswoche ein Kortisonpräparat gespritzt, das die Lungenreife der Ungeborenen beschleunigt. Wehenhemmende Medikamente putschen auf. Oft muss gleichzeitig Valium zur Beruhigung gegeben werden.

Für die Frauen bedeutet längeres Liegen im Krankenhaus vor allem dann psychische Belastung, wenn sie sich Sorgen über weitere (kleine) Kinder machen müssen, die sie nun quasi »unversorgt« zu Hause zurücklassen. Das Liegen an sich wird gerne akzeptiert, wenn die Zwillingsschwangeren Fortschritte erkennen, das heißt, wenn die Wehen nachlassen und sich die Kinder weiterhin gut entwickeln. Allerdings hat man nach endlos langem Liegen »eher die Energie zum Gebären als zum Zuwarten« (Vreny V.).

Die stationäre Behandlung sollte nicht zu streng sein, das heißt, die Frauen sollten aufstehen dürfen, um auf die Toilette zu gehen und um sich zu waschen. Strenges Liegen ist überhaupt nur bei vorzeitigem Blasensprung erforderlich. Wer lange gelegen hat, wird nach der Entbindung sehr wackelig auf den Beinen sein. Doch Muskelschwäche und eventuelle Kreislaufschwächen sind eher subjektiv empfundene Beschwerden, gefährlicher ist die Thrombosegefahr, die bei zu strengem Liegen und anschließender operativer Entbindung (Kaiserschnitt) auftreten kann.

Es geht los

Zwillingsgeburten kündigen sich an wie Geburten von einzelnen Kindern. Sie können Wehen in regelmäßigen Abständen (von etwa 10 Minuten) bekommen. Da die Gebärmutter sehr gedehnt ist, werden diese ersten regelmäßigen Wehen manchmal auch nur als leichtes Ziehen in der Rückengegend empfunden. Im Fall ausgetragener Zwillinge kann es auch zu einer Wehenschwäche kommen, weil die Gebärmutter so gedehnt ist, dass sie sich nicht mehr richtig zusammenziehen kann. Dann kann es sogar sein, dass Sie ein Mittel bekommen müssen, das die Wehentätigkeit anregt, oder dass mit der Sprengung der ersten Fruchtblase nachgeholfen wird oder schließlich sogar ein Kaiserschnitt nötig wird.

In vielen Fällen kommt die Zwillingsgeburt durch einen Blasensprung in Gang. Nur beim Blasensprung sollten Sie sich liegend in die Klinik transportieren lassen, da die Gefahr eines Nabelschnurvorfalls besteht. Bei Frauen, die bis zuletzt wehenhemmende Mittel bekommen haben, genügt oft schon, den Tropf abzustellen, damit die Geburt in Gang kommt. Bei manchen Schwangeren muss die Geburt schließlich sogar eingeleitet werden, weil die Plazenta die Babys nicht mehr ausreichend versorgt.

Hinweis

Beim ersten Anzeichen sofort in die Entbindungsklinik?

Eile ist vor allem geboten nach einem Blasensprung mit schlagartigem Einsetzen der stärkeren Wehen und bei Mehrgebärenden, also Frauen, die schon Kinder bekommen haben.

Generell wird die Geburt nicht rascher verlaufen als bei Einlingen. Im Gegenteil, bei Zwillingen kann die etwas häufiger auftretende Wehenschwäche den Geburtsablauf noch verzögern. Wenn Sie sich in der Klinik besser aufgehoben fühlen, sollten Sie rechtzeitig dort hinfahren. Entscheiden Sie diese Frage dennoch nicht nur nach Ihrem Gefühl, sondern vor allem nach Rücksprache mit Ihrem Gynäkologen, denn Wehen bedeuten zusätzliche Belastung für die Kinder. Deshalb ist eine frühzeitige Überwachung mit CTG wichtig, um Gefahren (zum Beispiel Sauerstoffmangel) rechtzeitig zu erkennen. Die meisten Drillingsschwangeren verbringen die letzten Wochen ihrer Schwangerschaft ohnehin schon in der Klinik. Die (Kaiserschnitt-)Geburt ihrer Kinder wird geplant.

»In der 30. Schwangerschaftswoche mit 74 Kilogramm breit wie hoch (1,10 x 1,58 Meter) musste ich ins Krankenhaus. Es hieß, so lange wie möglich durchzuhalten.« (Conny B.)

Ein Zwilling hat im Mai, der andere im Juli Geburtstag ...

Müssen Zwillinge und Drillinge unbedingt immer kurz hintereinander geboren werden? Oder ist es denkbar, die Geburt des zweiten Kindes zu stoppen, wenn das erste zu früh geboren wurde, um so die Überlebenschancen wenigstens für das zweite (dritte) Kind zu steigern? In den USA sind solche Fälle bekannt, in denen die Geburt der Zwillinge (oder Drillinge) 7 bis 12 Wochen auseinander lag.

Die Schwierigkeiten: Die Wehen lassen sich nur schwer stoppen, und es besteht erhöhte Infektionsgefahr für Mutter und verbleibendes Baby, da der Muttermund bereits geöffnet ist.

Der Vorteil: Babys, die die viel zu frühe Geburt nicht überlebt hätten, haben nur so eine Chance. Außerdem bringt jede Woche mehr größere Chancen, dass frühgeburtlich bedingte Behinderungen ausbleiben.

Die Geburt

In diesem Kapitel geht es um die verschiedenen Möglichkeiten der Entbindung sowie die Besonderheiten und eventuell auftretende Komplikationen bei der Zwillingsgeburt. Schließlich berichten Frauen von ihren ganz persönlichen Geburtserfahrungen.

Besonderheiten und mögliche Komplikationen

Das wichtigste bei einer Zwillingsgeburt ist die Überwachung des kindlichen Befindens. Dieses kann mit verschiedenen Methoden erfolgen.

Herztonwehenschreiber

Der Kardiotokograph (CTG), der Herztonwehenschreiber, nimmt die kindlichen Herztöne durch ein Mikrophon beziehungsweise einen Ultraschalltonkopf kontinuierlich auf. Anhand der aufgezeichneten CTG-Kurven können Geburtshelfer und Hebamme mit ziemlicher Sicherheit auf das Befinden beider Kinder schließen. Die Überwachung mit dem Herztonwehenschreiber durch die Bauchdecke hindurch ist bei intakter Fruchtblase auch bei Zwillingen möglich. Entweder werden die Herztöne auf zwei Geräten aufgezeichnet oder abwechselnd mit nur einem Gerät überwacht. Ersteres sollte Standard sein.

Östrogene

Eine zusätzliche Überwachungsmöglichkeit ist die Kontrolle der Östrogene im Urin beziehungsweise im Blut der Mutter. Diese Untersuchung wird meist schon vor Beginn der Wehentätigkeit durchgeführt. Im Fall einer Zwillingsgeburt ist sie jedoch nicht so aussagekräftig, da selbst bei Normalwerten ein Zwillingskind minderversorgt sein kann.

Fruchtwasserspiegelung

Schließlich kann man noch eine Fruchtwasserspiegelung vornehmen, die allerdings nur bei dem Kind möglich ist, das vorne liegt. Eine Verfärbung des Fruchtwassers weist auf eine eventuelle Gefährdung des Ungeborenen hin.

Kopfschwartenelektrode

Ist die Fruchtblase des ersten Kindes schon geplatzt, kann das führende Kind auch per Kopfschwartenelektrode überwacht werden. Diese so entstehende Herztonkurve (EKG) ist etwas genauer und wird vor allem nicht durch den Lagewechsel der werdenden Mutter während der Geburt gestört.

Blutentnahme aus der Kopfhaut

Die genaueste Methode, um die Sauerstoffversorgung des vorangehenden Kindes festzustellen, ist die Blutentnahme aus der kindlichen Kopfhaut. Dazu genügt ein Tropfen Blut, der dann im Labor auf Sauerstoff- und Kohlendioxydgehalt untersucht wird. Diese zusätzliche Überwachung ist aber nur erforderlich, wenn das CTG nicht sicher interpretiert werden kann, was nur selten vorkommt.

Für die Gebärende hat die Überwachung per CTG einen Nachteil: Sie muss relativ bewegungslos liegen. Schon bei kleinsten Lageveränderungen verrutschen die Ultraschalltonköpfe, und die kindlichen Herztöne müssen neu eingestellt werden. Sie können darum bitten, dass man Sie zeitweise von sämtlichen Überwachungsgeräten befreit, so dass Sie sich frei bewegen können. Wenn die gleich zu Beginn der Wehentätigkeit geschriebenen Herztonkurven unauffällig sind, steht dem nichts im Wege. Die kindlichen Herztöne sollten dann weiterhin im halbstündigen Abstand kontrolliert werden. Heute besteht auch schon die Möglichkeit, den ersten Zwilling über die EKG-Ableitung telemetrisch zu überwachen.

... und das dauert

Die Zwillingsgeburt dauert bei Erstgebärenden zwischen 7 und 8 Stunden (durchschnittlich), bei Mehrgebärenden nur etwa 4 bis 5 Stunden. Soweit es den Kindern während der Entbindung gut geht, kann die Gebärende jede Position einnehmen, die sie wünscht und in der es ihr leichter fällt, sich zu entspannen.

Tipp

Nach Geburtshilfsmitteln fragen

Fragen Sie bereits vor Ihrer Klinikwahl, welche Geburtshilfsmittel zur Verfügung stehen – zum Beispiel ein Gebärstuhl – und ob Sie ein Entspannungsbad nehmen können. Das Risiko einer Zwillingsgeburt verlangt sicher nicht, dass Sie flach wie ein Brett liegend stundenlang Wehen über sich ergehen lassen müssen (wie ich damals).

Medikamente? Wehenmittel?

Ebenso wichtig wie die Überwachung der kindlichen Herztöne ist eine Venenkanüle im Arm der Mutter. Jederzeit kann dann ein dringend notwendiges Medikament intravenös gegeben werden. Die Infusion kann kurzfristig von der Venenkanüle abgestöpselt werden, wenn Sie herumlaufen möchten. Welche Medikamente können während der Geburt nötig sein? Gerade bei Zwillingsschwangerschaften ist die Gebärmutter häufig so überdehnt, dass sie sich nicht mehr richtig zusammenziehen kann. Ein Wehenmittel kann die Wehen verstärken. Je nach Dauer der Geburt kann auch Glucose durch den venösen Zugang gegeben werden. Denn während der Geburt soll die werdende Mutter nüchtern bleiben, da bestimmte Komplikationen eine Narkose notwendig machen können.

Die Wehenschmerzen können medikamentös gelindert werden. Denn selbst eine noch so intensive Geburtsvorbereitung und Anwendung von Atemtechniken können die Schmerzen nicht ganz ausschalten. Denken Sie nicht, dass Sie etwas falsch machen, wenn Sie die Wehen als sehr schmerzhaft empfinden. Wehen verursachen nun einmal Schmerzen, auf die jede Frau anders reagiert. Die totale Wehenschmerzausschaltung ist durch die Periduralanästhesie möglich. Allerdings muss sie exakt gelegt werden (im Rücken), damit sie ihre vollständige Wirkung erzielt. Nachteilig wirkt sich dabei aus, dass die Schwangeren in der Austreibungsphase oft nicht richtig mitpressen können. Das macht dann häufiger den Einsatz von Saugglocken und Zangen erforderlich.

Während der Austreibungsphase, die beim ersten Kind bis zu einer halben Stunde dauern kann, werden beide Kinder kontinuierlich überwacht. In dieser Phase besteht das Hauptrisiko für die Kinder. In vielen Fällen wird die Geburtshelferin jetzt eine lokale Betäubung der Beckenbodennerven (Pudendusanästhesie) durchführen, damit bei einem eventuellen Dammschnitt keine Schmerzen auftreten.

Das erste hat's geschafft, und nun kommt das zweite

Nach der Geburt des ersten Kindes sind zwei Dinge wichtig, nämlich die Vergewisserung, dass es dem zweiten Kind (noch) gut geht und die Überprüfung seiner Lage. Ersteres erfolgt durch Kontrolle der Herztöne (die zweite Fruchtblase wird nicht sofort springen), und die Lage kann durch Untersuchung von der Scheide aus oder durch ein Ultraschallbild geklärt werden. Dann wird abgewartet, bis wieder Wehen einsetzen. Eventuell muss ein Wehenmittel gegeben werden, um die Tätigkeit erneut in Gang zu bringen. Wenn sich der Kopf des zweiten Babys richtig einstellt, also zum Becken hin tiefer tritt (eventuell durch Mitpressen), wird meist die zweite Fruchtblase gesprengt. In der Regel wird dann das zweite Kind in den nächsten zwei Wehen geboren.

Ältere Statistiken lassen den Schluss zu, dass das zweite Kind gefährdeter ist. Allerdings wurden früher Lageanomalien des zweiten Kindes und Versorgungsstörungen häufig nicht erkannt. Da der Geburtskanal vom ersten Kind vorgebahnt wird, kann das zweite Kind oft durch eine einzige Presswehe geboren werden. Der Zeitabstand zwischen beiden Geburten liegt bei 10 bis 20 Minuten. Auch wenn der Abstand eine halbe Stunde und mehr beträgt, ist das kein Anlass zur Sorge, vorausgesetzt, die Herztöne sind völlig normal.

Häufigste Komplikationen bei Zwillingsgeburten

Wie auch bei jeder »Einlingsgeburt« kann es plötzlich zu einer Verschlechterung der kindlichen Herztöne kommen. Je nachdem wie weit die Geburt fortgeschritten ist, wird die Ärztin oder der Arzt die Wehen stoppen oder die Geburt so schnell wie möglich beenden. Treten die Herztonveränderungen in der so genannten Eröffnungsphase auf (also wenn der Muttermund noch nicht vollständig offen ist), werden sofort Wehenhemmer verabreicht, um die Wehen zu stoppen. Dabei erholt sich das Kind (oder die Kinder) meist schnell. Danach wird über das weitere Vorgehen entschieden. Häufig genügt es schon, wenn die Gebärende ihre Lage ändert. In einigen Fällen wird aber auch ein Kaiserschnitt notwendig sein.

Treten die Herztonveränderungen während der Austreibungsphase auf, wird die Geburt meist vaginal beendet werden können, vorausgesetzt, der Kopf ist tief genug im Becken. Das geschieht durch die Saugglocke beziehungsweise durch die Geburtszange und das Mitpressen der Gebärenden. Wenn sich die Herztöne des zweiten Kindes nach der Geburt des ersten verschlechtern, kann in vielen Fällen doch noch eine normale Geburt durchgeführt werden durch sofortiges Sprengen der zweiten Fruchtblase, Wehentropf und Mitpressen der Gebärenden. Ein Kaiserschnitt nur für das zweite Kind ist sehr selten erforderlich.

Die Nachgeburtsphase

Der gefährlichste Geburtsabschnitt für die Mutter ist die Nachgeburtsphase, also der Zeitraum zwischen der Geburt des zweiten Kindes und dem Ausstoßen der Nachgeburt bzw. den folgenden zwei Stunden. Wenn sich die Plazenta löst, kommt es zu einer Blutung, die gerade bei Zwillingsmüttern deutlich stärker ausfallen kann, weil die Gebärmutter überdehnt war und sich deshalb häufig nicht mehr so fest zusammenziehen kann. Unter diesen Umständen ist es wieder von Vorteil, wenn Ihnen bereits zu Beginn der Geburt eine Infusion gelegt wurde, durch deren Zugang Ihnen jetzt sofort Blutersatzstoffe bzw. Medikamente gegeben werden können, die die Gebärmutter zur Kontraktion bringen.

Nach der Geburt und anschließendem hohen Blutverlust kann sogar eine Bluttransfusion notwendig werden. Nach der Geburt des zweiten Zwillings wird meist vorsorglich das Mittel Methergin gespritzt, das die Gebärmutter zur Kontraktion anregt. Falls eine stärkere Blutung auftritt und die Nachgeburt noch nicht gelöst ist, muss dies unter Narkose gemacht werden. Diese Probleme treten jedoch ebenso, wenn auch seltener, bei »Einlingsgeburten« auf.

Welche Art der Entbindung ist möglich?

Können auch Zwillinge per sanfter Geburt das Licht der Welt erblicken? Empfiehlt sich eine Hausgeburt, oder ist die ambulante Geburt geeigneter? Was passiert beim Kaiserschnitt? So viele Fragen, aber gleich kommen die Antworten.

Geht es auch »auf die sanfte Tour«?

Auch bei Zwillingen ist ein sanfter Start ins Leben möglich. Eine gleichzeitige Überwachung des zweiten Kindes von außen ist dadurch nicht gestört. Entbindungen bei möglichst wenig Licht sind wegen der Gefahr der Fehlbeurteilung der Kinder nicht zu empfehlen. Auch aus der Spätabnabelung sollten Sie kein Glaubensbekenntnis machen. Bei einer Frühgeburt sollte die Nabelschnur sofort durchtrennt werden, um eine Blutüberfüllung des Neugeborenen zu vermeiden. Bei Normalgewichtigen kann auch beim ersten Zwilling mit der Nabelschnurdurchtrennung gewartet werden.

Hinweis

Herztöne überwachen!

Auf keinen Fall sollten Sie auf eine Herztonüberwachung der Zwillinge verzichten, wie von Extremanhängern der so genannten sanften Geburt schon gefordert wurde. Das Gleiche gilt für die vorsorglich gelegte intravenöse Nadel bzw. die Infusion.

Zu Hause oder lieber ambulant?

Im Zuge der Rückkehr zu natürlichen Geburtsmethoden haben auch Hausgeburten wieder zugenommen. Daneben praktizieren immer mehr Mütter auch die ambulante Geburt. Hausgeburten sind an sich schon problematisch. Auch aus anfangs völlig normalem Geburtsverlauf können sich plötzlich schwere Komplikationen ergeben. Als werdende Zwillingsmutter sollten Sie eine Hausgeburt erst recht nicht ernsthaft in Erwägung ziehen. Zwillingsgeburten sind Risikogeburten. Der nie bewiesene angeblich bessere psychische Start ins Leben für das Kind muss bei Zwillingen wegen der möglichen medizinischen Gefahren zurückstehen.

Eine ambulante Geburt dagegen kann man bei Zwillingen akzeptieren. Wegen der erhöhten Geburtsbelastung, des häufig stärkeren Blutverlusts und dadurch verlängerten Erholungsphasen, wegen der häufigeren Frühgeburts- und Mangelgeburtsfrequenz, vor allem aber wegen der erheblichen Mehrarbeit, die auf die Mutter zukommt, wird sie in der Regel froh sein, wenn sie sich einige Tage in der Klinik erholen kann. Außerdem bedarf die Entscheidung für eine ambulante Geburt einer guten Vorbereitung. Sie brauchen eine Hebamme, die Sie und die Kinder weiterhin zu Hause betreut, ein Kinderarzt muss regelmäßig nach den Babys sehen, und schließlich müssen Sie jemanden haben, der Ihnen im Haushalt und bei der Versorgung der Babys hilft.

»Auf eigene Verantwortung verließen wir überglücklich die Klinik. Zu Hause legten wir uns alle vier ins Bett und genossen die Ruhe. Und siehe da – ein paar Stunden später war reichlich Milch für Finja und Pina da.« (Sabine S.)

Die Zwillinge kommen per Kaiserschnitt

Beginnt die Geburt vor der 34. Schwangerschaftswoche, dann werden die Kinder sehr häufig durch Kaiserschnitt entbunden. Auch wenn die Kinder in Steißlage liegen, wird vielfach ein Kaiserschnitt gemacht. Bei Wachstumsstörungen eines oder beider Kinder infolge Plazentainsuffizienz kann ebenfalls eine operative Entbindung notwendig werden. Darüber hinaus muss bei Schwangerschaftstoxikosen, die medikamentös nicht behandelt werden können, oft frühzeitig entbunden werden. Wenn eine Einleitung durch Wehenmittel nicht möglich ist, muss ebenso ein Kaiserschnitt gemacht werden. Und schließlich machen Indikationen wie vorliegende Nachgeburt (die Plazenta versperrt die Geburtswege), vorzeitige Lösung der Nachgeburt mit stärkeren vaginalen Blutungen genauso wie bei »Einlingen« die operative Entbindung notwendig.

Ein Kaiserschnitt muss manchmal sofort gemacht werden, wenn während der Geburt eine Herztonverschlechterung eines oder beider Kinder eintritt und die Geburt noch nicht unmittelbar bevorsteht. Auftretende Komplikationen können auch bei Zwillingen meist rechtzeitig vorhergesehen und der erforderliche Kaiserschnitt kann mit der Schwangeren besprochen werden.

Peridural- bzw. Spinalanästhesie

Es ist auch möglich, den Kaiserschnitt unter Periduralanästhesie zu machen. Manche Frauen erhoffen sich von der PDA, dass sie auf diese Weise wenigstens »etwas von der Geburt ihrer Kinder mitbekommen«. Doch dieses erfordert – auch wenn die unmittelbare Sicht auf das Operationsfeld durch Tücher verhängt ist – starke Nerven. Auch hat sich gezeigt, dass die PDA nicht immer so zuverlässig wirkt, dass das Schmerzempfinden gänzlich ausgeschaltet ist.

Vollnarkose

Wird der Kaiserschnitt unter Vollnarkose durchgeführt, so bekommen Sie dennoch alle Vorbereitungen zur Operation mit. Denn um die Babys nicht zu lange mit der Narkose zu belasten, wird sie erst sehr spät eingeleitet. Dies geschieht über die bereits gelegte Venennadel, vorher atmet die Patientin schon über eine Maske Sauerstoff ein. Die Schwangere wird auf dem OP-Tisch etwas auf die linke Seite verlagert, da dadurch der Druck der Gebärmutter auf die untere Hohlvene vermindert und so der Gefahr des Kreislaufkollaps begegnet wird.

Risiken beim Kaiserschnitt

Die Kaiserschnittentbindung ist auch heute noch mit einem erhöhten Risiko verbunden. Es besteht die Gefahr einer Thrombose, verstärkter Blutung und auch eine erhöhte Infektionsgefahr. Beide Risiken lassen sich jedoch durch entsprechende vorbeugende Maßnahmen auf ein Minimum reduzieren. Unangenehm für die Frauen sind vor allem die postoperativen Schmerzen und die Notwendigkeit der Infusionsbehandlung – oft mit hochwirksamen Antibiotika vorbeugend gegen Infektionen – während der ersten drei Tage nach der Operation.

Bei der Operation durchtrennt der Chirurg das Fettgewebe und die Schichten der Bauchdecke, eröffnet dann Gebärmutter und Fruchtblase. Nachdem das Fruchtwasser abgesaugt ist, werden die Babys, eins nach dem anderen, mit den Händen herausgeholt. Dabei kommt es vor, dass das eigentlich »erstgeborene« Baby als Nummer zwei das Licht der Welt erblickt. Der Schnitt selbst wird dicht über der Schamhaargrenze quer gemacht. Nur wenn es sehr schnell gehen muss, weil Komplikationen aufgetreten sind, wird ein senkrechter Schnitt gemacht. Die innere Wunde wird mit einem Faden verschlossen, der sich von selbst auflöst. Der äußere Faden wird nach ein paar Tagen gezogen oder löst sich ebenfalls auf. Die Narbe selbst wird später kaum zu sehen sein, da der Schnitt besonders sorgfältig genäht wird.

Noch am Tag der Kaiserschnittentbindung wird die Stationsschwester mit der frisch gebackenen Zwillingsmutter das Aufstehen üben. Spätestens 24 Stunden nach der Narkose können die Kinder auch schon zum Stillen angelegt werden.

Immer mehr Kliniken lassen die Väter bei der Kaiserschnittgeburt dabei sein. Sie werden meist am Kopfende ihrer Frau postiert, weil sie an dieser Stelle am wenigsten »im Weg sind«. Für viele Frauen ist es eine zusätzliche Beruhigung, den vertrauten Partner in diesem bedeutungsvollen Moment an ihrer Seite zu wissen. Väter, die dabei gewesen sind, empfinden die Geburt ihrer Zwillinge als Erlebnis, das sie nicht missen möchten.

»Diese Momente sind natürlich unbeschreiblich und unvergesslich. Ich kann dieses ›aktive Dabeisein‹ nur empfehlen; es wird für jeden ein unvergessliches Erlebnis sein. Auch muss man keine Angst vor ›blutigen Szenen‹ haben, denn davon sieht man, wenn man nicht sehr neugierig ist, nichts.« (Thomas R.)

Drillings- und Vierlingsgeburten

Drillings- und Vierlingsgeburten gehören zu den Risiko- bzw. Hochrisikogeburten, denn ein erhöhtes Risiko besteht für die frühgeborenen Kinder, aber auch für die Mütter. Deshalb sollten Sie sich unbedingt für eine gut ausgestattete Klinik entscheiden, die auch eine Intensivstation für Neugeborene hat. Drillinge werden in der Regel nicht vaginal entbunden, da unter anderem die Gefahr besteht, dass sich die Kinder verhaken. Vierlinge kommen oft so früh, dass eine vaginale Entbindung schon deshalb nicht in Frage kommt.

Diese Zeilen machen Ihnen sicher nicht gerade viel Mut. Doch in der Regel sind Sie schon lange vor der (geplanten?) Geburt Ihrer Kinder in der Klinik Ihrer Wahl. Sie lernen Ärztinnen, Ärzte, Schwestern und anderes Personal kennen und werden immer vertrauter mit der ungewohnten Umgebung und auch mit den medizinischen Fachbegriffen und Vorgängen. Fragen Sie, wenn Sie etwas nicht verstehen oder Gewissheit haben möchten. Je informierter Sie sind, desto gelassener können Sie auf das warten, was auf Sie zukommt.

Sind die Zwillinge ein- oder zweieiig?

Wenn Eltern wissen möchten, ob ihre Zwillinge ein- oder zweieiig sind, dann ist gleich nach der Geburt der rechte Moment, um das festzustellen. Spätere Tests sind teuer und werden in der Regel nur dann gemacht, wenn geklärt werden muss, ob Transplantationen zwischen den Zwillingsgeschwistern möglich sind. Welche Methoden zur Feststellung der Eiigkeit gibt es, und wie sicher sind sie?

Plazenten

Sind zwei Plazenten vorhanden, so ging man früher davon aus, dass es sich um zweieiige Zwillinge handelte. Doch auch bei eineiigen gibt es zwei Plazenten, was mit dem Teilungszeitpunkt zusammenhängt. Auch wenn es nur eine große Plazenta gibt, besagt das noch gar nichts. Denn bei zweieiigen Zwillingen können zwei Plazenten auch zu einer großen zusammenwachsen.

Fruchthüllen

Dass sich jedes Kind in einer eigenen Fruchtblase entwickelt hat, will ebenfalls noch gar nichts heißen. Bei den meisten eineiigen Zwillingen gibt es zwei Fruchthüllen. Das hängt wieder mit dem Teilungszeitpunkt zusammen. Je später sich das befruchtete Ei teilt, desto mehr haben die Zwillinge gemeinsam.

Aussehen

Kurz nach der Geburt sieht man manchen Kindern schon an, dass sie sehr unterschiedlich sind. Andererseits müssen sich die Zwillinge erst noch »zurechtwachsen«. Gewichtsunterschiede durch unterschiedliche Versorgung im Mutterleib, deformierte Köpfchen durch enge Geburtswege lassen Zwillinge zunächst unterschiedlich erscheinen, obwohl sie sich nach ein paar Wochen zum Verwechseln ähnlich sehen. Manche eineiigen Zwillinge bleiben aber auch Zeit ihres Lebens unterschiedlich, weil sich vorgeburtliche Gewichtsunterschiede gar nicht mehr ausgleichen. Auch unter zweieiigen Zwillingen gibt es Kinder, die einander sehr ähnlich sehen.

Blutgruppen

Am einfachsten lässt sich die Eiigkeit über den Vergleich der Blutgruppen feststellen. Direkt nach der Geburt kann zu diesem Zweck aus der Nabelschnur etwas Blut entnommen werden. Stimmen beide Blutgruppen – auch die Untergruppen und der Rhesusfaktor – überein, dann kann davon ausgegangen werden, dass es sich um eineiige Zwillinge handelt. Allerdings könnten auch bei zweieiigen Zwillingen die Blutgruppen rein zufällig übereinstimmen.

Zähne, Fingerabdrücke, EKG

Bei eineiigen Zwillingen sind die Zähne gleich angeordnet, selbst Unregelmäßigkeiten sind bei beiden gleich. Fingerabdrücke eineiiger Zwillinge sind zwar nicht absolut identisch, aber sehr viel ähnlicher als bei zweieiigen Zwillingen. Selbst EKGs können gewisse Hinweise geben, da sie bei eineiigen Zwillingen ähnlichere Muster aufweisen als bei zweieiigen. Keine Methode ist für sich allein absolut sicher. Den zuverlässigsten Beweis für Ein- oder Zweieiigkeit bringt eine Kombination mehrerer Untersuchungen.

Chromosomenanalyse

Das Verfahren der Chromosomenanalyse weist eine Sicherheit von nahezu 100 % auf. Allerdings ist dieser Test teuer, sehr zeitaufwendig und wird nur in wenigen Speziallabors durchgeführt.

Erfahrungen von Zwillingsmüttern

Damit Sie sich ein Bild machen können, wie Frauen die Geburt ihrer Zwillinge tatsächlich erleben, hier einige Auszüge aus Antworten auf meinen Fragebogen.

»Durch das Lachgas wurde ich schläfrig. Zwilling I wurde trocken geboren, in der klassischen Lage. Zwilling II lag mit dem Kopf nach oben, drehte sich aber, als Zwilling I aus dem Weg war und kam auch ohne Komplikationen nach. Es war eine leichte Geburt ohne Riss und ohne Schnitt.« (Dagmar D., 38. Woche)

»Im Kreißsaal bekam ich Wehenhemmer und habe trotz Wehen gut geschlafen. Um 6 Uhr wurden die Medikamente abgesetzt. Die Wehen wurden stärker. Die Presswehen gegen 11 Uhr waren jedoch nicht stark genug, also bekam ich weitere Medikamente. Um 11.25 Uhr war mein Sohn endlich da und hat gebrüllt wie am Spieß. Meine Tochter, die oben quer lag, drehte sich danach nicht, und als sich auch durch Schieben und Drücken von außen nichts tat, rief mein Arzt nach langen Handschuhen, zog sich Oberhemd und Kittel aus und behielt nur die Plastikschürze oben drüber an. Das hat mich so erschreckt, dass ich vom Rest nicht mehr viel mitbekam. Der Arzt griff mit der rechten Hand rein und zog meine Kleine an den Füßen einfach raus. Mein Mann hat mir bei der Geburt sehr geholfen. Die Hebamme war eine arrogante Zicke.« (Susanne S., 35. Woche)

»Am Anfang der 30. Woche spürte ich leichtes Ziehen im Rücken – Wehen. Ich bekam wehenhemmende Mittel. Drei Tage und zwei Nächte verbrachte ich schlaflos am Tropf (das Mittel wirkt aufputschend). Dann war die Frühgeburt nicht mehr aufzuhalten. Um Null Uhr kam ich in den Kreißsaal, um 1.36 Uhr kam Nina, um 1.53 Uhr Nadine. An das meiste kann ich mich nicht mehr erinnern, da ich fast immer geschlafen habe. Ja, wirklich! Während der Geburt schlief ich immer wieder ein.« (Heike F., 30. Woche)

»Die Einleitung der Geburt verlief erfolglos. Dann wurde eine PDA gelegt. Durch den großen Bauch und die Überbelastung des Rückens konnte man kaum zwischen die Wirbel kommen. Es dauerte 45 sehr schmerzhafte Minuten, bis die Periduralanästhesie lag. Beim Schneiden riss das Zwerchfell oder ein Teil davon. Jetzt stellte sich heraus, dass die Betäubung nicht reichte. Ich hatte tierische Schmerzen. Mein armer Mann wurde zur Seite geschoben, denn jetzt brach Panik aus. Vollnarkose! Den Kindern ging es von Anfang an bestens. Ich durfte sie erst nach drei Tagen sehen.« (Melitta K., 40. Woche)

»Damals durften die Väter noch nicht dabei sein. Als die Wehen um 19 Uhr im Abstand von fünf Minuten kamen, ging mein Mann nach Hause. Ich legte mich in den Kreißsaal, wickelte etliche Papiertaschentücher um den Zeigefinger und jedes Mal, wenn eine Wehe kam, biss ich feste drauf. Lernschwester Christel hielt während der ganzen Zeit meine Hand, wischte mir den Schweiß ab. Sie hat mir sehr geholfen. Der Arzt entschied, das erste Kind mit der Saugglocke zu holen. Um 21.14 Uhr war es da, dann bekam ich eine Narkose, und unser zweiter Sohn wurde mit der Zange ans Licht der Welt geholt.« (Marianne E., 36. Woche)

»Nach einem Blasensprung um 2 Uhr nachts, Fahrt zur Klinik, mussten wir erst einmal jemanden herausbimmeln, denn alle Türen waren abgesperrt. Man legte mir nur einen Wehenschreiber an, überwachte also nur die Herztöne eines Zwillings. Um 4.30 Uhr war das erste Kind da, eigentlich auf recht sanfte Weise. Dann hatte ich keine müde Wehe mehr. Die zweite Fruchtblase wurde gesprengt. Dann stellte der Arzt fest, dass Nabelschnur und Ärmchen des zweiten Kindes in die Geburtswege vorgefallen waren. Das bedeutete Notkaiserschnitt. Ich hatte das Gefühl, es dauerte ewig, bis der OP vorbereitet war. Nichts ging mehr vor und nichts zurück. In dieser endlosen Viertelstunde versuchte der Arzt schweißtriefend, den Kopf des Kindes zu fassen, um die Nabelschnur zurückzustopfen, wohl weil er nicht untätig danebenstehen wollte. Ich hatte das Gefühl, er sei mit dem ganzen Arm in mir verschwunden. Im letzten Moment gelang es ihm doch noch. Das Kind wurde ruck, zuck geboren, es war vollkommen blau, atmete nicht. Ich bin nicht gläubig, nun aber betete ich doch inständig. Schließlich atmete es, und ich dachte, jetzt bist du haarscharf an einem hirngeschädigten Kind vorbeigekommen.« (Sabine N., 38. Woche)

»Ich bemerkte abends unregelmäßige Verspannungen am Bauch. Da der Bauch bei Zwillingen sehr gedehnt ist, meinte mein Arzt, dass man nicht auf klassische Wehen in bestimmten Abständen warten müsse, die Geburt könne auch mit leichtem Ziehen anfangen. Um 23.15 Uhr betraten wir das Krankenhaus. Mir wurde ein Rollstuhl angeboten, doch die letzten Schritte wollte ich zu Fuß gehen. Die Hebamme empfing uns freundlich und meinte, wir wollten alles so ruhig und gemütlich wie möglich machen. Ich habe meine Atemübungen gemacht und kam auch mit allem klar. Die Atmosphäre war harmonisch. Die Hebamme versuchte, die schmerzhafteren Rückenwehen wegzumassieren, was ihr auch einigermaßen gelang. Dann kamen der Oberarzt und zur Unterstützung beim Pressen die Nacht- und die Kinderschwester. Dass mein Mann dabei war, gab mir sehr viel Ruhe. Die Hebamme machte einen Damm-

schnitt. Nach der vierten Presswehe war es Sonntag, 1.15 Uhr, und Jan war geboren. Ich wollte schnell zum Ende kommen und war einverstanden, dass für die weiteren Wehen ein Tropf gesetzt wurde. Nach sechs Minuten wurde Jens geboren, er kam mit einem Füßchen zuerst raus (unvollendete Fußlage).« (Hildegard W., 41. Woche)

»Bei mir war ein Kaiserschnitt nötig, weil beide Kinder mit dem Kopf nach oben lagen. Nach Ausziehen, Einlauf, Bad und Beine wickeln wurde die PDA (2 Ampullen) gesetzt, ein klein wenig konnte ich noch die Zehen bewegen. Leider wurde mir die Sicht durch grüne Tücher total zugehängt, ich konnte die Ärzte nur hören. Angst hatte ich nicht. Der Narkosearzt sprach sehr lieb mit mir. Ich spürte fast nicht. Es ging rasch. Ich spürte das Herausziehen des ersten Kindes, Jana, und das zweite flutschte auf den leeren Platz, und eine Minute später wurde Nina geboren. Bei mir wurde nun der Bauch geschlossen, ich spürte einen tiefen brüllenden Schmerz. Nach zwei Minuten hielt ich es nicht mehr aus und bekam ein Narkosemittel in den Arm. Darauf habe ich negativ reagiert. Das Aufwachen war widerlich. Bunte Farben stürzten auf mich ein. Ich war schlechter Laune, mir ging es mies, alles tat mir weh, und ich konnte nur wenig sprechen. Mein Mann musste mir x-mal erklären, welches Kind zuerst kam und wie schwer beide waren. Ich konnte es mir nicht merken. Drei Tage lang lag ich mit Schmerzen von den Schultern bis zu den Fußspitzen flach. Ich fühlte mich, als hätte mich jemand gründlich zusammengeschlagen.« (Marion D., 41. Woche)

»Als festgestellt wurde, dass das Fruchtwasser grün war, wurde zum erstenmal von einem Kaiserschnitt gesprochen. Als ich nach dem Baden an den Wehenschreiber angeschlossen wurde, rutschten die Herztöne des zweiten Babys zum erstenmal weg. Der Arzt wollte die Geburt unbedingt forcieren. Ich kam an den Tropf, und die Fruchtblase wurde geöffnet. Die Wehen wurden jetzt sehr schlimm, ich bekam kaum noch Luft und hatte furchtbare Rückenschmerzen. Alle Übungen aus dem Vorbereitungskurs konnte ich vergessen, da ich ja auf dem Rücken liegen musste. Wir versuchten wenigstens die Atemübungen beizubehalten. Es gab praktisch keine Pause mehr zwischen den Wehen. Der Muttermund hatte sich nicht weiter geöffnet. Die Herztöne des zweiten Babys fielen jetzt auf 70 (normal ist 150) und kamen nach zehn Minuten immer noch nicht wieder hoch. Der Arzt riet wieder zu einem Kaiserschnitt. Mir ging es jetzt so mies, dass mir alles egal war. Also willigten wir beide ein. Jetzt sollten wir noch den Anamnesebogen ausfüllen und unterschreiben. Mir war

nach allem, nur nicht danach. Mir war nur noch zum Heulen. Ich fände es besser, wenn dieser Bürokratenschwachsinn danach erledigt werden würde. Im OP bekam ich alles mit, was rundherum ablief. Mir hat es gereicht. Ich wäre am liebsten gegangen. Soll doch Kinder kriegen, wer will, ich nicht! Danach weiß ich nichts mehr.« (Angela B., 38. Woche)

Es ist Zufall, dass die hier beschriebenen Geburten eher problematisch waren. Tatsache ist, dass die meisten Zwillingsgeburten ähnlich »einfach« verlaufen wie »Einlingsgeburten«. Bei meinen Recherchen fühlten sich vor allem Zwillingsmütter angesprochen, die »etwas zu sagen hatten« – bei denen eben nicht alles so locker-leicht gelaufen war.

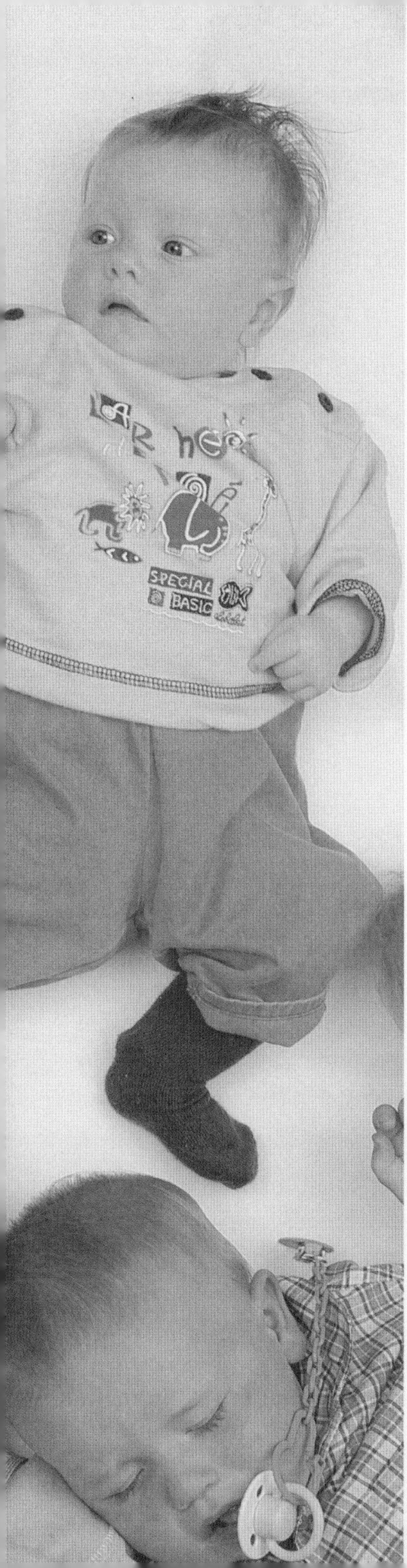

Wie geht's nach der Geburt weiter?

Nach der Geburt müssen Sie und Ihre Zwillinge möglicherweise noch in der Klinik bleiben. Was ist dabei zu beachten? Welche Chancen und Risiken gibt es für Frühgeborene? Mehr dazu und viele Informationen rund ums Stillen gibt es auf den nächsten Seiten.

Die Gefühle danach

Nun ist alles – mehr oder weniger gut – überstanden, und die Freude ist groß. Oder etwa nicht? Wie kommt's, dass nicht bei allen Müttern sofort nach der Geburt »eitel Sonnenschein« herrscht, dass sich die Glücks- und Muttergefühle erst mit Verzögerung einstellen? Und was hat es mit den Wochenbett-Depressionen auf sich?

Jede fühlt anders

So eine Geburt haben sich wohl alle gewünscht: Ist das erste Baby geboren, bekommt man es auf den Bauch gelegt. »Schön sieht sie aus«, war Helga H.s erster Eindruck von Stefanie, die den behaglichen Platz allerdings räumen musste, als ihre Schwester geboren wurde. Während das zweite Baby kommt, kann das erste untersucht, gebadet und angezogen werden.

Manche Mütter denken nach der Geburt des ersten Kindes zwar »so, die anderen (Mütter von »Einlingen«) hätten es jetzt geschafft«, doch wenn beide Kinder erst einmal da sind, gesund und ohne Komplikationen geboren, kann sich ebenso wie nach der Geburt eines Einzelkindes ein großes Glücksgefühl einstellen. Allerdings kann die Freude auch auf sich warten lassen. Wenn Sie nicht sofort nach der Geburt vom Glück überwältigt werden, denken Sie nicht, dass mit Ihnen etwas nicht stimmt. Jede fühlt und empfindet anders. Oft überwiegt auch einfach die Erschöpfung, oder die Narkose wirkt nach.

Wenn die Babys auf die Intensivstation müssen

Eine Bilderbuchgeburt ist nicht allen Zwillingsmüttern vergönnt. Im Durchschnitt kommen Zwillinge immer noch etwa drei Wochen zu früh, oder es stellen sich andere Komplikationen ein. Wenn Ihre Zwillinge unter solchen Umständen geboren werden, sind Sie vielleicht nach der Geburt gar nicht recht froh, obwohl letzten Endes doch noch alles gutgegangen ist, die Kinder und Sie gesund sind. Einerseits möchten Sie gerne glücklich sein, andererseits bedrückt Sie jedoch, dass Sie Ihre Kinder nicht bei sich haben können, weil sie vielleicht intensivmedizinisch versorgt werden müssen.

»Auch bei mir stellte sich das vielbeschriebene Glück nicht sofort ein. Nach der Geburt war ich einfach nur froh, dass es vorbei war und ich heil aus der Sache rausgekommen war. Ich fühlte mich deshalb ziemlich schlecht. Doch die Geburt von Maximilian und Constantin war durch äußere Umstände (sieben Wochen zu früh, grünliches Fruchtwasser, unverschämte Hebamme und vieles mehr) eher ein Schockerlebnis gewesen, das ich erst einmal verarbeiten musste. Dass es auch anders sein kann, habe ich sechs Jahre später mit meinem dritten Sohn, Nicolai, erlebt.« (Marion v. G.)

Alle Zwillingsmütter, deren Kinder zu früh geboren wurden und auf der Intensivstation betreut werden mussten, berichteten übereinstimmend von gespaltenen Gefühlen. Sie waren froh, zwei gesunde Kinder zu haben, und sie waren tieftraurig, weil sie ihren Babys nicht nahe sein konnten. Als besonders bedrückend empfanden es die Mütter, wenn ihre Zimmerkolleginnen ihre »termingerecht« geborenen Kinder rund um die Uhr bei sich hatten. Manche Mütter sahen ihre Kinder sogar erst nach zehn Tagen zum erstenmal. »Ich hatte das Gefühl, das wären gar nicht meine«, sagte eine Mutter. Eine andere fühlte sich »als Mutter eines Blinddarms«. Übereinstimmend berichten alle, die ihre Babys nicht von Anfang an bei sich haben konnten, dass sich diese Trennung negativ auf die Mutter-Kind-Beziehung ausgewirkt habe. Alle mussten sich erst einmal an ihre Kinder gewöhnen. Glücks- und Muttergefühle stellten sich erst mit einiger Verzögerung ein.

»Nur« ein Kaiserschnitt ...

Bei Zwillingsgeburten kommt es überdurchschnittlich oft zu einem Kaiserschnitt. Doch auch Zwillingsmütter wünschen sich wie alle anderen werdenden Mütter eine »normale« Geburt. Vielfach stellen sie – vor allem, wenn sie Erstgebärende sind – ganz besondere Erwartungen an die Geburt: »Sie sollte der Höhepunkt meines Lebens werden«, hatte eine Frankfurterin geplant. Als wegen Wehenschwäche schließlich doch ein Kaiserschnitt gemacht werden musste, »brach eine Welt für mich zusammen.« Es ist besser, einen Kaiserschnitt von vornherein mit einzukalkulieren, denn dann kann die Enttäuschung nicht so groß sein. Allerdings werden Frauen, bei denen »nur« ein Kaiserschnitt möglich war, immer irgendwie das Gefühl haben, sie seien um etwas betrogen worden.

»Ich war sehr enttäuscht und furchtbar deprimiert, da ich meine Kinder nicht sehen konnte. Ich fühlte mich betrogen, das Gefühl, geboren zu haben, fehlte mir völlig. Ich habe lange gebraucht, um dies zu überwinden.« (Angela B.)

Manche Frauen haben das Gefühl, keine vollwertigen Mütter zu sein, weil sie nicht zu einer »normalen« Geburt fähig waren. Es fällt ihnen schwer, von Anfang an eine Beziehung zu ihren Kindern aufzubauen. »Bei einem Kaiserschnitt sind die Kinder einfach so da, so plötzlich, und man ist nicht aktiv dabei«, schrieb eine Schweizerin, »die Geburt hatte im wichtigsten Moment eine Lücke«.

»Kaiserschnitt-Mütter« fühlen sich in den ersten Tagen danach meist so schlapp, dass sie ihre Kinder gar nicht besuchen können oder möchten. Hoher Blutverlust und eventuell etwas Fieber machen sich bemerkbar. Dass sich unter diesen Umständen keine Jubelgefühle einstellen, liegt auf der Hand. Für Frauen, die wegen einer Kaiserschnitt- oder Frühgeburt Depressionen haben, sollte psychologische Betreuung im Krankenhaus eigentlich selbstverständlich sein. Tatsache ist jedoch, dass diese Mütter mit ihren unguten Gefühlen allein gelassen werden. Zum Glück ist so ein schlechter Start schnell vergessen, wenn es dem Trio »Mutter und Zwillinge« besser geht.

Hinweise

So überwinden Sie Ihr Wochenbett-Tief

- Ein Großteil Ihrer möglichen Depressionen geht auf die hormonelle Umstellung zurück. Mütter von »Einzelkindern« sind davon genauso betroffen.
- Setzen Sie sich nicht selbst unter Druck, bloß weil sich das große Glück anfangs noch nicht einstellen will. Eine Geburt ist immer ein einschneidendes Erlebnis im Leben einer Frau. Das will erst einmal verkraftet werden.
- Vielleicht haben Sie sich die Geburt anders vorgestellt, und jetzt sind Sie enttäuscht, weil alles doch so ganz anders gelaufen ist.
- Vielleicht waren die äußeren Umstände nicht so, wie sie hätten sein sollen? Die Kinder zu früh dran, die Hebamme muffig oder arrogant, der Ehemann oder Freund als Partner bei der Geburt eher lästig?
- Das alles kann Ihnen ein Gefühl des Versagt-Habens verschaffen. Doch ein Versagen bei der Geburt gibt es nicht. Eine Geburt wird sehr individuell empfunden, auch die Schmerzempfindlichkeit von Frauen ist sehr unterschiedlich.
- Richten Sie sich selbst ein bisschen her. Etwas Make-up, eine Haarwäsche oder eine Dusche können Wunder wirken.
- Besonders depressiv sind Sie vielleicht, wenn Sie Ihre Kinder erst Tage nach der Geburt sehen dürfen, weil sie in einer anderen Klinik untergebracht sind. Bitten Sie die Ärztinnen und Ärzte um ein Polaroidfoto, das ist besser als nichts.
- Lassen Sie sich nicht hängen, tun Sie lieber etwas gegen Ihren ausgedehnten Bauch, machen Sie ordentlich Gymnastik.
- Versuchen Sie Ihre Milchproduktion in Gang zu bringen (siehe Seite 105), das lässt Ihnen weniger Zeit für traurige Gedanken.
- Setzen Sie sich neue Ziele, planen Sie für die Zukunft. Alles hat sich nun monatelang auf den Tag X konzentriert. Jetzt ist er da, und die Luft ist erst einmal raus. Die Anspannung ist weg, und Sie hängen zunächst etwas in der Luft. Trübsal blasen hilft nicht über einen solchen Schwebezustand hinweg, sondern eine neue Aufgabe.
- Manchmal schlägt einem nur der öde Klinikalltag aufs Gemüt. Sobald Sie wieder in gewohnter Umgebung sind, wird sowieso alles besser.

Der Klinikaufenthalt

Die Zeit in der Klinik sollte so angenehm wie möglich gestaltet werden. Das gilt für Ihre eigene Unterbringung und Versorgung, aber natürlich auch für die Ihrer Zwillinge, die vielleicht auf die Intensivstation oder in die Kinderklinik müssen.

Unterbringung und Betreuung

So können Sie sich den Klinikaufenthalt angenehm gestalten:

- Überlegen Sie rechtzeitig, ob Sie lieber im Einzelzimmer oder im Mehrbettzimmer liegen möchten. Wenn Ihre Kinder zu früh geboren werden, ist es möglicherweise angenehmer, allein zu liegen, als ständig mit einer glücklichen jungen Mutter mit glücklichem, rosigen Baby konfrontiert zu sein. Vielleicht hilft Ihnen aber auch gerade in dieser Situation eine Gesprächspartnerin, mit der Sie Ihre Sorgen besprechen können.
- Bitten Sie, dass man Sie mit einer Mutter zusammenlegt, die sich in einer ähnlichen Situation befindet, deren Baby ebenfalls zu früh geboren wurde und deshalb auch auf der Intensivstation betreut werden muss. Geteiltes Leid ist halbes Leid.
- Oder lassen Sie sich zu einer Frau legen, die »nur« einen gynäkologischen Eingriff hinter sich hat.
- Wenn Sie Rooming-in praktizieren möchten, ist das mit Ihren Zwillingen in einem Einzelzimmer sicherlich einfacher.
- Sind die Zwillinge Ihre ersten Kinder, so fühlen Sie sich im Umgang mit ihnen vielleicht unsicher. Dennoch möchten Sie nicht immer gleich eine der Kinderschwestern rufen, die ohnehin oft genug glauben, Mütter kämen mit ihren Babys nicht zurecht. Dann ist es wieder von Vorteil, wenn Sie Ihr Zimmer mit einer bereits »erfahrenen« Mutter teilen, die Ihnen sicher den einen oder anderen Handgriff gerne erklärt.
- Wenn Sie stillen möchten, achten Sie darauf, was Sie essen. In den meisten Fällen bekommen Sie keinerlei spezielle Kost für stillende Mütter.

- Wenn Sie etwas brauchen, scheuen Sie sich nicht, darum zu bitten. Wenn Sie etwas beunruhigt, fragen Sie. Lassen Sie sich nicht so einfach abspeisen. Kuschen Sie nicht vor weißen Kitteln und Häubchen.
- Bitten Sie Ihre Besucherinnen und Besucher, zu unterschiedlichen Zeiten zu kommen, damit der Ansturm auf einmal nicht zu groß ist.

Rooming-in

Was für viele Mütter heute gar keine Frage ist, will bei Zwillingen wieder doppelt gut überlegt sein, nämlich, ob Sie Ihre Zwillinge bei sich im Zimmer haben möchten oder lieber auf Rooming-in verzichten sollten. Wenn Sie sich dafür entscheiden, sollten Sie ein Einzelzimmer nehmen. Mit einer entsprechenden Zusatzversicherung (die allerdings schon bestehen muss) sind die Kosten für diesen »Luxus« abgedeckt, andernfalls müssen Sie den Aufpreis selbst bezahlen. Doch das ist eben der Preis für mehr Ruhe.

Welche Vorteile hat es, wenn Sie Ihre Babys von Anfang an bei sich haben?

- Rooming-in fördert ganz eindeutig die Mutter-Kind-Beziehung. Es ist eigentlich ganz unnatürlich, wenn Mutter und Neugeborene nach der Geburt getrennt werden.
- Rooming-in ist eine gute Gelegenheit für Frauen, die zum erstenmal Mutter geworden sind, sich mit der Versorgung ihrer Babys unter Anleitung der Kinderschwestern vertraut zu machen.
- Wenn Sie Ihre Zwillinge stillen möchten, sollten Sie sich auf jeden Fall für Rooming-in entscheiden. Nur wenn Sie Ihre Babys jederzeit anlegen können, wird nämlich die Milchproduktion entsprechend angeregt (siehe auch Seite 105).

Vielleicht hängt jedoch die Entscheidung nicht allein von Ihnen ab. In den meisten Kliniken werden die Babys abends abgeholt und erst morgens wieder gebracht. Tagsüber ist Rooming-in also erwünscht, nachts nicht. Möglicherweise möchten Ihnen die Kinderschwestern auch nur jeweils ein Kind tagsüber überlassen, weil »Sie ja doch nicht mit beiden gleichzeitig fertig werden«. Dieser Einwand ist völliger Unsinn, denn was machen Sie eigentlich, wenn Sie mit Ihren Zwillingen schließlich zu Hause sind? Dort müssen Sie mit beiden Kindern (allein) zurechtkommen. Und das üben Sie am allerbesten noch während Ihres Klinikaufenthaltes. Andererseits sind Sie vielleicht nach der Geburt noch recht schlapp und froh, dass der »Ernstfall« noch nicht eingetreten ist.

Deshalb nutzen Sie den Klinikaufenthalt vielleicht auch, um sich noch einmal zu erholen. Wenn die Schwestern Ihre Babys stets bringen, sobald die Kleinen Hunger haben, und Sie die Zwillinge selbst wickeln und baden dürfen (im Babyzimmer), ist das auch fast wie Rooming-in und eine sehr empfehlenswerte Lösung. Ich habe das bei meinem dritten Sohn so gemacht und die Zeit im Krankenhaus sehr genossen.

Die Zwillinge in der Intensivstation und Kinderklinik

Manche Intensivstationen für Neugeborene informieren die Eltern mit einer kleinen Broschüre, der Sie auch die Besuchszeiten entnehmen können. Denn auch wenn die Intensivstation tagsüber durchgehend geöffnet ist, gibt es doch Situationen, in denen Besucherinnen und Besucher unerwünscht sind. Während des Dienstwechsels (der Übergabe) oder während der Visite müssen Eltern draußen bleiben.

»Endlich war es soweit. Mein Mann durfte mich im Rollstuhl zu den Kindern fahren. Der erste Anblick war dann sehr erschreckend, denn sie waren verkabelt und am Monitor angeschlossen. Mir gingen tausend Gedanken durch den Kopf. Besonders schlimm war es, als ein Monitor Alarm gab.« (Andrea B.)

Heute werden Eltern bei der Versorgung ihrer Kinder voll eingespannt. Viele übernehmen nach ein paar Tagen völlig selbständig die Pflege der Kinder. Auf jeden Fall sollten Sie mit den Schwestern absprechen, wann Sie kommen, damit sie Ihnen Ihre Zwillinge noch »übrig lassen«. Auch wenn Ihnen die Intensivstation mit ihrem grellen Licht, überall tickenden Monitoren, Brutkästen und Schläuchen, Krankenhauskitteln und Desinfektionsmittelgeruch zunächst fremd und fast unmenschlich vorkommt, so werden Sie sich schon bald daran gewöhnt haben. Hier wird alles für Ihre Babys getan, die viele Technik muss sein. Nur sie garantiert, dass Ihre Kinder gesund überleben können.

»Der Gang durch den langen Flur zur Intensivstation ist für mich wie ein Eintritt in eine andere Welt. Alle Geräusche sind gedämpft, das Licht leicht bläulich. Du ziehst dich um und schwankst zwischen dem Drang wegzulaufen, weil du keine neue Hiobsbotschaft mehr verkraften kannst, und dem Wunsch, ganz nah bei den Kindern zu sein. Nach einigen Tagen kommt sogar das Gefühl auf, heimzukommen, wenn ich diese Station betrete.« (Susanne W.)

Frühgeborene und andere Sorgenkinder

Als Frühgeborene bezeichnet man Kinder, die vor der 37. Schwangerschaftswoche (gerechnet vom ersten Tag der letzten Periode an) geboren werden. Sie wiegen meist weniger als 2500 Gramm und weisen gewisse Unreifezeichen auf, die der Kinderarzt anhand einer Tabelle genau bestimmen kann. Das geringe Geburtsgewicht allein ist heute kein Kriterium mehr für die Frühgeburtlichkeit, denn es gibt ja gerade bei Zwillingsschwangerschaften häufig mangelernährte Kinder – so genannte Mangelgeburten –, die auch jenseits der 37. Schwangerschaftswoche deutlich unter 2500 Gramm wiegen können. Daneben gibt es auch Kombinationen von Frühgeburt und gleichzeitiger Mangelgeburt.

Chancen und Risiken

In der Klinik erfahren die untergewichtigen oder frühgeborenen Kinder eine intensivmedizinische Behandlung und Überwachung. Untergewichtige Babys, die nach der 37. Schwangerschaftswoche geboren wurden, machen weniger Probleme als reine Frühgeburten. Nicht das zu geringe Geburtsgewicht ist das eigentliche Problem, sondern die Unreife der Körperorgane. Ganz voran stehen die Unreife des Gehirns und der Lunge. Es kommt so zu Funktionsstörungen des Atemzentrums, des Temperaturzentrums, zu einem fehlenden Saug- und Schluckreflex, darüber hinaus zu einem mangelnden Gasaustausch (Sauerstoffaufnahme und Kohlendioxydgabe) in der Lunge. Die Unreife der Leber führt zusätzlich zu einer

Abbaustörung des Bilirubins (Abbauprodukte des roten Blutfarbstoffs) mit verstärkter Gelbsucht.

Die moderne Medizin hat eine Reihe von Möglichkeiten, die fehlenden oder gestörten Organfunktionen bei Frühgeborenen durch operative oder medikamentöse Maßnahmen zu ersetzen oder zu unterstützen.

Körpertemperatur

Am einfachsten lässt sich eine konstante Körpertemperatur herstellen, nämlich im Inkubator. Später reicht ein beheizbares Wärmebettchen. Über einen Inkubator verfügt heute jeder Kreißsaal, auch wenn das Krankenhaus selbst keine Kinderabteilung hat. Sie sollten nicht enttäuscht sein, wenn Ihre Kinder nach der Entbindung nicht an die Brust angelegt, sondern wegen der Gefahr der Auskühlung möglichst schnell im Inkubator untergebracht werden. Normalerweise wird das Frühgeborene aber erst noch auf einem speziellen Wärmetisch versorgt, entweder von den Geburtshelferinnen der Klinik, von der Anästhesistin oder vom Kinderarzt – das ist von Klinik zu Klinik, je nach Ausbildung und Organisation verschieden. Auf diesem Wärmetisch, meist mit angeschlossener Atmungs- und Absaugmöglichkeit, werden Atmung, Herz und Reflexe direkt nach der Geburt beobachtet.

Atmung

Bei einer Atemstörung wird das Frühgeborene sofort mit einer Maske oder auch durch eine Intubation beatmet, wobei ein kleiner Plastikschlauch in die Luftröhre eingeschoben wird. Erschrecken Sie also nicht, wenn Sie Ihr Kind nicht schreien hören. Auch wenn es spontan, aber ungenügend geatmet hat, muss es beatmet werden. Unter der künstlichen Beatmung kann es nicht schreien bzw. nur lautlos schreien, da die Stimmbänder lahmgelegt sind.

Falls erforderlich, wird die künstliche Beatmung im Inkubator fortgesetzt. Der Sauerstoffgehalt wird dort bei länger anhaltender Beatmung durch ein Messgerät genau überwacht. Wichtig ist aber nicht nur der Sauerstoffgehalt der Atemluft, sondern auch, wie viel Sauerstoff die Lunge des Frühgeborenen aufnimmt. Das hängt von der Lungenreife ab, die unterschiedlich ausgebildet und oft erst in der 37. Schwangerschaftswoche abgeschlossen ist. Bei drohender Frühgeburt kann die Lungenreife durch Spritzen eines Kortisonpräparates beschleunigt werden.

Heute wird auch der so genannte Oberflächenfaktor künstlich gewonnen und bei Frühgeborenen eingesetzt und kann so Probleme bei der Beatmung mindern. Dieser Oberflächenfaktor ist bei den Frühchen selbst noch nicht in ausreichendem Maße vorhanden. Er sorgt dafür, dass die Lungenbläschen nicht zusammenfallen. Die Überwachung der so wichtigen Atemfunktion erfolgt durch Messung des Sauerstoff- und Kohlendioxydgehaltes im kindlichen Blut. Dafür wird aus der Ferse ein Tropfen Blut entnommen, der im Labor untersucht werden kann. Sauerstoff- und Kohlendioxydgehalt des Blutes können aber auch über einen feinen Sensor durch die Haut hindurch über einen längeren Zeitraum gemessen werden.

Auch wenn keine maschinelle Beatmung des Kindes erforderlich ist, wird durch einen Monitor die Herz- und Atemtätigkeit fortlaufend kontrolliert. Die Überwachungsgeräte sind mit einer Warnvorrichtung ausgestattet, die ein Signal gibt, falls eine Störung auftritt. Diese Kontrolle ist wichtig, denn gerade bei Frühgeborenen kann es noch in den ersten drei Tagen nach der Geburt zu Hirnblutungen kommen. Grund dafür ist die Unreife des Gehirns, das auf Blutdruckschwankungen und Sauerstoffmangel sehr empfindlich reagiert.

Hirnblutung

Intensivmedizinische Erfolge, auch bei der Behandlung von Frühgeburten, sind mittlerweile so gut, dass sogar Kinder mit einem Geburtsgewicht von unter 1000 Gramm recht große Überlebenschancen haben und in den entsprechenden Behandlungszentren die Gefahr einer Hirnblutung sehr gering ist.

Bei einer drohenden Frühgeburt vor der 32. Schwangerschaftswoche ist es empfehlenswert, eine Entbindungsklinik mit angeschlossenem neonatologischen Zentrum (Neugeborenen-Intensivstation) zu wählen. Der sicherste Transport eines Babys in diesem Stadium ist immer noch der im Mutterleib! Denn mittlerweile ist die Gefahr eines Autotransportes für diese kleinen Kinder unter 1 800 Gramm eindeutig nachgewiesen. Durch die Erschütterungen beim Autofahren kommt es trotz optimaler Versorgung im Inkubator häufiger zu Hirnblutungen, weil die zarten, unreifen Hirngefäße leicht reißen können.

Infektionsgefahr

Ein weiteres Risiko für Frühgeborene ist ihre Abwehrschwäche und die damit verbundene Infektionsgefahr. Gegebenenfalls muss diese durch Antibiotika bekämpft werden.

Saug- und Schluckstörungen

Das Problem der Saug- und Schluckstörungen kann durch Sondenernährung und mit Infusionen behandelt werden. Sondenernährung heißt, dass die Kinder die Milch per Sonde (ein kleiner Plastikschlauch) direkt in den Magen gespritzt bekommen. In einigen Kliniken wird der Schlauch mit einem kleinen Pflaster an der Nase des Kindes festgeklebt, in anderen Kliniken wird das Baby vor jeder Mahlzeit erneut sondiert. Für zartbesaitete Eltern empfiehlt es sich, während dieser Prozedur wegzusehen, da sich die Kleinen (vor allem wenn sie schon etwas größer sind) oft heftig dagegen wehren. Anfangs werden die Babys je nach Geburtsgewicht und Milchaufnahme in sehr kurzen Abständen (alle 2 oder 3 Stunden) »gefüttert«. Meine Söhne starteten mit 8 Gramm Milch! Drei Jahre danach kauten sie Kaugummi, und niemand dachte mehr an die erste beschwerliche Zeit zurück.

Wenn die Kinder etwas kräftiger sind, wird die Ernährung per Sonde nach und nach durch Ernährung aus der Flasche ersetzt. Anfangs strengt das die Kinder noch sehr an, sie schlafen bei dieser Prozedur ein, und es dauert ewig, bis sie nur etwa 20 Gramm Milch aus der Flasche getrunken haben. Wenn das Flaschentraining übertrieben wird, können die Babys sogar abnehmen.

Gelbsucht

Ein weiteres Frühgeborenenproblem ist die Gelbsucht, die infolge der Leberunreife auftritt und zu einer Hirnschädigung führen kann, falls die Werte einen bestimmten Grenzwert überschreiten. Heute ist ein Blutaus-

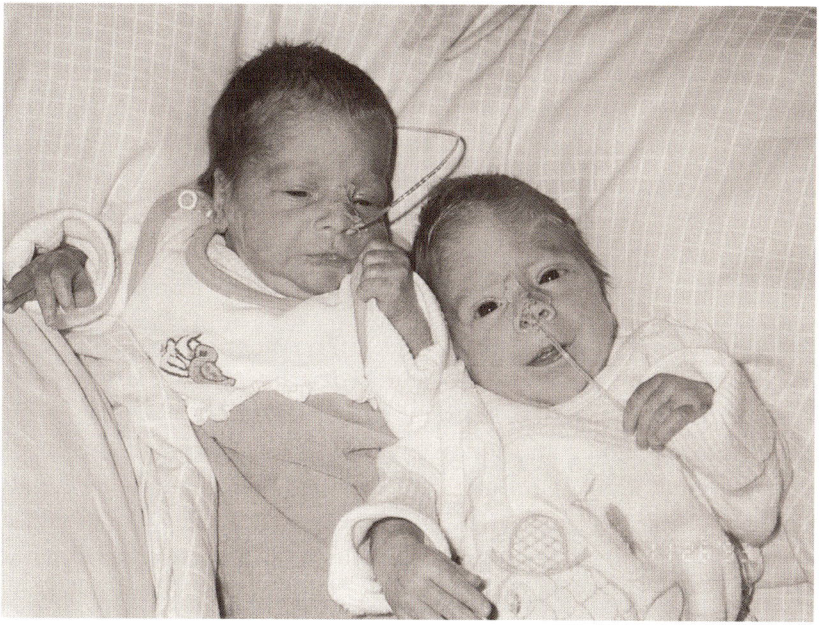

Inga-Lisa und Anne-Katrin werden noch mit der Magensonde ernährt.

tausch kaum noch erforderlich, normalerweise reicht eine so genannte Phototherapie, um die Gelbsucht abzubauen. Dabei wird die Haut des Kindes mit Licht einer bestimmten Wellenlänge bestrahlt. Dieses Licht spaltet den gelben Farbstoff (Bilirubin) in der Haut zu ungiftigen Substanzen, die dann auch in der Niere und der Galle ausgeschieden werden können. Wichtig ist, dass mit der Phototherapie rechtzeitig begonnen wird. Messen lässt sich der Bilirubingehalt des Blutes im Labor, und es gibt genaue Tabellen, die anzeigen, ob und wann man mit der Phototherapie beginnen muss.

Untergewicht

Unterschiede zwischen frühgeborenen Zwillingen und frühgeborenen »Einlingen« sind hinsichtlich ihrer weiteren Entwicklung nicht bekannt. Untergewichtige Zwillinge sind insgesamt gesehen sogar eher noch widerstands- und damit lebensfähiger.

Mögliche Behinderungen und was man dagegen tun kann

Bei Zwillingen kommt es geringfügig häufiger als bei Einzelkindern zu Bewegungsstörungen, die eine frühe krankengymnastische Behandlung erfordern. Die Ursache dafür ist zum einen die erhöhte Frühgeburtenhäufigkeit, in geringerem Maße eine Ernährungsstörung der Kinder in der Gebärmutter. Bei zu früh geborenen, untergewichtigen Kindern führen Reifungsstörungen des Gehirns, Mangelernährung, Sauerstoffmangel und auch Hirnblutungen zu mehr oder weniger ausgeprägten Bewegungsstörungen und Haltungsschäden.

Zwillinge, die mit normalem Gewicht nach der 37. Woche geboren werden, zeigen keine häufigeren Erkrankungen als Einlinge. Zerebrale (gehirnbedingte) Bewegungsstörungen und Entwicklungsverzögerungen können durch krankengymnastische Betreuung um so erfolgreicher geheilt werden, je früher sie erkannt und behandelt werden. Um eventuelle Schäden frühzeitig festzustellen, empfiehlt sich bei »Sorgenkindern« im ersten Vierteljahr alle 4 Wochen eine kinderärztliche Untersuchung und im restlichen ersten Lebensjahr Untersuchungen im Abstand von 3 Monaten. Viele große Kliniken sehen auch spezielle Untersuchungs- und Kontrolltermine (Risiko- oder Frühchensprechstunden) vor. Fragen Sie danach. Bei Zwillingen kann es aber auch aufgrund der extremen Enge im Mutterleib zu Haltungsschäden kommen. Bei Steißlagen sind Hüftgelenksstörungen häufiger anzutreffen, durch Fehlhaltung des Kopfes kann eine narbige Muskelverkürzung an der Halsmuskulatur entstehen, der so genannte »Schiefhals«.

Welche Gymnastikmethoden gibt es? Zwei krankengymnastische Therapien wurden von den tschechischen Ärzten Dr. Karel Bobath und Dr. Vaclav Vojta entwickelt. Eine hierzulande noch nicht anerkannte Methode (was über ihren Wert und ihre Wirksamkeit jedoch nichts aussagt) geht auf den ungarischen Arzt Peto zurück. Fragen Sie Ihre Krankengymnastin danach.

Nach welcher Methode mit Ihrem Kind geturnt werden muss, hängt von der jeweiligen Störung ab. Bei leichteren Fällen wird eher die Bobath-, bei schwereren Fällen die Vojta-Therapie empfohlen. Auf jeden Fall aber sollte die krankengymnastische Therapie so früh wie möglich beginnen.

Bobath-Methode und Vojta-Methode

Bei der Bobath-Methode werden Eltern genau angeleitet, wie sie das Baby beim Wickeln, Baden, Füttern, Tragen, An- und Ausziehen und Schlafenlegen bewegen sollen, damit es möglichst nur normale Haltungs- und Bewegungsanreize bekommt. Bobath-Gymnastik gilt als spielerische Therapie, stellt aber an die Eltern hohe Anforderungen, weil der ganze Tagesablauf des Babys in die Therapie mit einbezogen werden muss.

Die Vojta-Methode gilt als leicht zu lernen, jedoch auch als aggressiv. Sie scheint von den Kindern oft als Zwang empfunden zu werden, dessen Sinn sie nicht verstehen. Bei der Vojta-Therapie werden durch bestimmte Handgriffe Bewegungsmuster ausgelöst, die die krankhaften Bewegungsabläufe durchbrechen sollen. Auch hier werden die Eltern mit einbezogen. Sie lernen bestimmte Reizgriffe und wie sie Druck auf verschiedene Stellen des kindlichen Körpers ausüben können. Diese Maßnahmen bringen das Kind dazu, die gewünschten koordinierten Bewegungen auszuführen.

»Alternative Therapien« stellen wir immer wieder in der Zeitschrift »Zwillinge« vor, zum Beispiel in Ausgabe 133 und 134.

»Ich musste mit beiden Kindern Krankengymnastik betreiben. Ich musste dreimal täglich zu Hause turnen, das bedeutete einen Zeitaufwand von drei Stunden. Außerdem hatte ich zunächst zweimal wöchentlich, später einmal wöchentlich einen Termin bei der Krankengymnastin. Es war furchtbar, aber es hat sich gelohnt.« (Ursula O.)

Ob eine Bewegungsstörung behoben werden kann oder nicht, kann in der Regel nicht vorausgesagt werden, daher bedeutet die Therapie auch eine gewisse seelische Belastung für die Eltern. Allerdings gilt: Je früher die Behandlung nach einer der beiden Therapiemethoden einsetzt, desto wahrscheinlicher ist ein Erfolg.

Es gibt auch die Möglichkeit einer »mobilen Therapie«, das heißt, die Krankengymnastin kommt zu Ihnen nach Hause, was auf Rezept verschrieben werden kann. Das ist insbesondere für Zwillingsmütter von Vorteil, für die der Weg zur Krankengymnastik doch mit erheblichen Mühen verbunden ist. Erkundigen Sie sich bei Ihrer Kinderärztin nach der mobilen Therapie.

»Bei Kindern handelt es sich nicht um Maschinen, die zu einem gewissen Zeitpunkt erwartete Handlungen und Fortschritte vollbringen, sondern um Menschen, die ihren ganz eigenen Rhythmus haben, den sie auch frei entfalten sollen und müssen. Unsere beiden Töchter haben mittlerweile große motorische Fortschritte gemacht, und das ohne Zwang von außen. Wir wollen auf gar keinen Fall die Frühförderung verteufeln, denn in gewissen Fällen ist sie sicher sehr hilfreich und notwendig.« (Barbara G.)

Überwachung per Monitor

Bei Frühgeborenen wird das Risiko des »Plötzlichen Säuglingstodes« höher eingeschätzt. Nicht zuletzt deshalb bekommen viele Zwillingseltern auch Monitore zur Überwachung der Atmung mit nach Hause. Zum einen ist das eine Beruhigung, zum anderen bringt die Monitorüberwachung auch zusätzliche Sorgen mit sich: die häufigen Fehlalarme und die dadurch massiv gestörte Nachtruhe, die bange Frage »Wann sollen wir uns von den Monitoren trennen?« und natürlich das Problem: »Was tue ich, wenn der Alarm echt ist?«

Selbstverständlich werden alle Eltern mit einem solchen Monitor nur mit genauer Anleitung nach Hause entlassen, das heißt, es wird eine Art Schulung für den Ernstfall stattfinden. Sie sollten sich zusätzlich Information von der GEPS, Gesellschaft zur Erforschung des Plötzlichen Säuglingstodes e. V. (Adresse im Anhang) besorgen, einem Verein, der sich der Sorgen von Eltern angenommen hat, die bereits ein Baby durch den »Plötzlichen Säuglingstod« (SIDS) verloren haben. Die GEPS hat einen sehr nützlichen Katalog zum Umgang mit Monitoren zusammengestellt, der auch in der Zeitschrift »Zwillinge« (Heft 135) veröffentlicht ist.

»Ernsthaften Alarm haben wir nie gehabt. Meist hatte sich nur der Klebestreifen vom Bauch gelöst, oder Jonas und Annika lagen so, dass der Sensor keinen Kontakt zur Bauchdecke hatte. Als unsere Kinder ein Jahr alt waren, beschlossen wir, die Monitore aus Sicherheitsgründen noch ein weiteres Vierteljahr zu benutzen. Danach gewöhnten wir uns schneller daran, wieder ohne Monitore zu sein, als wir gedacht hatten.« (Liane K.)

Tod eines Zwillingskindes

Bisher hatte ich dieses Kapitel ausgespart. Sie sollten sich nach der Lektüre dieses Buches auf Ihre Zwillinge freuen und nicht Angst haben. Doch es passiert eben auch immer wieder, dass Zwillingsschwangerschaften »schief gehen« oder dass ein Kind bei oder nach der Geburt stirbt. Das darf hier nicht verschwiegen werden, denn auch diese »verwaisten« Zwillingseltern brauchen einen Rat.

Was am schlimmsten von betroffenen Zwillings- und Drillingseltern empfunden wird, sind die Reaktionen und Kommentare der anderen. »Sei doch froh, dass du wenigstens ein gesundes Kind hast!« oder »Stell dir vor, wie viel Stress du gehabt hättest!« – Wie soll man froh sein und sich über das verbliebene (gesunde?) Kind freuen, wenn man doch traurig sein möchte über den Verlust des anderen Kindes? Das sind ganz zwiespältige Gefühle. Und wie kann man froh sein, dass man »wenigstens ein Kind« hat? Wissen die anderen denn nicht, dass man sich auf beide Kinder gefreut hat?

Der Tod eines Zwillingskindes bedeutet immer auch, dass dessen Eltern ihren »besonderen Status« verlieren. Das können Außenstehende oft nicht begreifen. Zwillinge zu bekommen ist etwas Außergewöhnliches – und abgesehen von den vielen Mühen und dem Stress, der damit einhergeht, ist es doch auch außergewöhnlich schön, zwei gleichaltrige Kinder miteinander aufwachsen zu sehen. Und deshalb ist es auch immer wieder außergewöhnlich schlimm, einen Zwilling zu verlieren. Das gilt für Zwillinge, die bereits in der Schwangerschaft verloren gehen, und erst recht für die, die älter sind.

»David ist am 3. Juli friedlich in meinen Armen gestorben. Miriam blieb drei Monate in der Klinik. In dieser Zeit funktionierte ich einfach. Als Miriam endlich nach Hause kam, war ich glücklich. In dieser Zeit dachte ich: ›Wow, du verarbeitest das alles sehr gut!‹ Aber im Nachhinein weiß ich heute, ich habe meine Trauer nicht verarbeiten können. Ich habe sie verdrängt. Im Dezember folgten zwei Nervenzusammenbrüche. Im Februar fuhr ich nach Pfronten zur Kur. Ich hatte das Riesenglück, mit einer Familientherapeutin arbeiten zu können, die im Allgäu die Initiative ›Verwaiste Eltern‹ leitet.« (Beate J.)

Auch wenn ein Zwilling (gesund?) überlebt, darf, ja muss getrauert werden, um den Verlust seelisch zu verarbeiten. Verwaisten Zwillings- und Drillingseltern kann man deshalb immer wieder nur raten, dass sie sich professionelle Hilfe suchen. Daneben ist der Austausch mit Gleich-Betroffenen am wirkungsvollsten. Entsprechende Adressen von Elterngruppen finden sich im Anhang.

»Schlimm ist auch, wenn uns Leute zur »Geburt Ihrer Tochter« gratulieren und unsere tote Alexandra gar nicht erwähnen, so als ob sie nie dagewesen ist. Kaum einer versteht unsere Trauer um unser totes Kind, und das macht alles nur schlimmer.« (Sonja H.)

Kann man Zwillinge erfolgreich stillen?

Was in vielen Stillbüchern steht, klingt oft sehr theoretisch. Wie klappt das Stillen von Zwillingen (oder Drillingen) denn nun tatsächlich? Welche Schwierigkeiten gibt es, und wie sind sie zu meistern?

Reicht die Milch für zwei oder drei?

Die Nachfrage regelt das Angebot, das ist tatsächlich so. Selbst Frauen mit kleinem Busen fürchten zu Unrecht, dass sie den Bedarf zweier Babys nicht decken können. Das kann ich aus eigener Erfahrung bestätigen: Durch Abpumpen konnte ich Maxi und Conny in den ersten acht Wochen voll mit Muttermilch versorgen. Dann war mir der Stress zu groß und stillte schließlich mit Tabletten ab, da der Milchfluss von allein kein Ende mehr nehmen wollte.

Auch wenn ein oder beide Babys einen Wachstumsschub durchmachen und praktisch über Nacht eine größere Portion brauchen, können Sie mithalten. Der Trick: die Babys einfach öfter anlegen. Auch wenn Sie Ihre Milch nur durch Abpumpen gewinnen, empfiehlt es sich, in kürzeren Abständen zu pumpen, wenn plötzlich mehr Milch gebraucht wird. Dennoch könnten Sie, von Selbstzweifeln geplagt, versucht sein, doch einmal zum Fläschchen zu greifen, um nachzufüttern. Ganz besonders wichtig ist es aber, dass Sie an sich selbst glauben und an Ihre Fähigkeit, Ihre Babys ausreichend mit Milch versorgen zu können. Bei meinen Gesprächen mit frisch gebackenen Zwillingsmüttern habe ich auch immer wieder festgestellt, dass sie trotz bester Voraussetzungen nicht stillen konnten, weil sie nicht den Mut dazu hatten und niemand sie unterstützte.

Praxistipps

Moralische Unterstützung suchen

Wenden Sie sich schon vor der Geburt an eine Stillgruppe oder noch besser an eine Zwillingsmutter, die ihre Zwillinge stillt oder gestillt hat. Selbst erfahrene Mütter konnten ihre Zwillinge manchmal nur deshalb problemlos stillen, weil sie bei anderen die nötige moralische Unterstützung fanden. Eine informative Broschüre über das Stillen von Zwillingen gibt die Arbeitsgemeinschaft Freier Stillgruppen heraus. Ein Sonderheft gibt es auch bei der La Leche Liga Schweiz, und ebenfalls aus der Schweiz kommt ein Heftchen mit dem Titel »Das Stillen von Zwillingen« (Bezugs-Adressen im Anhang).

Auch Drillinge können zumindest teilweise gestillt werden. Statt von vornherein gleich abzustillen, sollten Sie vielleicht für »Notsituationen« Ihre Milchproduktion aufrechterhalten. Es gibt aber auch Drillingsmamis, die ihre Drillinge tatsächlich einige Wochen voll stillen konnten. Wichtigste Voraussetzung: gute Vorab-Information, Selbstvertrauen und viel Unterstützung!

»Ich habe alle Drillinge sechs Monate lang gestillt. Anfangs hatte ich überhaupt keine Milch, habe aber alle vier Stunden abgepumpt. Zum Glück konnte ich Lilla und Melanie schon nach etwa drei Wochen anlegen. Als alle drei zu Hause waren, haben sie abends künstliche Milch bekommen, diese Mahlzeit konnte ich also vollständig abpumpen und hatte somit genug Milch für Jasmin tagsüber, die für die Brust anfangs noch zu schwach war.« (Elke K.)

Stillen im Krankenhaus

Zwillinge, die termingerecht geboren werden und nicht auf der Intensivstation betreut werden müssen, können Sie schon in der Klinik stillen. Selbstverständlich sollten Zwillinge ebenso wie Einzelkinder möglichst bald nach der Geburt angelegt werden, also bereits im Kreißsaal. Vielleicht möchten Ihnen die Kinderschwestern die Babys immer nur einzeln (zu jeder Fütterungszeit nur eines) bringen. Sie sollten dann auf jeden Fall darauf bestehen, beide zu jeder vorgesehenen Zeit zu stillen. Denn so kommt die Milchproduktion schneller in Gang, und auch die Brustwarzen können sich besser an die ungewohnte Belastung gewöhnen.

Kann man Frühgeborene stillen?

Da die kleinen Frühchen meist noch einige Zeit im Brutkasten oder später im Wärmebettchen auf der Intensivstation zubringen müssen, ist es schon ein Hindernislauf, bis es schließlich doch noch mit dem Stillen klappt. Meine Zwillinge, die sieben Wochen zu früh geboren wurden, hätte ich stillen können. Die Schwestern der Kinderklinik unterstützten meine Stillversuche, die ich nach etwa dreieinhalb Wochen begann. Doch die flaschengewöhnten Kinder tranken nur schlecht, und ich hatte nicht den Mut weiterzumachen.

Das positive Beispiel von Evi K. beweist, dass sich die Startschwierigkeiten sehr wohl überwinden lassen. Sie konnte ihre fünf Wochen zu früh geborenen Zwillinge Simon und Oliver schließlich voll stillen. Wie die meisten Frühgeborenen verbrachten auch diese beiden erst einmal ein paar Tage im Inkubator (Brutkasten) und wurden durch die Magensonde ernährt. Nach rund zehn Tagen kam der große Moment: Die Zwillinge durften zum erstenmal an die Brust. Mit dem kleineren Oliver klappte es erstaunlich gut, er trank auf Anhieb 50 Gramm. Sein Bruder blieb bei der Flasche. Knapp drei Wochen nach ihrer Geburt holten Evi und ihr Mann die Zwillinge nach Hause. Evi war fest entschlossen, nicht zuzufüttern. Und dieser Vorsatz ließ sich unerwartet gut einhalten. Sie nahm immer sofort das Kind an die Brust, das zuerst aufwachte. Jeder Zwilling trank zwischen fünf- und siebenmal pro Tag. Acht Monate lang fütterte Evi K. nie etwas zu, auch keinen Tee.

So habe ich meine Zwillinge gestillt

Dies ist der (leicht gekürzte) Stillbericht einer Mutter, die heute als Beraterin der La Leche Liga tätig ist. Wenn Sie gelesen haben, wie es ihr gegangen ist, haben Sie vielleicht mehr Mut, Ihre Zwillinge zu stillen.

»Zur Vorbereitung las ich das Stillbuch von Hanni Lothrop und besuchte ab dem 5. Schwangerschaftsmonat eine Stillgruppe. Das machte mich euphorisch und absolut sicher, dass ich die Zwillinge würde stillen können. Katja und Johanna wurden termingerecht, spontan und 2800 Gramm schwer geboren. Die erstgeborene Johanna lag auf meinem Bauch und musste schnell wieder weggenommen werden, weil Katja fünf Minuten später geboren wurde. Katja lag auf meinem Bauch, während Johanna gewogen und gewaschen wurde. Meine Gefühle waren sehr gespalten und durcheinander.

Wegen der Zwillinge lag ich im Einzelzimmer. Besuche von Wilfried, meiner Mutter und meiner Oma waren immer als intensive Hilfe für mich gedacht. Ich »brauchte« dann jeweils nur ein Baby zu versorgen. Das andere bekam bei bleibender Unruhe nach dem Stillen etwas aus den immer bereitstehenden Zusatzflaschen. Diese Zusatzflaschen symbolisierten das Misstrauen der Schwestern, und ich hatte nicht die Kraft, selbstsicher dagegen aufzutreten.

Nach dem Stillen sollte ich die Kinder wiegen. Das ging natürlich überhaupt nicht, weil ich genug zu tun hatte, das Stillen mit Zweien zu lernen. Ich probierte viel herum, wenn ich allein war, und war sehr nervös dabei: Zuerst konnte ich die Babys nur nacheinander stillen, und wenn während der Stillzeit des zuerst aufgewachten Babys auch das zweite aufwachte, habe ich ganz hektisch ausgewechselt. Ich legte also die erste weg – in Reichweite, damit sie an meinem Finger lutschen konnte. Die andere habe ich an meine noch volle Brust genommen. Reichte das Fingerlutschen nicht mehr, habe ich es genau umgekehrt gemacht.

Ich begann das gleichzeitige Stillen zu üben – sehr ungeschickt: Ich wusste nicht, wie ich die Kleinen (46 cm) halten sollte, und die Positionen, die den Kindern am besten passten, taten mir sehr an der Dammnaht weh. Die sieben Tage in der Klinik waren also sehr strapaziös, hauptsächlich weil ich es mir einfacher vorgestellt hatte und nun rund um die Uhr nicht so richtig zurechtkam.

Zu Hause sollte alles besser werden, dessen war ich sicher (aus Büchern). Aber auch das ging nicht so schnell, wie ich erwartete. Wilfried hatte vier Wochen frei. In die-

ser Zeit lernte ich, tagsüber beide gleichzeitig zu stillen und brauchte dann auch »organisatorisch« keine Zusatzflaschen mehr. Aber abends und nachts wussten wir uns nicht anders als mit Zusatzflaschen zu helfen. Nahrungsmäßig waren sie wohl absolut überflüssig, doch wir sahen damals keine andere Möglichkeit, wie Wilfried mir das Bemuttern für eine Erholungspause hätte abnehmen können.

Mein größter Wunsch damals war: Könnte ich doch auch im Liegen im Bett beide gleichzeitig stillen. Die Stillzeiten waren sehr lang – bis zu zwei Stunden und ineinander übergehend. So saß ich stundenlang festgenagelt, manchmal habe ich das als Ruhepause genossen, manchmal brannte mir die Hausarbeit unter den Nägeln. Da ich zwei Hände frei haben musste, um beim richtigen Erfassen der Brustwarze zu helfen und wechselseitig eine zum Aufstoßen an die Schulter hochheben musste, habe ich mir mit sieben Kissen um meinen Schoß geholfen, dabei geht das Geborgensein und Gewiegt-Werden in Mutters Arm verloren. Auch der Blickkontakt zu dem Kind, das gerade gestillt wird, wird durch zwei geteilt, und das auch nicht immer ganz gerecht: ich konnte ja nicht immer genau gleich lange hin- und hergucken. Also habe ich manchmal lieber dabei gelesen.

Als sie etwas größer waren (9 Monate) und bequem in meiner Armbeuge auflagen, ohne den Kopf abzuknicken, ging auch das gleichzeitige Stillen im Liegen. Es tritt dabei ein leichtes Ziehen an der Brust und an den Warzen auf und ich hatte wohl Glück, dass ich keine wunden Warzen bekam. Für das richtige Leertrinken ist diese Lage auch nicht ganz optimal. Aber uns drei stellte diese Situation endlich zufrieden. Gegen Ende des ersten Jahres stillte ich tagsüber meist auf dem Boden, Sofa im Rücken, eine im Arm seitlich, eine zwischen beiden Beinen stehend. In den seltenen Fällen, in denen sie dazu zu müde waren, versuchte ich nochmal die alte Position auf dem Kissenberg – aber das war der reinste Tornado und ich mittendrin.

Während ich mein drittes Kind erwartete, waren Katja und Johanna zwischen eineinhalb und zwei Jahre alt. Wir stillten während der Schwangerschaft ganz allmählich ab.«

Praxistipps

Flaschengewöhnte Babys umerziehen

Wenn es bei Ihnen nicht auf Anhieb so reibungslos klappt, beherzigen Sie die Tipps auf Seite 105, wie Sie Ihre Milchproduktion in Gang bringen können. Am besten ziehen Sie sich für ein paar Tage oder Wochen mit Ihren Zwillingen ins Bett zurück. Immer wenn sich ein Baby meldet, nehmen Sie es sofort an die Brust, und auf diese Weise können Sie flaschengewöhnte Babys vielleicht doch noch umerziehen.

Kann man Zwillinge erfolgreich stillen? Diese Frage kann also eindeutig mit »Ja« beantwortet werden. Trotzdem sollten Sie es nicht so eng sehen, wenn es aus irgendeinem Grund nicht klappt. So lobenswert das Engagement für das Stillen ist, Stillfanatismus ist vor allem im Fall von Zwillingen sicher nicht angebracht.

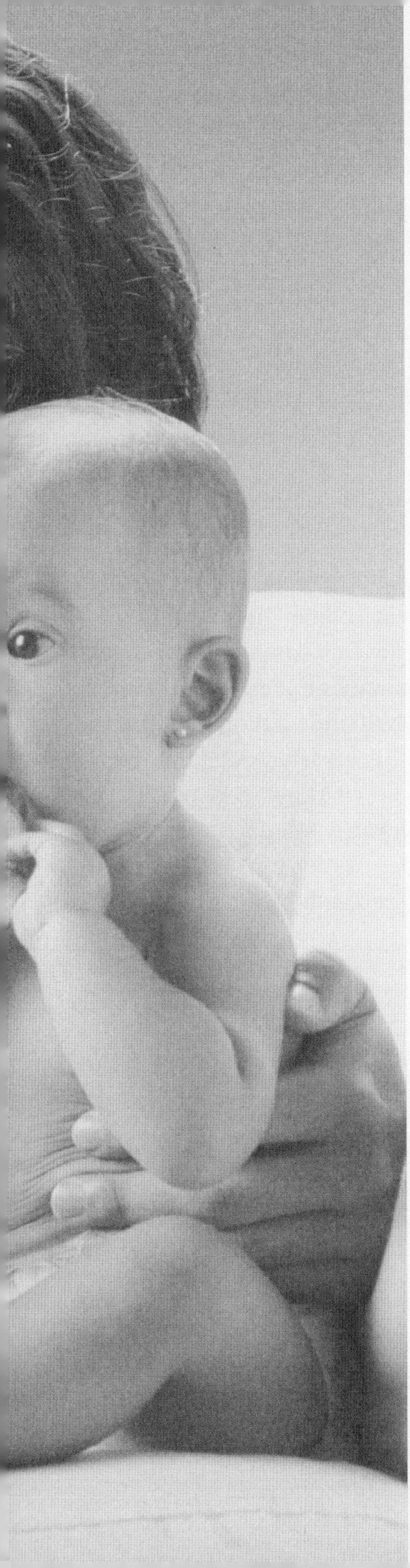

Der Alltag

Ihr gesamter Alltag verändert sich durch die Geburt Ihrer Zwillinge. Dieses Kapitel bietet eine Fülle praktischer Tipps zu den Dingen, um die Sie sich kümmern müssen, wenn Sie wieder zu Hause sind.

Nach Hause kommen

Gerade nach der Geburt von Zwillingen kann die Heimkehr sehr unterschiedlich aussehen. Vielleicht müssen Sie Ihre Frischgeborenen noch für einige Zeit in der Kinderklinik zurücklassen oder können zunächst nur ein Baby mitnehmen. Oder Sie haben tatsächlich das große Glück, alle gemeinsam nach Hause zu dürfen. Jede dieser Situationen lässt sich auf ihre Art nutzen.

Willkommen daheim – aber allein

Spätestens dann, wenn Sie allein – also ohne Ihre Kinder – aus der Klinik nach Hause kommen, wird Ihnen vielleicht schmerzlich bewusst, dass leider nicht alles so glatt gelaufen ist, wie Sie sich das gewünscht haben. Sie werden das fertig eingerichtete Kinderzimmer mit etwas Wehmut betrachten. Da stehen nun die kleinen Bettchen und warten vorerst vergebens, denn Ihre Zwillinge liegen noch im Brutkasten oder im Wärmebettchen in der Kinderklinik. Nachbarn, die wohl bemerkt haben, dass Sie schwanger waren, werden sich wundern, wo denn nun der Nachwuchs bleibt, und Sie darauf ansprechen. Sie werden also auf Schritt und Tritt mit der Tatsache konfrontiert, dass Ihre Zwillinge nicht gerade den besten Start ins Leben hatten.

»Es musste ja trotzdem alles weiterlaufen. Auch sollten die größeren Kinder etwas von ihrer Mutter haben. Zu Hause musste ich mich laufend zusammennehmen und ein relativ normales Leben führen.« (Susanne W.)

Vergessen Sie schnell, dass Sie eigentlich traurig sind, dass Sie Ihre Babys noch nicht mit nach Hause nehmen konnten, und nutzen Sie die ersten Wochen ohne Kinder für folgende Dinge:

- Erholen Sie sich erst einmal. Lassen Sie sich nicht vom vielen Hin und Her zwischen zu Hause und Kinderklinik stressen. Stress schadet der Milchproduktion, die Sie vielleicht fürs spätere Stillen in Gang halten möchten.
- Nutzen Sie die Zeit dennoch für letzte Besorgungen.

- Wenn Sie schon Kinder haben, so genießen Sie gemeinsam die letzten Wochen, bevor die Zwillinge kommen. Jetzt ist Gelegenheit, sich noch einmal intensiv um die älteren Kinder zu kümmern.
- Nutzen Sie diese »Schonfrist« auch, um sich ein letztes Mal gemeinsam mit Ihrem Mann als sozusagen »kinderloses« Ehepaar zu vergnügen.
- Nutzen Sie die Gelegenheit, sich bei jedem Besuch in der Kinderklinik mit der Versorgung Ihrer Babys vertrauter zu machen. Denn beim ersten Kind ist man naturgemäß doch etwas unsicher. Sie aber haben die Chance, die Kinderschwestern, Ärztinnen und Ärzte noch wochenlang mit Fragen übers Füttern, Baden, Wickeln, über Krankheiten, Blähungen, Spucken usw. zu bombardieren.
- Bei Drillingen haben Sie ohnehin damit gerechnet, dass Sie erst einmal ohne Kinder heimkommen. Nutzen Sie die Zeit, um eine (bezahlte?) Hilfskraft zu finden.

Die Zwillinge kommen heim

Und dann ist der »große Tag« da: Die Zwillinge dürfen nach Hause. Sicher haben Sie diesen Moment mit Ungeduld erwartet. Wenn Sie sich vom Klinikpersonal verabschieden, vergessen Sie nicht, sich die Telefonnummern (Durchwahl) der betreffenden Station zu notieren, wenn Sie sie nicht sowieso schon längst auswendig wissen.

Empfehlung

Keine Scheu vorm Fragen

Scheuen Sie sich nicht, bei Problemen einfach noch einmal in der Kinderklinik anzurufen. Die Kinderschwestern, Ärztinnen und Ärzte sind das gewohnt, denn die meisten Eltern melden sich mindestens noch einmal. Glücklicherweise haben Eltern heute auch Anspruch auf eine »Nachsorge-Hebamme«, die ins Haus kommt. Auch da können Sie alle Fragen loswerden und sich Rat holen.

Manchmal kommt es auch vor, dass Sie Ihre Zwillinge oder Drillinge nur in Etappen heimnehmen dürfen. In diesem Fall überwiegen bei Zwillingen wohl eher die Nachteile. Sie haben den Tag der Heimkehr Ihrer Kinder schon lange erwartet. Sie sind auch froh, dass Sie endlich wenigstens ein Kind zu Hause haben. Doch jetzt fühlen Sie sich erst recht zerrissen. Einen kleinen Vorteil hat diese Lösung allerdings auch: Sie können sich so ebenfalls etappenweise an Ihren Alltag mit Babys gewöhnen. Dieser Aspekt zählt vor allem bei Drillingen.

Frühgeborene werden in der Regel dann entlassen, wenn sie gesund sind, gut trinken (das ist meiner Meinung nach unabdingbar!) und ein »normales« Geburtsgewicht erreicht haben. Als Richtwert werden 2 500 Gramm angenommen. Doch aufs Grämmchen genau geht es sowieso nicht. Aber seien Sie nicht enttäuscht, wenn es mit der Entlassung etwas länger dauert. Es ist zum Wohl Ihrer Kinder.

Zusammen nach Hause

Wenn Sie das große Glück haben, gemeinsam mit Ihren neu geborenen Zwillingen die Klinik verlassen zu können, dann muss zu Hause alles bestens vorbereitet sein. Denn Sie werden in der ersten Zeit nach der Geburt kaum Gelegenheit haben, fehlende Dinge zu besorgen oder größere Anschaffungen zu tätigen.

Checkliste

Was vorher besorgt werden muss

Folgende Dinge sollten Sie im Haus haben: Milchpulver, Fencheltee, Fläschchen, Sauger, Schnuller, Milchpumpe, Brustwarzensalbe, Windeln, Pflegepräparate, Babykleidung und Babybadewanne.

Viele frisch gebackene Zwillingsväter planen einen mehrwöchigen Urlaub ein, wenn Mutter und Babys nach Hause kommen. Meiner Erfahrung nach kommt man jedoch gerade in den ersten Wochen noch etwas besser mit den Kindern allein zurecht. Zwar ist die junge Mutter (ohne ältere Kinder) noch etwas unsicher, doch das legt sich bald, und die Babys schlafen in den ersten Wochen auch tagsüber noch viel. Ich persönlich empfand es praktischer, dass mein Mann erst dann drei Wochen Urlaub nahm, als sich bei mir die ersten Anzeichen totaler Übermüdung einstellten: nachts ohnehin keinen ordentlichen Schlaf mehr und tagsüber auch kaum noch eine Pause, in der beide Kinder über einen längeren Zeitraum hinweg gleichzeitig geschlafen hätten.

Aber vielleicht fühlen Sie sich nach einem kurzen Klinikaufenthalt (10 Tage oder weniger) noch nicht so fit, um allein mit den Babys zurechtzukommen, obwohl diese tagsüber noch viel schlafen. Vielleicht sind Sie nach einem Kaiserschnitt noch etwas wackelig auf den Beinen oder möchten Ihre Zwillinge stillen und brauchen Hilfe im Haushalt. Außerdem haben Sie möglicherweise noch ältere Kinder, die auch versorgt sein wollen. In diesen Fällen ist es eventuell ratsamer, wenn der Vater Ihnen alles andere abnimmt und Sie sich voll auf die Zwillinge konzentrieren können. Vielleicht kann Ihr Mann »Urlaub auf Abruf« nehmen? Auf jeden Fall aber sollte er schon vor der Geburt klären, ob er sich im Notfall kurzfristig freimachen kann.

Die ersten Wochen

Durch die Geburt ändert sich Ihr ganzes bisheriges Leben. Mann und Frau stehen nun erst mal an zweiter Stelle, denn alles dreht sich um die Kinder. Aber keine Angst: Alles spielt sich ein, und schon bald haben Sie Routine in Ihrem neuen Lebensrhythmus.

Die neue Situation für Erst-Eltern

Nach der Geburt eines Kindes müssen Sie Ihren Tagesrhythmus auf das Kind einstellen – Sie selbst und Ihr Partner sind plötzlich zweitrangig. In Ihrem Fall sind es sogar zwei Kinder. Obwohl Sie wussten, auf was Sie sich einlassen, als Sie Ihre »Wunschkinder« planten, kann diese Umstellung schwer fallen. Sie kommen sich vielleicht isoliert vor, bei den Kolleginnen und Kollegen von früher sind Sie abgeschrieben. Zwar stört es Sie nicht, dass Sie nun abends nicht mehr wie gewohnt (spontan) ausgehen können, doch dass Sie nicht einmal tagsüber das tun können, wozu Sie Lust haben, irritiert schon etwas.

Ihr Mann fühlt sich vielleicht etwas überflüssig in der ersten Zeit. Nicht nur, dass er nun seine gewohnten Streicheleinheiten teilen muss, er wird in allen Lebensbereichen vernachlässigt: keine frischgebügelten Hemden (das macht er jetzt endlich selber), kein warmes Essen (auch da haben manche Männer erstaunliche Fähigkeiten!), keine Intimitäten. Die kleine Familie muss erst zusammenwachsen. Nicht so krass fällt die Umstellung auf Zwillinge aus, wenn Sie schon Kinder haben. Allerdings kommen dann eventuell ein paar handfeste Eifersuchtsprobleme auf Sie zu.

Die Mutter-(Vater-)Kinder-Beziehung

Sheila Kitzinger schreibt in ihrem Buch *Schwangerschaft und Geburt,* dass Mutterliebe kein Sofortkleber ist. Besser kann man es nicht ausdrücken. Zwar liegt Ihnen das Wohl der kleinen Wesen von Anfang an am Herzen, doch so richtig vertraut werden Sie erst mit der Zeit.

Vielleicht haben Sie als Zwillingsmutter besondere Schwierigkeiten, mit zwei Kindern auf einmal vertraut zu werden. Vielleicht denken Sie an die beiden Kinder zunächst immer nur als Einheit »Zwillinge«, oder Sie fühlen sich instinktiv zu einem Baby mehr hingezogen, sei es, weil es Ihnen ähnlicher, weil es erstgeboren oder schwächer ist. Das braucht Sie nicht zu schrecken. Das alles sind völlig normale und unbedenkliche Reaktionen. Sie müssen nicht befürchten, dass Sie beiden Kindern nicht gerecht werden können. Je unverkrampfter Sie Ihre Babys kennen lernen, mit ihnen umgehen, desto harmonischer die Beziehung zu Ihnen.

Wenn Ihre Zwillinge eineiig sind, sich sogar gleichen wie ein Ei dem anderen, ist es unter Umständen noch schwieriger, eine harmonische Mutter-Kind-Beziehung zu jedem Baby einzeln aufzubauen. Das Gleiche gilt auch für den Vater. Vielen Zwillingseltern macht es vor allem anfangs Mühe, ihre Zwillinge auseinander zu halten. Und dass sie ihre Kinder verwechseln, macht es ihnen auch nicht leichter, mit den Kleinen vertraut zu werden. Auch die Startbedingungen beeinflussen ganz wesentlich den Aufbau einer harmonischen Eltern-Beziehung zu den Zwillingen. Kommen die Babys zu früh auf die Welt, und müssen sie erst einmal auf der Intensivstation betreut werden, dauert die Phase des Kennenlernens (und Liebenlernens) länger.

Alles spielt sich ein

Zum Glück stellt sich auch bei einer Familie mit Zwillingen eine gewisse Routine ein. Was Sie tun können, um die ersten Wochen leichter zu überstehen, haben andere Zwillingseltern zusammengetragen:

- Wenn Ihnen alles über den Kopf zu wachsen droht, denken Sie immer daran: Alles spielt sich irgendwann ein. Oft genügen ein paar Wochen, und Sie haben die nötige Routine.
- Auch der hartnäckigste Schreihals wird eines Tages gelernt haben, durchzuschlafen. Babys müssen den richtigen Tag-Nacht-Rhythmus erst noch lernen. Es ist alles eine Frage der Zeit.
- Wenn Sie richtig fertig sind, heulen Sie einfach mal nach Herzenslust. Besser: Rufen Sie eine Zwillingsmutter an, die Sie versteht und tröstet.
- Vertrauen Sie nicht unbedingt darauf, dass Sie bei Ihrer sonstigen Umwelt (auch und gerade nicht bei Verwandten und Nachbarn) Verständnis finden. Denn wer nicht in der gleichen Situation ist wie Sie oder jemals war, kann nicht begreifen, dass eine junge Zwillingsmutter manchmal keine glückliche Mutter ist.
- Wenn Sie das Gefühl übermannt, einfach nicht mehr zu können, packen Sie Ihre Babys in den Kinderwagen, und drehen Sie eine Runde. Im Laufen reagieren Sie sich ab, die Kinder schlafen meist ein (eine Wohltat nach viel Geschrei!), und schließlich hilft Ihnen vielleicht auch die Bewunderung der Umwelt wieder auf die Beine.
- Neugierige Besucherinnen und Besucher sollten Sie in den ersten Wochen (und Monaten) nur dann gerne sehen, wenn diese auch bereit sind, mit anzupacken.
- Wenn Sie beim Stillen Probleme haben, wenden Sie sich an die La Leche Liga (Adressen Seite 256) oder an eine andere Stillgruppe.
- Wenn Sie es sich leisten können, sollten Sie sich in den ersten Wochen und Monaten unbedingt eine Hilfe besorgen, und zwar bevor Sie zu stark abgebaut haben. Adresse im Anhang auf Seite 255.
- Vor allem, wenn Sie noch ältere (kleine) Kinder haben, die in den ersten anstrengenden Wochen zu kurz kommen könnten, sollten Sie nicht auf eine (bezahlte) Hilfe verzichten, wenn Freundinnen oder die Verwandtschaft nicht freiwillig einspringen.

- Machen Sie sich immer wieder klar, dass es allen Zwillingsmüttern ähnlich geht. Wie erwünscht die Zwillinge auch waren, so gibt es kaum eine Mutter, an der die Anstrengungen der ersten Zeit spurlos vorübergehen. Supermütter gibt es eben nicht.

Praxistipps

Figurprobleme

Nach der Geburt der Zwillinge bleibt Ihnen immer noch ein ansehnlicher Bauch. Ich ging etwa acht Wochen nach der Geburt eine neue Hose kaufen, weil mir immer noch keines meiner früheren Kleidungsstücke vernünftig passte. In der Boutique fragte mich die Verkäuferin interessiert: »Wann ist es denn soweit?«

Folgende Tipps gegen den Bauch geben andere Zwillingsmütter:

- Gymnastik, Gymnastik und nochmals Gymnastik, und zwar früh genug anfangen und über einen langen Zeitraum hinweg regelmäßig (!) beibehalten.
- Maßvoller essen und regelmäßige sportliche Betätigung, die darüber hinaus auch fürs seelische Gleichgewicht nötig ist und Stress abbauen hilft. Suchen Sie sich eine Partnerin fürs Laufen, Schwimmen, Rad fahren oder Skaten. Dann macht's mehr Spaß, und die Regelmäßigkeit ist auch eher gewährleistet.
- Sagen Sie nicht, Sie hätten keine Zeit. Das ist ein Vorwand, lieber gemütlich zu Hause sitzen zu bleiben.
- Abwarten: Ein wenig »Baby-Speck« geht nach ein paar Monaten von selbst weg, vor allem nach dem Abstillen.
- Viele Zwillingsmütter schwören auch auf den Stress mit den Babys. Die viele Lauferei allein hätte schon zu Gewichtsverlusten geführt.
- Manche versuchen es mit regelmäßigen Massagen mit einer elektrischen Massagebürste.
- Bodybuilding im Fitnessstudio hilft ebenfalls.
- Ein wenig müssen Sie sich auch an den Gedanken gewöhnen, dass Ihr Körper nie wieder wie vor der Schwangerschaft sein wird. Das Gewebe ist weicher geworden, man könnte auch sagen: fraulicher.

- Wenn gar nichts mehr hilft und Ihre Bauchhaut »Wellen schlägt«, müssen Sie sich vielleicht doch zu einer operativen Bauchdeckenstraffung entschließen, mit der sich auch unschöne Schwangerschaftsstreifen – zumindest teilweise – beseitigen lassen. Deren Kosten werden unter besonderen Umständen von der Krankenkasse übernommen.

Die Säuglingspflege

Erfahrene Mütter rechnen bei Zwillingen täglich mit 7 bis 10 Stunden Säuglingspflege; dieser Wert dürfte noch der günstigste sein. Aber nicht nur der enorme Zeitaufwand in den ersten Wochen ist ein Problem; hinzu kommt der permanente Schlafmangel, dem Zwillingsmütter ausgesetzt sind. Alle Tipps und Hinweise in den folgenden Kapiteln gelten sowohl für Zwillinge als auch für Drillinge, auch wenn hier der Einfachheit halber nur von ersteren die Rede ist.

Füttern

Nur ganz wenige Zwillingskinder brauchen anfangs weniger als sechs Mahlzeiten. Da sich die Rhythmen der Babys zudem auch noch verschieben und sie zu unterschiedlichen Zeiten kommen, gibt es in den ersten Monaten täglich zwischen zehn und zwölf Fütterungszeiten.

Stillen

Bis Sie beim Stillen Ihrer Zwillinge eine gewisse Routine erreicht haben, wird es vielleicht einige Zeit dauern. An manchen Tagen wird es Ihnen vielleicht vorkommen, als stillten Sie rund um die Uhr. Doch wenn Sie diese Anfangsschwierigkeiten erst einmal gemeistert haben, sind die Zwillingsmütter in der Regel froh, dass sie durchgehalten haben, denn das Stillen bringt eine Menge Vorteile mit sich.

Gleichzeitig oder einzeln stillen?

Richtlinien dafür, was besser ist, gibt es nicht. Die größere Zeitersparnis – bei Zwillingen immer ein ganz wichtiger Aspekt – bringt das gleichzeitige

Stillen. Manche Mütter berichten auch von einem intensiveren Let-down-Reflex (Milcheinschuss) beim gleichzeitigen Stillen. Wenn beide Babys zur gleichen Zeit großen Hunger haben, bleibt Ihnen vielleicht gar keine andere Wahl, als (nervenschonenderweise) beide gleichzeitig anzulegen.

Haben Ihre Zwillinge unterschiedliche Rhythmen, dann stellt sich Ihnen das Problem »einzeln oder gleichzeitig« gar nicht, und Sie stillen sie ohnehin zu unterschiedlichen Zeiten. Allerdings ist es auch gerade in den ersten Wochen und Monaten, wenn die Zwillinge noch so zart sind und das Köpfchen nicht selbst halten können, sehr schwierig, sie ohne fremde Hilfe anzulegen. Dann stillen Sie Ihre Babys anfangs vielleicht lieber einzeln, bis es später dann doch gemeinsam klappt. Und noch ein weiterer Umstand könnte gegen gemeinsame Stillzeiten sprechen: Wenn die Kinder sehr unterschiedlich trinken, der eine stark saugt, der andere langsam nuckelt, dann erscheint es Ihnen eventuell ratsamer, die Babys einzeln zu versorgen.

Stillpositionen

Es gibt keine Idealstellung für das gleichzeitige Stillen von Zwillingen – am besten experimentieren Sie mit verschiedenen Sitzgelegenheiten (Bett, Couch, Boden, Schaukelstuhl) und Kissen und Polstern so lange herum, bis Sie es für sich und die beiden Kleinen bequem gemacht haben. Gute Dienste erweisen Ihnen auch so genannte Stillkissen, die es ebenfalls in zwillingstauglichen Größen gibt. Diese Kissen eignen sich aber auch, um Zwillinge zur Flaschenfütterung darauf zu betten. Seit einigen Jahren gibt es auch spezielle Zwillings-Stillkissen. Sie haben dort mehr Auflagefläche, wo Sie es brauchen, nämlich seitlich rechts und links, sind etwas »strammer« gefüllt, und Sie können zwei Kinder zum gleichzeitigen Stillen hervorragend darauf betten.

Wenn Sie niemanden haben, der Ihnen das zweite Baby zureichen könnte, legen Sie es sich erst einmal in Reichweite (etwa auf den Schoß), bis Sie das erste angelegt haben. Sie sollten Ihre Scheu überwinden, diese kleinen Wesen allein in die richtige Position zu bringen, denn sie sind nicht so zerbrechlich, wie sie aussehen.

a

b

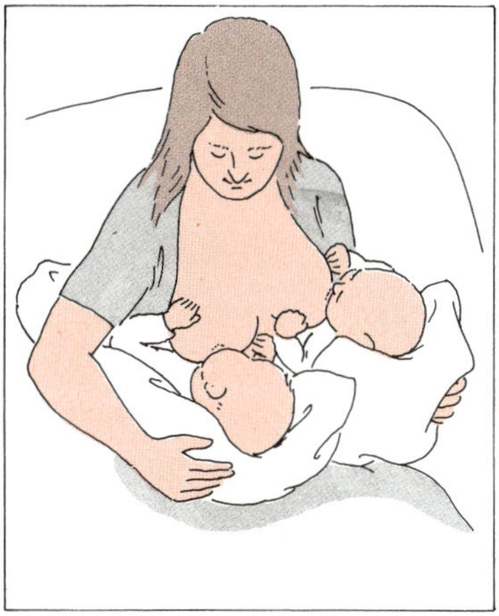

c

Beim gleichzeitigen Stillen von Zwillingen gibt es drei Grundpositionen:

a) Sie stillen beide Babys in der Position, in der auch Einzelkinder gestillt werden. Dabei liegen Körper und Beine des einen Babys nach links, die des anderen nach rechts. Die Kleinen liegen also vor Ihrem Körper »über Kreuz«.
b) Sie legen die Babys parallel zueinander – beide Körper liegen dabei in gleicher Richtung vor Ihrem Bauch.

c) Sie legen beide Babys mit Körper und Beinen nach hinten – die Köpfchen der Kinder liegen also vorn, die Beinchen auf Ihrer »Rückseite«.

Für unterwegs empfiehlt sich Position c, wobei Sie die Füße an einem Tisch, einer Bank oder einem Mäuerchen abstützen.

Jedem seine eigene Brust?

Auch das ist eine Sache des Gefühls. Es gibt Mütter, die auch in diesem Fall jedem Kind gern seine ganz eigenen Rechte zugestehen (und damit gut fahren). Andere wechseln ab, was den Vorteil hat, dass jedes Baby sowohl von der rechten als auch von der linke Seite visuelle Anregungen und Stimulation für die Entwicklung des Gehirns bekommt.

Stillen nach Bedarf

Stillkinder sind oft in kürzeren Abständen dran als Flaschenkinder. Wie ist das aber bei Zwillingen? Muss man sie rund um die Uhr stillen? Die meisten Mütter richten sich ganz nach deren Bedarf und müssen trotzdem nicht zu jeder Tages- und Nachtzeit stillen. Warum sollte sich nicht auch bei Zwillingskindern ein für alle akzeptabler Rhythmus einspielen?

Ein Beispiel: Die Amerikanerin Patti Lemberg hatte vor allem in den ersten Wochen Schwierigkeiten, denn ihre Zwillinge wollten alle 45 Minuten gestillt werden. Sie hatte wunde Brustwarzen, die sie mit Lanolin behandelte. Außerdem legte sie das weniger hungrige Kind an die schmerzhaftere Seite. Mit zweieinhalb Monaten tranken David und Allan alle zwei bis drei Stunden und kamen zweimal in der Nacht. Mit sechs bis sieben Monaten gewöhnten sich beide an einen Vier-Stunden-Rhythmus.

In der amerikanischen Publikation *Mothering Multiples* der La Leche Liga heißt es, dass vor allem eineiige Zwillinge schnell in einen gleichen Rhythmus verfallen, so dass sie gleichzeitig gestillt werden können. Das ist schon ein enormer Zeitgewinn. Müttern von zweieiigen Zwillingen rät die Autorin Karen Kerkhoff-Gromada, einmal auszuprobieren, den zweiten Zwilling aufzuwecken. Manche Kinder lassen sich so »gleichschalten«, bei anderen ist es hoffnungslos. Wenn Sie ein solches Kind haben, genießen Sie doch den Luxus, jeweils nur ein Baby versorgen zu können.

Praxistipps

Wie Sie Ihre Milchproduktion richtig in Gang bekommen

Bis das Stillen richtig klappt, können schon einige Monate ins Land gehen. Daran sollten Sie stets denken und nicht zu früh aufgeben. Hier ein paar Tipps, wie Sie Ihren Milchfluss auf Ihre Zwillinge einstellen können:

- Legen Sie beide Babys an beiden Brüsten an. Baby I beginnt rechts zu trinken, Sie wechseln es nach zehn Minuten nach links, wo es sich satt trinken darf. Mit Baby II verfahren Sie genauso, aber von links nach rechts.
- Legen Sie Baby I nur rechts an und Baby II nur auf der linken Seite. Am nächsten Tag machen Sie es genau umgekehrt. So stimulieren beide Babys beide Seiten.
- Stillen Sie das hungrigere Baby stets an der volleren Brust.
- Wenn der Start mit dem Stillen schlecht klappt oder eines der Babys noch eine Weile in der Klinik bleiben musste, dann ziehen Sie sich einfach ein paar Tage mit den Zwillingen ins Bett zurück, und stillen Sie rund um die Uhr nach Bedarf. Am Ende einer Woche haben sich in der Regel Milchproduktion und Bedarf der Babys aufeinander eingespielt.
- Letzteres ist auch die beste Methode, um Frühgeborene von der Flasche doch noch aufs Stillen zu bringen. Allerdings brauchen Sie dann dringend jemanden, der Ihnen im Haushalt hilft.

Mir hat diese Einstellung oft geholfen, wenn das auch meist hieß, rund um die Uhr immer mit einem Baby beschäftigt zu sein.

Geringe Milchproduktion

Die Sorge, Sie könnten nicht genug Milch für zwei Babys haben, ist meist unbegründet. Ein gesundes Selbstvertrauen in die eigene »Leistungsfähigkeit« hilft. Was Sie sonst noch tun können, um Ihren Milchfluss zu steigern:

- Stillen Sie Ihre Zwillinge möglichst oft, etwa zehn- bis zwölfmal pro Tag, und zwar beide Kinder, gleichzeitig oder nacheinander.

- Setzen Sie sich nicht selbst unter zusätzlichen Druck, und wiegen Sie die Babys nicht nach jeder Stillmahlzeit. Wenn Ihre Kinder einen gesunden Gesamteindruck machen, genügt es, sie einmal pro Woche zu wiegen.
- Ein gutes Zeichen dafür, ob ein Baby genug zu trinken bekommt, ist die Anzahl seiner nassen Windeln. Pro Tag sollte es zwischen sechs und acht gut durchnässte Windeln haben.
- Wenn Sie zufüttern müssen, so ist es besser, dies nur ein- oder zweimal pro Tag zu tun. Jedes Fläschchen zusätzlich stört die Nachfrage-Angebot-Regelung für Ihre Milchproduktion und kostet extra Zeit.
- Versuchen Sie, die zugefütterte Menge langsam zu verringern (etwa 10 Gramm pro Tag). Rechnen Sie dann aber damit, dass Sie Ihre Zwillinge öfter anlegen müssen.
- Babys müssen beim Stillen und beim Flaschetrinken gänzlich verschiedene Backenmuskel- und Zungenbewegungen machen. Der ständige Wechsel verwirrt die Kinder.
- Lassen Sie sich selbst verwöhnen. Das »Bemuttern der Mutter« hat oft ungeahnte Wirkung auf den Milchfluss und die Milchproduktion.
- Pumpen Sie weiterhin Milch ab, so dass Sie Ihre Brüste zwischen zehn- und zwölfmal pro Tag leermachen.
- Wenn nur ein Baby beim Stillen Probleme hat, stillen Sie beide gleichzeitig. Das Baby, das besser trinkt, stimuliert den Let-Down-Reflex stärker, das schlechter trinkende Baby muss dann automatisch mehr schlucken, um die Milch aufzunehmen. Manchmal ist so schon ein schlechter Trinker kuriert worden.

»Das Stillen klappte gut, bald hatten wir einen 3-Stunden-Rhythmus. Mein Ziel war es, drei Monate lang zu stillen, denn die ersten Monate sind die wichtigsten. Aber manchmal glaubt man, man hätte zu wenig Milch, nämlich dann, wenn die Babys nach dem Stillen schreien. Man darf sich nur nicht entmutigen lassen und aufhören zu stillen oder panisch werden. Man muss dann den Rhythmus auf zwei bis zweieinhalb Stunden verkürzen, dann kommt auch gleich wieder mehr Milch.« (Heidi G.)

Gewichtszunahme

Nehmen Zwillingskinder unterschiedlich an Gewicht zu, dann ist das noch lange kein Alarmzeichen dafür, dass eines vielleicht zu wenig abbekommt. Zwillinge können nun einmal ganz unterschiedlich sein – der oder die eine trinkt gut, der Zwillingsbruder oder die -schwester schlecht. Beobachten Sie einmal genau die Trinkgewohnheiten Ihrer Kinder, das erklärt vielleicht manche Gewichtsunterschiede. Es empfiehlt sich ohnehin, Buch zu führen, wenn Sie unsicher sind, ob auch jedes seine Portion bekommt. Legen Sie sich eine Liste an, in der Sie notieren, wann welches Baby aus welcher Brust zu trinken bekommen hat und wie stark sein Verlangen nach Milch war.

Faustregel

Wie muss das Gewicht sein?

Für die Gewichtszunahme eines Babys gilt: Im Durchschnitt sollte es etwa ein Pfund pro Monat zunehmen. Wichtig ist, dass Ihre Babys konstant zunehmen. Gehen Sie nicht vom Geburtsgewicht aus, sondern vom niedrigsten gewogenen Wert. Nach der Geburt verlieren Babys zunächst ein wenig Gewicht.

Wenn Ihnen die Gewichtszunahme Ihrer Babys zu niedrig erscheint, beherzigen Sie folgende Tipps:

- Die Babys sollten pro Tag zwischen acht- und zwölfmal trinken. Notfalls wecken Sie sie.
- Was Sie selbst zu sich nehmen, sollte möglichst nahrhaft sein. Essen Sie viel frisches Obst, Gemüse, Vollkornprodukte, Fleisch, Fisch, Eier, Käsewürfel, und trinken Sie viel. Mir haben Malzbier und Milchbildungstee, aber auch jede Menge Mineralwasser geholfen. Zu viel trinken ist jedoch nicht nötig – Ihr Urin sollte klar sein und nicht riechen. Zu gelber Urin ist ein Hinweis darauf, dass Sie mehr trinken sollten.
- Fragen Sie Ihre Ärztin oder Ihren Arzt, ob Ihnen die Vitaminpräparate weiter verschrieben werden können, die Sie schon während der Schwangerschaft zu sich genommen haben.
- Wenn Sie unsicher sind, ob Ihre Babys genug Milch bekommen, setzen Sie sich mit einer Stillgruppe in Verbindung. Mit Frauen, die Erfahrung im Stillen haben, können Sie Ihre Sorgen besprechen. Oder fragen Sie Ihre Kinderärztin oder Ihren Kinderarzt.

- Kümmern Sie sich in erster Linie um Ihre Kinder. Der Haushalt muss warten. Zu viel Hetze beim Stillen verringert die Milchproduktion, aber auch die Kinder spüren, dass die Mutter nervös ist und trinken schlechter.

Das Bäuerchen

Manche Babys müssen zwischendurch oder nach der Mahlzeit einmal aufstoßen. Sie können das eine quer über Ihre Oberschenkel legen (mit dem Bauch nach unten) und sanft auf seinen Rücken klopfen, während Sie das andere weiterstillen. Wenn es schon selbst den Kopf halten kann, können Sie auch ein Baby aufrecht auf Ihren Schoß setzen, während Sie das andere Kind weiterstillen. Oder Sie legen das Baby, das aufstoßen möchte, bäuchlings auf die Couch (das Bett) neben sich und massieren mit Ihrer freien Hand den Rücken.

Abpumpen

Wenn Sie Ihre Milch abpumpen, sollten Sie folgende Hinweise beachten:

- Mieten Sie sich eine elektrische Pumpe. Es gibt Milchpumpen, die gleichzeitig beidseitig abpumpen. Ein enormer Zeitgewinn für Zwillingsmütter! Die Adressen von Verleihfirmen für medizinische Geräte finden Sie im Branchenbuch.
- Bei entsprechender Indikation (etwa bei Schlupfwarzen, denen Sie aber auch mit Brustschilden beikommen können) bekommen Sie die Milchpumpe auf Rezept.
- Wenn Sie nur gelegentlich etwas Milch abpumpen müssen, um vielleicht einen kleinen Vorrat anzulegen, ist oft das Ausstreichen der Brust per Hand praktischer. Informieren Sie sich darüber ausführlich in einem Stillbuch.
- Besorgen Sie sich eine ausreichende Menge Glasfläschchen für Ihre abgepumpten Milchportionen. Sie bekommen sie meist direkt in der Kinderklinik.
- Im Kühlschrank hält sich Muttermilch 24 Stunden, im Tiefkühlfach zwei Wochen.
- Eingefroren im Gefrierfach hält die Milch bei mindestens 18 Grad minus bis zu zwei Jahren. Vor dem Einfrieren sollten Sie die Milch im Kühlschrank vorkühlen.

- Vorgekühlte Milch können Sie zu bereits gefrorener Milch gießen, wenn die Menge der hinzugegossenen Milch geringer ist als das bereits Gefrorene, das nicht antauen soll.
- Kennzeichnen Sie die Milchportionen mit Datum.
- Frieren Sie unterschiedlich große Portionen ein, so dass Sie bei Bedarf schnell einmal 20 Gramm zusätzlich auftauen und füttern können.
- Einmal aufgetaute Milch muss schnell verbraucht werden.
- Gekühlte Muttermilch setzt sich ab, weil sie nicht homogenisiert ist. Vorsichtig schütteln.
- Kühlschrankkalte Milch kann man zum Erwärmen unter fließend warmes Wasser halten.
- Um die Milchproduktion ordentlich anzukurbeln, empfiehlt sich häufiges Pumpen auf beiden Seiten. Am Anfang sollten Sie im 3-Stunden-Rhythmus pumpen, und auch immer dann, wenn Sie praktisch über Nacht mehr Milch brauchen. Sonst genügt ein 4-Stunden-Rhythmus.
- Ihre Brustwarzen sollten Sie nach jedem Pumpen mit einer entsprechenden Salbe einschmieren, denn das Pumpen beansprucht sie ebenso wie das natürliche Stillen.
- Rechnen Sie damit, dass das Gewebe Ihrer Brüste durch das Abpumpen mit der elektrischen Milchpumpe stärker beansprucht wird als durch das Stillen. Damit Ihre Brüste auf beiden Seiten gleich geformt bleiben, sollten Sie rechts und links möglichst gleichmäßig abpumpen.

Abstillen

Zwillinge können so unterschiedlich sein wie zwei einzelne Kinder, wie auch »normale« Geschwister. Deshalb entwöhnen sie sich vielleicht auch zu ganz unterschiedlichen Zeiten von der Mutterbrust. Vielleicht ist ein Zwilling schon fürs Abstillen bereit und trinkt nur noch an der Brust, weil der andere noch gestillt werden will. Vielleicht haben Sie auch das Gefühl, dass Sie den Zeitpunkt der Entwöhnung Ihren Zwillingen überlassen möchten. Oder aber Sie empfinden das Stillen ganz plötzlich als lästig. Dann müssen Sie den Zeitpunkt setzen, auch wenn es nicht ohne Tränen abgeht. Mit dem Abstillen ist es wie mit dem Stillen: Jede Mutter muss für sich selbst entscheiden, wie es für sie und ihre Babys am besten ist. Es gibt einfach keine festen Regeln.

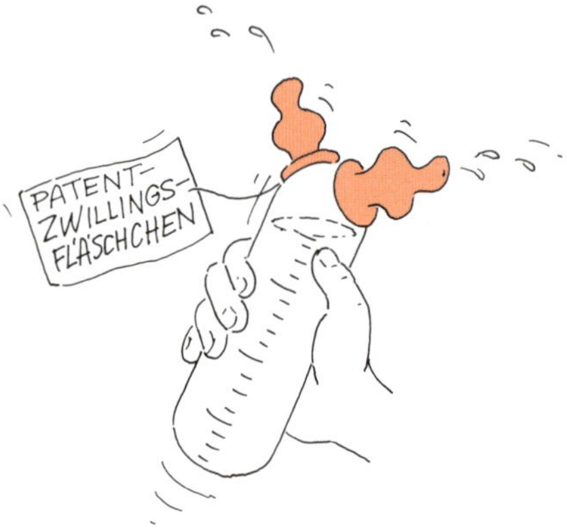

Stillen und Zufüttern mit der Flasche

Wenn Ihre Milch nicht für beide Babys reicht, müssen Sie vielleicht Baby-Fertignahrung zufüttern, die der Muttermilch relativ angeglichen ist. Die meisten Zwillingsmütter finden dieses kombinierte Füttern – halb Stillen, halb Fläschchen – sehr zeitraubend und umständlich. Sie können diese Halbe-Halbe-Lösung entweder so handhaben, dass Sie pro Mahlzeit je ein Kind stillen und das andere mit der Flasche füttern. Bei der nächsten Mahlzeit wechseln Sie Brust- und Flaschenkind. Sie können aber auch einige Mahlzeiten ganz mit Flaschen, andere nur mit Stillen bestreiten.

Erstere Version ist mit weniger Hektik verbunden, als etwa beide Kinder pro Mahlzeit halb an die Brust und halb ans Fläschchen zu nehmen. Und gegenüber der zweiten Methode hat sie den Vorteil, dass so die Milchproduktion besser stimuliert wird, als wenn Sie einige Mahlzeiten an der Brust ganz überspringen. Besonders lästig und zeitraubend ist das kombinierte Füttern von Muttermilch und Fertignahrung, wenn Sie gar nicht stillen können, sondern Ihre Milch nur durch Abpumpen gewinnen. Für diesen Fall hat Andrea S. eine weitere Methode erprobt: Sie teilte die abgepumpte Milch gerecht auf zwei Fläschchen auf, den fehlenden Rest füllte sie direkt mit fertiger Babynahrung auf. Den Zwillingen bekam dieses Gemisch sehr gut, im Magen hätten sich beide Milchsorten ohnehin vermischt.

Manche Mütter entscheiden sich auch dafür, ein Kind voll zu stillen, das andere voll mit der Flasche zu füttern. Das ist zwar mit weniger Hektik verbunden, doch es fällt bestimmt nicht leicht, sich für ein Kind zu entscheiden. Oder Sie stillen ein Kind voll, das andere darf den Rest an der Brust trinken und bekommt zusätzlich ein Fläschchen. Das hat den Vorteil, dass kein Kind ganz auf die Brust verzichten muss.

In diesem Zusammenhang soll auch ein weiterer Fall nicht unerwähnt bleiben. Es gibt Mütter, die genug Milch für beide Babys haben, diese jedoch nicht stillen können. Bei mir war das so. Also pumpte ich täglich drei Stunden und länger meine Milch ab, die ich anschließend verfütterte oder einfror. Diese drei Stunden fehlten mir an allen Ecken und Enden. Als ich endlich eingesehen hatte, dass es nicht zum Idealbild einer »guten Mutter« gehört, sich selbst fertig zu machen, konnte ich den Milchfluss nur mit Hilfe von Tabletten stoppen.

Empfehlung

Mythos Muttermilch

Machen Sie sich nicht fertig mit dem Abpumpen Ihrer Milch, wenn das Stillen nicht klappt. Sie geben Ihren Zwillingen mehr, wenn Sie ganz gelassen und zufrieden mit dem Fläschchen Fertignahrung füttern, als wenn Sie ausgelaugt und übermüdet Muttermilch aus der Flasche geben. Lassen Sie sich nicht kaputtmachen vom Mythos Muttermilch!

Bevor Sie allerdings ganz aufgeben, sollten Sie sich auf alle Fälle an die La Leche Liga oder die Arbeitsgemeinschaft Freier Stillgruppen (Adressen auf Seite 256) wenden, eine regionale Stillgruppe besuchen oder – noch besser – eine stillende Zwillingsmutter anrufen. Denn im Grunde kann nur eine Frau, die selbst Zwillinge hat und etwas vom Stillen versteht, nachempfinden, welche Probleme sich ergeben könnten und wie man sie meistern kann.

Bei Drillingen lassen sich Kombinationen von Fläschchen und Stillen wohl nicht vermeiden. In diesem Fall ist die Möglichkeit zu stillen in manchen Situationen vielleicht mehr als praktisch. Schnell ist ein kleiner hungriger Schreihals so beruhigt. Die anderen beiden bekommen dann die Flasche.

Wichtigste Vorbereitung für eine gelungene Stillzeit ist auf alle Fälle, sich das nötige Vorwissen für einen an und für sich total natürlichen Vorgang anzueignen – also lesen Sie ein geeignetes Buch. Eine Portion Selbstbewusstsein hilft ebenfalls. Aber auch der Wille dazu und das Durchhaltevermögen, damit Sie nicht gleich schlapp machen, wenn das erste Problem(chen) auftaucht!

Wenn es mit der Muttermilch gar nicht klappt

Muttermilch ist das Beste für die Kinder, aber nicht unbedingt für die Mütter, wie Sie im vorangegangenen Kapitel lesen konnten. Es gibt Gründe, die Sie zum Abstillen bewegen könnten:

- Sie haben noch ältere (kleine) Kinder, die ohnehin schon zu kurz kommen.
- Wenn Sie nicht genügend Selbstvertrauen in Ihre Fähigkeit zum Stillen haben, wenn Sie einfach nicht sicher werden, ob Ihre Milch für zwei Babys tatsächlich reicht, sollten Sie sich nicht weiter mit Selbstzweifeln plagen, sondern vielleicht doch lieber abstillen. So genießen Sie Ihre Kinder besser.
- Für viele Mütter von zu früh geborenen Zwillingen ist das Hin und Her zwischen Kinderklinik und Haushalt zu anstrengend.
- Wenn Ihre Milch tatsächlich nicht reicht und Sie zufüttern müssen, macht das sehr viel mehr Arbeit, als wenn Sie nur eine Art zu Füttern – entweder das Stillen oder die Fläschchen – beibehalten.
- Wenn Sie Ihre Kinder aus irgendeinem Grund nicht stillen und Ihre Milch nur abpumpen können, sitzen Sie stundenlang an der elektrischen Milchpumpe und müssen die Milch anschließend noch per Flasche füttern. Diese Methode ist so zeitaufwendig, dass Sie darauf verzichten sollten. Wer nicht darauf verzichten will: Viele Pumpen können heute beidseitig abpumpen.
- Wenn Sie aufs Stillen verzichten, sollten Sie dazu stehen und sich kein schlechtes Gewissen machen (lassen). Wichtig ist allein, dass Sie entspannt mit Ihren (zufriedenen) Babys umgehen können.

Welche Milch wie zubereiten?

Wenn Sie Ihre Kinder nicht stillen, füttern Sie am besten die normale Babymilch aus Milchpulver. Dabei entscheiden Sie sich für das Produkt, das Ihnen am besten erscheint. Fragen Sie in der Klinik, welche Milch die Schwestern empfehlen, oder lassen Sie sich vom Kinderarzt beraten. Einen Markenwechsel sollten Sie vielleicht nur nach Rücksprache vornehmen. Im Prinzip sind alle Fertigmilchprodukte gut verträglich, und Blähungen lassen sich bei keiner Sorte ganz vermeiden.

Bei Allergieneigungen innerhalb der Familie verwenden Sie besser eine hypoallergene (HA-) Säuglingsnahrung. Eine echte Nahrungsmittelallergie auf Kuhmilch tritt aber sehr selten auf (nur etwa 2 % der Babys sind davon betroffen). In einem solchem Fall muss auf Spezialnahrung mit hochgradig gespaltenem Eiweiß zurückgegriffen werden. Vor der alternativen Verwendung von Sojamilch warnen Ernährungswissenschaftler: Sie enthält nicht genug Eisen, Jod, Kalzium und andere Nährstoffe.

Wenn Ihre Kinder nicht unter einer Kuhmilchallergie leiden und normale Babynahrung gut vertragen, dann können Sie etwa ab dem 9. Monat auf Kuhmilch mit 3,5 % Fett umstellen. Für die Breizubereitung rühren Sie am besten Vollkornflocken ein (die Mengenangaben stehen auf der Packung). Die früher im 2. Lebenshalbjahr bevorzugte »klassische« Milchflasche mit Vollmilch und Zusatz von Kohlenhydraten (Haferflocken oder Grieß) entspricht nicht mehr dem wissenschaftlichen Kenntnisstand, da sie zum Beispiel zu viel Eiweiß und zu wenig Vitamine und Spurenelemente enthält.

Fläschchen

Hier ein paar Tipps für die Zubereitung von Flaschennahrung:

- Besorgen Sie sich eine neue Thermoskanne. Wenn Sie eine haben, der noch nicht der Geruch und Geschmack von Tee oder Kaffee anhaftet, können Sie auch diese benutzen.
- Bereiten Sie ein- bis zweimal pro Tag abgekochtes Wasser vor, das Sie in der Thermoskanne über Stunden warm halten können.
- Für den Notfall, dass Sie doch einmal auf frisch abgekochtes Wasser zurückgreifen müssen, sollten Sie immer einen Rest abgekochtes Was-

ser *kalt* aufheben. Dann können Sie kochendheißes mit kaltem Wasser mischen und erhalten so schnell ein trinkfertiges Fläschchen.

- Prüfen Sie die Temperatur der Fläschchen, indem Sie sich ein paar Tropfen Milch aufs Handgelenk spritzen.
- Machen Sie mehrere Flaschen fertig (etwa die Tagesration) und stellen Sie sie nach Abkühlen in den Kühlschrank. Bei Bedarf kann man sie im Wasserbad (Wasserkochtopf), Flaschenwärmer oder in der Mikrowelle (30 bis 45 Sekunden) auf Trinktemperatur bringen. Der entscheidende Nachteil: Manche Babys vertragen vorgekochte, wiederaufgewärmte Milch nicht. Denn durch das Abkühlen, Stehenlassen und Wiederaufwärmen verändert sie sich leicht. Andererseits: Was glauben Sie, wie die Milch in Kliniken zubereitet wird?!
- Besonders für die Morgen- und Nachtflaschen empfiehlt es sich, das abgemessene Milchpulver und eventuell Medikamente (wie Fluortabletten, Eisentropfen) bereits in die Fläschchen zu füllen.
- Es wird auch öfter vorkommen, dass Sie ein Kind auf dem Arm haben und gleichzeitig (einhändig) ein Fläschchen zubereiten müssen. Deshalb sollten Sie alles griffbereit aufbewahren.
- Wenn Sie anfangen, ab und zu Säfte mit ins Milchfläschchen zu geben, kann die Milch gerinnen. Sie wird dennoch von den meisten Babys gut vertragen, allerdings verstopfen die Sauger schneller. Manche Säfte sind auch faserig (Pfirsich, Birne etc.) und verstopfen deshalb die Sauger.
- Alle Hersteller empfehlen, einmal angemachte Babymilch nicht mehr aufzuwärmen, wenn etwas übrig bleibt. Bei Zwillingen haben Sie aber den Vorteil, dass der eine vielleicht gern den Rest trinkt, den der andere übrig gelassen hat.
- Problematisch ist es, Milch warmzuhalten. Die Milch ist entweder nicht mehr richtig warm oder sie »kippt um«. Ist das Fläschchen erst einmal kalt geworden, füttern Sie es lieber so – Zimmertemperatur schadet keinem Babymagen.

Kann man Zwillinge gleichzeitig füttern?

Die meisten Mütter haben bald irgendeinen Trick gefunden, wie sie ihre Zwillinge gleichzeitig füttern können, so dass keines warten muss und die »Raubtierfütterungen« problemloser werden. Hier einige Vorschläge:

Das Stillkissen hat noch nicht ausgedient. Stefan und Florian bei der »Raubtierfütterung«.

- Beide Kinder gleichzeitig zu füttern ist, ähnlich wie beim Stillen, einfacher, wenn die Babys schon ihr Köpfchen halten können und nicht mehr ganz schlapp in Ihren Armen liegen.
- Eine Mutter legte ihre Zwillinge dazu immer in einen weitausladenden Sitzsack, der sich den Kinderkörpern gut anpasste, setzte sich dann davor und gab ihnen gleichzeitig die Flasche.
- Andere Mütter legen ihre Kinder dazu in Babywippen oder Maxi Cosis.
- Sie können auch ein Kind in die Wippe setzen (vielleicht den besseren Trinker) und das andere zum Füttern im Arm halten.
- Ich legte beide auf Kissenberge und gab ihnen gleichzeitig die Fläschchen. Das ging aber erst, als sie über ein Jahr alt waren.
- Manche Mütter setzen sich selbst aufs Bett und legen je ein Köpfchen zum Flaschetrinken auf ihre Oberschenkel.

- Marianne E. legte ihre Söhne zum Flaschefüttern gemeinsam in ein Kinderbett – Kopf an Kopf. Sie stellte sich davor und gab ihnen so zu trinken.
- Eine andere Mutter ließ ihre Zwillinge gemeinsam (aber selbständig) trinken. Dazu legte sie die Kinder auf die Seite. Unter die Fläschchen packte sie eine Stoffwindel. Die Fläschchen müssen bei dieser Methode aus Glas sein, da nur sie schwer genug sind, um in Trinkposition liegen zu bleiben.
- Wenn Sie Ihre Zwillinge allein trinken lassen, können Sie die Flaschen mit Sofakissen abstützen.
- Eine Drillingsmutter bastelte eine Art Fütterungshilfe aus Kissen, die sie den Kindern auf den Bauch legte, je einem Holzlineal, das sie quer darauf legte und Milchflaschen, die sie mit Gummiringen auf den Linealen befestigte. Lineal und Milchflaschen lagen kreuzförmig.
- Schneiden Sie aus einem brikettförmigen Stück Schaumstoff einen Keil heraus, so bekommen Sie einen Flaschenhalter.

Je eher Ihre Zwillinge in der Lage sind, ihre Fläschchen selbst zu halten, desto früher sind Sie entlastet. Wenn Sie fürchten, Sie könnten ihnen beim Füttern nicht das erforderliche Maß an Zuneigung geben, wenn Sie sie gleichzeitig »abfertigen«, so halten Sie sich vor Augen, wie gestresst Sie sind, wenn das wartende Kind wie am Spieß brüllt. Dann ist's nämlich mit viel Zuneigung beim ersten Zwilling auch vorbei und Sie hetzen durch die Mahlzeit. Beim zweiten werden Sie dann auch kaum noch die nötige Ruhe finden. Keine Mutter ist herzlos, weil sie versucht, ihre Zwillinge möglichst gleichzeitig zufriedenzustellen.

Sparen Sie lieber beim Füttern etwas Zeit, und schmusen Sie mit Ihren Babys bei anderen, entspannteren Gelegenheiten. Lassen Sie sie jedoch *nie* wirklich allein beim Fläschchentrinken – nicht wegen vermeintlicher Lieblosigkeit, sondern wegen der Gefahr des Verschluckens!

Wenn man nicht gleichzeitig füttern möchte

Manche Zwillingsmütter füttern ihre Kinder grundsätzlich nur einzeln, weil sie der Meinung sind, nur so bekäme jedes Kind die notwendige Aufmerksamkeit. (Gern wird dies auch von »besonders guten Einlings-Müttern« gepredigt, die selbst keine Ahnung haben, wie es ist, wenn sich eine Zwillingsmutter zwischen zwei gleichzeitig schreienden Kindern entscheiden muss.) Wenn Sie nicht mit zwei extrem geduldigen Kindern verwöhnt sind, kann Sie diese Methode – immer schön der Reihe nach – zum Verzweifeln bringen.

Und wie ist es, wenn ein Zwilling stets geduldiger ist als der andere? Muss dann das geduldige Kind immer warten? Oder wechseln Sie der Gerechtigkeit halber ab? Bei uns war das so, allerdings wären wir froh gewesen, wenn wir unsere Babys gleichzeitig hätten füttern können. Doch es half einfach nichts: Wenn ich Maximilian und Constantin gleichzeitig das Fläschchen geben wollte, spuckten sie stets große Mengen wieder aus.

Ließ ich mich durch das Geschrei des anderen, der warten musste (etwa Max), verunsichern, dann legte ich den halbsatten Constantin zur Seite (er spuckte natürlich), fing an, den schreienden Max zu füttern; noch bevor der seine Flasche leergetrunken hatte, schrie natürlich Conny, also legte ich Max neben mich (er spuckte) und versuchte, Conny das Fläschchen weiterzugeben. Inzwischen waren beide Babys so unzufrieden (und die Mutter konfus), dass keines der beiden mehr trinken wollte. Wenn sie sich schließlich beruhigt hatten, konnte ich sicher sein, dass der Abstand zur nächsten gefürchteten »Raubtierfütterung« nur sehr kurz sein würde, denn beide waren nur halb satt geworden.

- Seien Sie rechtzeitig mit allen Fläschchen bereit.
- Es lohnt sich auch, einen Zwilling zu wecken und zu füttern, solange der andere noch schläft.
- Nehmen Sie auf jeden Fall den ersten, der sich muckst, sofort auf und füttern Sie ihn.
- Lassen Sie sich keinesfalls vom Geschrei der Nummer II irritieren, sondern geben Sie dem ersten Zwilling unbedingt erst sein Fläschchen zu Ende.
- Gehen Sie mit dem gerade trinkenden Baby im Arm zum Bett des anderen und sprechen erst einmal beruhigend auf es ein. Allerdings können viele Babys erst recht schlecht warten, wenn sie das Fläschchen schon sehen. Vielleicht hat das Bettchen Rollen und Sie können es sanft hin- und herbewegen.

- Andere haben gute Erfahrungen mit einem normalen Einzelkinderwagen gemacht, den sie sich in die Wohnung stellten.
- Sehr gut hilft auch eine Hängewiege (Lullababy), mit Spezialzugfeder an der Decke befestigt.
- Es gibt Babyschaukeln, die man aufziehen kann, so dass sie eine Weile in Bewegung bleiben. Sicher ist es nicht sinnvoll, ein Baby stundenlang zu schaukeln, doch es hilft ungemein, eine Zeit zur überbrücken, wenn ein Zwilling warten muss. Für Drillingsmütter scheint so eine Schaukel »lebensnotwendig« zu sein.
- Wenn die Zwillinge älter sind, können Sie vielleicht eines in eine Schaukel (oder Babyhopser) setzen.
- Wenn partout nichts helfen will und Sie Ihre Nerven schonen möchten, dann wandern Sie am besten in ein entfernteres Zimmer aus, bis das erste Kind mit seiner Flasche fertig ist.
- Versuchen Sie sich etwas von der Mentalität der Schwestern im Krankenhaus zuzulegen. Die können auch nicht alle Säuglinge auf einmal versorgen und sind doch oft für mehr als zwei Kinder »zuständig«.
- Wickeln können Sie Ihre Babys auch nach dem Fläschchen. Nehmen Sie lieber in Kauf, dass sie dabei vielleicht ein wenig spucken.
- Ein Trick, der mir »das Leben rettete«: Setzen Sie das Kind, das warten muss, in eine Babywippe und bewegen Sie diese mit dem Fuß. Gleichzeitig können Sie das andere Baby (erschütterungsfrei) im Arm halten und ihm die Flasche geben. Nach dem ersten Fläschchen können Sie abwechseln und das satte Baby in die Wippe setzen. Dann sollten Sie jedoch lieber aufs Wippen verzichten, sonst ist die Milch postwendend wieder da.
- Ein Trick, der die Babys allerdings ans Teefläschchen gewöhnt: Für Maximilian erfand ich einen »Schnuller mit Geschmack«. Das war ein Minifläschchen, das ich durch Zusammenschrauben der Plastikverpackung für Ersatzsauger (Milupa) gewann. In dieses winzige Behältnis gab ich ein paar Tropfen Tee (später Saft) und schraubte einen normalen (Tee-)Flaschensauger oben drauf. So hatte Maxi etwas zum Trinken, konnte saugen und das kleine Fläschchen blieb durch sein geringes Gewicht gut im Mund, denn mit knapp vier Monaten konnte er sein Minifläschchen natürlich noch nicht allein halten. Die Teemenge war andererseits so gering, dass er sich auch nicht verschlucken konnte.

- Drillingsmütter nehmen beim gleichzeitigen Füttern auch schon mal die Füße als Stütze fürs Fläschchen zu Hilfe. Immer wieder gute Dienste leisten auch Stillkissen, auf die man die Babys vernünftig betten kann.

Ihre Babys trinken schlecht?

Manche Babys sind so extrem trinkfaul, dass sie für 120 ml Milch fast ebenso viele Minuten brauchen. Für Zwillingsmütter heißt das praktisch: Füttern rund um die Uhr. Vor allem Mütter von zu früh geborenen Kindern wissen, wie viel Mühe es kosten kann, 10, 20 oder 30 ml Milch in so ein kleines Wesen »hineinzustopfen«. Ein paar Tricks, wie Babys zum besseren Trinken gebracht werden können:

- Machen Sie das Loch im Sauger größer und zwar gerade noch so groß, dass das Baby trinken kann, ohne sich zu verschlucken.
- Wenn die Milch zu langsam läuft, kann es auch daran liegen, dass Sie einen Saft ins Fläschchen gemischt haben, dessen Fasern das Saugloch verstopfen.
- Wenn das Baby schlecht trinkt und beim Fläschchen gerne einschläft, dann sollten Sie ab und zu den Sauger ein Stück aus dem Mündchen ziehen, gerade so weit, dass ihn das Baby nicht ganz verliert. Dann dringt Luft in die Flasche, und die Milch kann wieder nachlaufen.
- Manche Babys halten den Sauger zu fest. Dann kann die Luft ebenfalls nicht ins Fläschchen dringen, und die Milch läuft nicht nach. Auch dann sollten Sie den Sauger etwas aus dem Mund herausziehen oder das Fläschchen ein bisschen zur Seite kippen. Nur wenn viele kleine Luftblasen aufsteigen, läuft die Milch.
- Schrauben Sie den Sauger nicht zu fest auf – lassen Sie etwa eine halbe Umdrehung »Luft«.
- Massieren Sie mit dem Mittelfinger die Wangenmuskulatur des trinkfaulen Babys.
- Wickeln nach der ersten Flaschenhälfte macht müde Babys noch einmal wach. Dass dabei ein wenig gespuckt wird, sollten Sie ruhig in Kauf nehmen.
- Bevor Sie ganz verzweifeln: Trösten Sie sich damit, dass auch dieses langsame Trinken nur eine Phase ist. Wenn die Babys älter werden, haben sie mehr Kraft, ausdauernd zu trinken.

Praxistipps

Flaschen- und Saugerpflege

Viele Eltern finden es praktisch, für ihre Zwillinge 12 Flaschen anzuschaffen. Dann müssen sie zwischendurch nicht dauernd Flaschen spülen und auskochen, sondern erledigen diese aufwändige Flaschenpflege nur einmal am Tag. Was Sie beachten sollten:

- Gleich nach der Mahlzeit sollten Sie die Flaschen ausspülen, eventuell mit etwas Salzwasser stehen lassen. Normales Kochsalz löst Milchreste.
- Auch den Saugern tut eine mäßige (!) Salzbehandlung ganz gut. Direktes Sonnenlicht scheint den Auflösungsprozess von Saugern zu beschleunigen. Ich habe sie deshalb während des Sommers im Kühlschrank aufbewahrt.
- Schaffen Sie sich einen großen Topf an, damit alle Fläschchen gleichzeitig ausgekocht werden können. Bedenken Sie, dass dieser Topf durch die Kalkablagerungen unansehnlich und somit für andere Zwecke unbrauchbar wird.
- Besorgen Sie sich einen Schnellkochtopf (Dampftopf) mit Einsätzen. Einige Minuten auf höchster Stufe (zweiter Ring sichtbar am Dampfventil) kochen lassen, Herdplatte ausschalten, fertig. Spezielle Töpfe fürs Fläschchen-Sterilisieren sind aus Kostengründen nicht empfehlenswert, weil sie später nicht zum Kochen benutzt werden können. Gegen einen gebraucht gekauften Vaporisator ist nichts einzuwenden.
- Wenn Sie keinen Küchenwecker haben, sollten Sie sich jetzt einen anschaffen. Als viel beschäftigte Zwillingsmutter können Sie leicht vergessen, dass Sie die Flaschen zum Auskochen aufgestellt haben.
- Flaschen und Zubehör lassen sich auch in der Geschirrspülmaschine spülen.
- Einige Mütter schwören auf Desinfektionsbäder für Flaschen und Sauger. Diese Methode ist praktisch, war mir allerdings zu »chemisch«.
- Sie sollten immer ein paar Sauger in Reserve haben, denn nach etwa drei Monaten müssen sie erneuert werden, da sie durch das Saugen aufquellen und sich schließlich auflösen. Erhältlich sind auch widerstandsfähigere – aber damit auch härtere – Silikonsauger.

Feste Nahrung

Babys müssen erst einmal lernen, feste Nahrung vom Löffel zu essen, zu kauen und schließlich zu schlucken. Anfangs sind sie noch ganz aufs Saugen eingestellt. In der Regel fangen Mütter irgendwann zwischen dem 3. und dem 6. Monat mit dem Löffeltraining an. Das klappt oft recht schnell, doch es gibt auch Kinder, die etwas länger brauchen, bis sie begriffen haben, wie man vom Löffel essen kann und trotzdem mehr im Mund behält, als man ausspuckt. Problematischer sind die ersten Löffelversuche bei Zwillingen eigentlich nur deshalb, weil Sie die Geduld für zwei Kinder aufbringen müssen.

- Starten Sie Ihre ersten Löffelversuche lieber mal zwischendurch, wenn die Babys nicht extrem hungrig sind.
- Probieren Sie das Vom-Löffel-Essen nur dann, wenn Ihnen jemand hilft.
- Wenn es absolut nicht gelingen will, machen Sie sich keinen zusätzlichen Stress, sondern füttern Sie alles Gemüse oder Babynahrung aus der Flasche. Verdünnen Sie die Mahlzeit mit einem Schuss Milch (anfangs Baby-Fertigmilch, später Kuhmilch), und schneiden Sie mit einem Messer einen Schlitz in den Flaschensauger.
- Trösten Sie sich damit, dass die Brei-aus-der-Flasche-Phase ganz von allein vorübergeht. Oder können Sie sich vorstellen, dass ein 20jähriger Zwilling seine Freundin zum Pizzaessen aus dem Fläschchen einlädt?
- Wenn die Kinder gut sitzen können (unsere konnten das erst mit 10 Monaten), ist es leichter, das Essen vom Löffel zu trainieren. Setzen

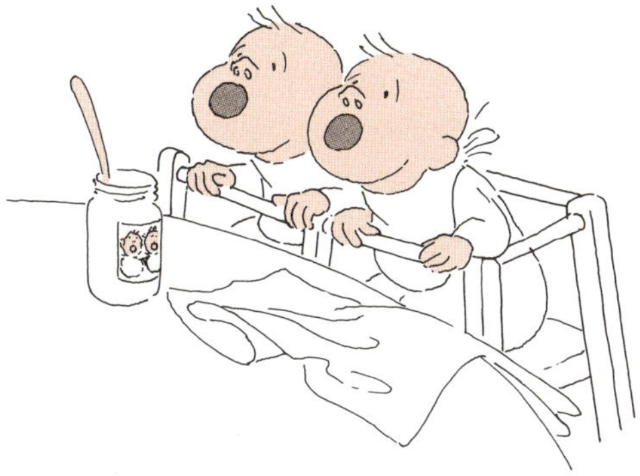

Sie beide Kinder in den Hochstuhl, und füttern Sie mit einem Löffel aus einem Teller.

- Sie können sich auch den schlechteren Esser auf den Schoß setzen, wo Sie ihn besser unter Kontrolle haben. Das zweite Kind setzen Sie sich gegenüber in den Hochstuhl.
- Kleinere Babys können Sie in Wippen oder Babysicherheitssitze setzen und sich selbst davor.
- Füttern Sie möglichst nicht direkt aus dem »Gläschen«, denn im Glas lässt sich die Temperatur des Essens nicht so gut feststellen. Oben ist der Gemüsebrei oft lauwarm bis kalt, dafür aber weiter unten kochend heiß.
- Wenn Sie selbstzubereitete Mahlzeiten füttern, empfiehlt sich zum Zerkleinern ein Handmixgerät mit Aufsatz.
- Bereiten Sie stets mehrere Mahlzeiten im Voraus zu. Portionsweise in Gläschen gefüllt, halten sie sich zwei Tage im Kühlschrank, oder Sie frieren sie ein (z. B. in Joghurtbechern). Anfangs können Sie sehr kleine Portionen in einem Würfeleisbereiter (Plastikschale mit Würfeleinteilung) einfrieren. So können Sie Selbstgekochtes würfelweise auftauen und müssen nicht viel wegwerfen. Bei Zwillingen haben Sie allerdings den Vorteil, dass einer immer die Reste des anderen essen kann.
- Ab etwa anderthalb Jahren möchten Ihre Zwillinge vielleicht allein essen. Das kostet Nerven, doch es lohnt sich, sie (weitgehend) gewähren zu lassen. Denn so sind sie beschäftigt und werden vielleicht auch schneller selbständig, was einer Zwillingsmutter nur zugute kommt.
- Binden Sie Ihren Kindern am besten große Mullwindeln oder Gästehandtücher mit angenähten Bändern um, die mehr abdecken als normale Lätzchen. Ideal ist ein großes Lätzchen, auf dem auch der Teller stehen kann, damit nichts zwischen Tisch und Hochstuhl fallen kann. Den Ideen sind keine Grenzen gesetzt: Regenschutz, Spannbettlaken mit eingearbeiteten Halsausschnitten usw.
- Setzen Sie sich mit einem dritten Löffel bewaffnet zwischen Ihre allein essenden Zwillinge, und helfen Sie da und dort ein wenig nach.
- Wenn Ihre Zwillinge allein essen möchten, sollten Sie ihnen Dinge vorsetzen, die gut zu handhaben sind. Also keine langen Spaghetti, sondern kurze, dicke Nudeln.

- Auf jeden Fall sollten Sie Ihre Kinder anfangs in der Küche abfüttern. Wenn Sie sie im Ess- oder Wohnzimmer verköstigen, empfiehlt es sich, den Teppichboden mit einem Stück Wachstuch abzudecken. Alte Zeitungen als Unterlage tun's auch.
- Oder: Füttern Sie Ihre Kinder, wenn diese in der Badewanne (im Wasser) oder im Planschbecken sitzen. Sehr unkonventionell, aber effektiv!

Schreien lassen

Dass ein Baby schreien muss, damit sich seine Lungen kräftigen, ist falsch. Doch das heißt nicht, dass ein Baby niemals schreien darf. Manche Eltern nehmen ihr Baby stets beim kleinsten Pieps auf und fühlen sich nicht selten von den hohen Ansprüchen an sich selbst unter Druck gesetzt. Bei Zwillingen ist es noch viel schwieriger, sie nicht schreien zu lassen.

»Ich erhielt einmal einen anonymen Anruf: ›Wenn Sie sich nicht sofort um Ihr Baby (!) kümmern, erstatten wir Anzeige wegen Kindesmisshandlung!‹ Ich hatte Maximilian und Constantin einzeln die Flasche gegeben, beide schrien, während der jeweils andere gefüttert wurde. Schade, dass dann doch kein Streifenwagen kam. Ich hätte die Zwillinge gern gerecht auf die zwei Polizeibeamten ›verteilt‹.« (Marion v. G.)

Die meisten Zwillingsmütter, die an meiner Umfrage teilgenommen haben, sind ums Schreienlassen nicht herumgekommen. Doch ernsthaften Schaden haben die Kinder offensichtlich nicht genommen.

Erfahrene Mütter – und diese Erfahrung stellt sich schon sehr bald ein – merken genau, ob das Baby einen ernst zu nehmenden Grund hat zu weinen. Es wird dann kaum eine Mutter geben, die ihre Kinder nicht tröstet. Allerdings gibt es immer wieder auch Momente, in denen Eltern sich ganz und gar überfordert fühlen. Wenn Sie sich von zwei Schreihälsen tyrannisiert fühlen, machen Sie ruhig einmal alle Türen zu, drehen Sie die Stereoanlage laut auf, holen Sie tief Luft, und versuchen Sie, sich abzureagieren, damit Sie Ihre Babys später besser trösten können. Wenn Sie ein Kind eine Zeitlang »schreien lassen«, dann sollten Sie zu Ihrer Entscheidung stehen. Sie müssen es aus innerer Überzeugung tun oder gar nicht.

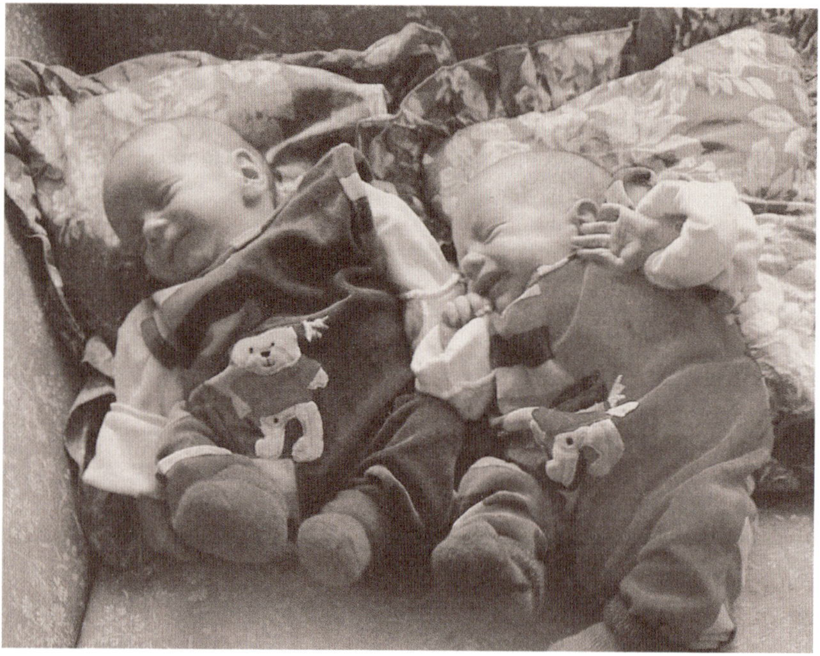

Adrian und Rafael träumen wohl das Gleiche, wenn sie so selig lächeln.

Schlafen

Der Rhythmus tagsüber

Zwillingskinder können beide den gleichen Schlaf-wach-Rhythmus entwickeln, oder aber zu unterschiedlichen Zeiten wach und damit hungrig werden. Beides hat Vor-, aber auch Nachteile. Werden beide Kinder gleichzeitig wach, dann kann es unter Umständen Probleme geben, weil beide gleichzeitig nach dem Fläschchen verlangen. Andererseits erledigen Sie Füttern, Wickeln und Babypflege quasi in einem Aufwasch, während Sie bei unterschiedlichen oder zeitversetzten Rhythmen immer irgendwie mit einem Baby beschäftigt, die Abstände zwischen dem Versorgen eines Kindes gering und deshalb wenig entspannend sind. Die beste Lösung sind Rhythmusverschiebungen von 15 bis 30 Minuten. Denn das gibt Ihnen einen Vorsprung, das zuerst wach gewordene Kind in Ruhe zu versorgen und anschließend können Sie sich um das zweite kümmern.

Lässt sich der Rhythmus beeinflussen?

Viele Zwillingseltern füttern und versorgen ihre Babys nach Bedarf und versuchen erst gar nicht, den Rhythmus zu beeinflussen. Früher war das anders, da stellte man Kinder exakt auf einen Vier-Stunden-Rhythmus ein, basta.

Für Zwillingseltern empfiehlt sich eine Zwischenlösung: Sie sollten weder versuchen, Ihren Kindern einen starren Rhythmus aufzuzwingen, denn meist spielt sich alles von allein ein. Sie sollten allerdings auch nicht immer erst abwarten, bis sich beide Kinder von selbst melden. Vor allem nachts ist es günstiger, erst den einen Zwilling, der von allein aufwacht, zu versorgen und den zweiten anschließend zu wecken.

Versuchen Sie also mit sanftem Nachdruck, die Babys »gleichzuschalten«. Das erreichen Sie nicht nur, indem Sie stets das Kind, das sich zuerst muckst, sofort versorgen und das zweite anschließend wecken, sondern indem Sie auch einmal das erste Baby aufwecken bevor »es Zeit ist«. Nach ein paar Tagen Durchhaltevermögen spielt sich das meist ein. In Zehn-Minuten-Schritten schaffen Sie die Umstellung von »Normalzeit« (Winterzeit) auf »Sommerzeit«. Manche Kinder passen sich auch problemlos der neuen Zeit an. Unsere etwa.

Dagegen waren Maximilian und Constantin ein hoffnungsloser Fall, wenn wir versuchten, ihnen unseren gewünschten Rhythmus aufzuzwingen. Wenn sie zu so unterschiedlichen Zeiten kamen, dass ich in manchen Nächten praktisch kein Auge mehr zutun konnte, habe ich immer wieder versucht, einen Zwilling durch Wecken »gleichzuschalten«. Doch dann waren diese zwangsgeweckten Babys meist viel zu müde und verschlafen, um richtig zu trinken. Der Erfolg: zumindest ein grantiges Baby und viel Mutlosigkeit bei mir.

Der Mittagsschlaf

Keine der von mir befragten Zwillingsmütter hatte nachgeholfen, und doch kam bei allen der Zeitpunkt, dass die Kinder einen zwei- oder dreistündigen Mittagsschlaf einlegten und das oft noch bis spät ins dritte oder vierte Lebensjahr hinein.

Zum Mittagsschlaf empfiehlt es sich, die Zwillinge zu trennen. Denn sind sie in einem gemeinsamen Zimmer untergebracht, machen vor allem die etwas älteren Kinder gerne Faxen, und vor lauter Gekicher kommt keines recht zum Schlafen. Bei älteren Zwillingen, die vielleicht keinen richtigen Mittagsschlaf mehr machen, hat sich bewährt, sie wenigstens für eine Stunde nach dem Essen zum »Ausruhen« – ruhige Spiele und Bücher-Anschauen sind erlaubt – in ihr(e) Zimmer zu schicken.

Die Zeit des Mittagsschlafs ist für die doppelt eingespannte Zwillingsmutter eine dringend notwendige Erholungsphase. Stürzen Sie sich nicht gleich auf den Haushalt, das meiste können Sie doch auch erledigen, wenn Ihre Zwillinge wach sind. Tun Sie etwas für sich!

Der Rhythmus nachts

Das größte Problem der ersten Wochen ist das Schlafdefizit, das sich langsam bei allen Zwillingseltern einstellt. Zwillingsbabys müssen wie die meisten Säuglinge erst einmal lernen, dass nachts »Schlafenszeit« ist. Oft haben sie das bereits nach dem 4. Lebensmonat heraus, dann reicht das letzte Fläschchen um 22 Uhr bis 6 Uhr morgens.

Bei gestillten Zwillingen ist das eventuell etwas anders: gestillte Kinder kommen in der Regel öfter als Flaschenbabys und so bleiben Ihnen vielleicht auch die lästigen Nachtfütterungen noch lange nicht erspart. Doch wie viel problemloser ist es, ein Baby nachts an die Brust zu nehmen und ein paar Minuten später das zweite, als aufzustehen, Fläschchen zu machen und zu verfüttern. Besonders nachts ist es von Vorteil, wenn sich die Zwillinge im Abstand von wenigen Minuten melden und nicht alle zwei Stunden wieder ein Baby schreit.

Durchschlafen!

Mit etwa 3 bis 6 Monaten fangen die meisten Babys an durchzuschlafen, das heißt, etwa sechs Stunden am Stück zu schlafen. Doch auch hier gibt es keine festen Regeln. Manche Eltern haben Pech und stehen jahrelang jede Nacht mehrmals auf. Wir sind so ein Fall.

»Unsere Zwillinge schliefen von einer auf die andere Nacht durch, sie waren genau vier Monate alt. Constantin hat dieses Durchschlafen mehr oder weniger durchgehalten. Maximilian hielt es genau einen Monat durch. Dann schrie er pro Nacht drei- bis fünfmal ausdauernd, lautstark, nervenaufreibend.« (Marion v. G.)

Da beide Kinder ein gemeinsames Zimmer hatten, sprangen wir beim leisesten Pieps auf, um den Störenfried außer Hörweite zu rollen. Manchmal genügte ein Milchfläschchen, um Maximilian zu befriedigen. Komplizierter wurde es, als er wieder in den Schlaf geschaukelt werden wollte, da sein Bettchen mit Rädern ausgestattet war. So verbrachte ich manche Nacht auf dem Boden des Wohnzimmers, eine Hand am Gitterbett, immer bereit zum Hin- und Herrollen.

Kauftipp

Ratgeberbuch

Verzweifeln Sie nicht. In dem Buch *Jedes Kind kann schlafen lernen* wird ein richtiges Programm angeboten, mit dem man Kinder zum Ein- und Durchschlafen bringt. Vielen unserer Kundinnen und Kunden hat es schon wunderbare Dienste geleistet (siehe Bücher zum Weiterlesen auf Seite 261).

Diese nächtlichen Sitzungen nahm ich nicht mit Gleichmut hin. Im Gegenteil: Meine Wut auf das Kind, auf meine eigene Unfähigkeit, ihm das Schlafen beizubringen, steigerte sich von Nacht zu Nacht. Ich konnte mich nicht damit abfinden, dass es für mich keinen geregelten Schlaf mehr geben sollte. Schließlich – am Ende meiner, unserer Kraft – schlossen wir alle Türen, ließen Maximilian schreien, schliefen selbst trotzdem nicht und hatten ein schlechtes Gewissen. Maximilian konnte bis zu zwei Stunden lang brüllen. War sein wütendes Geschrei endlich verstummt, sorgten wir uns, dass er inzwischen vielleicht erstickt sein könnte oder vor lauter Anstrengung seine Stimme verloren hatte. Wir schlichen dann auf Zehenspitzen an sein Bettchen – schwupps, da kam sein müdes Köpfchen wieder hoch und das Geschrei ging weiter. 18 Jahre später nahm er an einer Schlafstudie des Max-Planck-Institutes teil, und siehe da, es wurden ihm hervorragende Tiefschlafeigenschaften bestätigt. Besser spät, als nie ...!

Irgendwann zwischen 8 und 10 Monaten begann auch Max ein paar Nächte durchzuschlafen. Ob es daran lag, dass ich ihn eine Zeitlang immer noch einmal geweckt hatte, wenn wir ins Bett gingen, um ihm dann noch einmal eine Flasche zu geben? Vielleicht lag es aber auch daran, dass ich mich mit den nächtlichen Unterbrechungen einfach besser abgefunden hatte und die schlaflosen Nächte entspannter sah? Auch unser drittes Kind wachte lange Zeit mehrmals nachts auf. Es liegt also nicht am Zwilling-Sein – nur bei Zwillingen ist das Problem doppelt lästig.

Einschlafen

Die Probleme des Durchschlafens wichen bei uns sehr bald den Problemen des Einschlafens: Nachdem wir unsere beiden Kinder ein gutes Jahr lang durch dezentes Licht, gedämpfte Stimmen und eine gute Flasche warmer Milch quasi in den Schlaf hinein »betäubt« hatten, änderte sich ihre Einschlafgewohnheit (und damit unser Ritual) schlagartig: Schreien der Kinder bis zur Erschöpfung, Drohungen (»Wenn du nicht ..., dann ...«) oder Verlockungen (»Mami legt sich zu dir, bis du eingeschlafen bist« und »Du darfst auch im großen Bett schlafen«). Wir probierten alles, und doch gab es jeden Abend Theater. Ab einem Alter von 3 Jahren gingen beide nach einer Geschichte, Schmusen und einem Schlaflied relativ problemlos ins Bett. Alle Probleme begleiteten uns nur phasenweise – jede schwierige Phase wurde von einer relativ entspannten abgelöst.

- Lassen Sie ein Orientierungslicht brennen. Unsere Kinder schliefen seitdem durch oder kamen wenigstens allein zu uns ins Bett gekrochen.
- Sagen Sie, dass Sie in 5 Minuten noch mal gucken kommen. Dieses Versprechen müssen Sie dann aber auch halten. Wiederholen Sie diese Prozedur mehrmals, bis die Kinder eingeschlafen sind.
- Gehen Sie nicht zu abrupt aus dem Zimmer – Licht aus, Tür zu. Lassen Sie die Tür einen Spalt offen, hantieren Sie noch ein wenig vor dem Zimmer herum, verfallen Sie nicht in einen Flüsterton, so dass die Kinder Sie noch eine Weile hören können.

- Führen Sie ein Einschlafritual ein, das Sie jeden Abend exakt wiederholen, das zur Not aber auch jemand anderes durchführen kann.
- Erzählen Sie eine einfache Geschichte mit nicht zu aufregendem Inhalt. Wenn die Geschichte Ihren Kindern gefällt, wiederholen Sie sie jeden Abend. Oder erzählen Sie eine Geschichte mit Fortsetzungen, auf die die Kinder schon gespannt sind.

Unruhige Nächte

Es gibt zwei Möglichkeiten, gestörte Nächte zu »normalisieren«: Entweder Sie versuchen den Rhythmus Ihrer Babys massiv zu beeinflussen, oder Sie finden sich mit Ihrer momentanen Situation ab.

- Oberstes Gebot: Finden Sie sich damit ab, dass Sie keinerlei Anspruch auf Nächte ohne Störung haben. Je gelassener Sie diese Tatsache sehen, desto leichter meistern Sie solche Phasen.
- Schauen Sie nicht immer gleich auf die Uhr, wenn sich nachts ein Baby meldet. Sie ärgern sich eher darüber, dass Sie wieder nur eine Stunde am Stück schlafen konnten, wenn Sie es an der genauen Uhrzeit ablesen. Dann fällt es Ihnen doppelt schwer, wieder zum Schlaf zurückzufinden.
- Glauben Sie nicht, dass Ihre Kinder nicht durchschlafen, weil Sie als Eltern versagt haben. Alle Mütter haben mir bestätigt, dass es nicht viel nützt, die Babys aufs Durchschlafen trimmen zu wollen. Eines Nachts geht es wie von selbst.

- Richten Sie sich alle in der Nacht benötigten Dinge vorsorglich her: heißes (abgekochtes) Wasser in der Thermoskanne, Fläschchen mit abgemessenem Milchpulver und Tee.
- Trennen Sie die Zwillinge nachts, wenn einer schon durchschläft, der andere aber noch nicht.
- Einige Eltern schwören darauf, nicht gleich beim ersten Pieps zu springen. Sie stellen ihre Kinder außer Hörweite, wenn es die Wohnsituation erlaubt. Ob Ihnen diese Methode zusagt, müssen Sie selbst entscheiden. Wenn sie schon Kinder haben, fällt Ihnen diese drastische Methode sicher leichter. Erfahrene Mütter wissen meist, ob das Geschrei berechtigt ist, ob dem Baby tatsächlich etwas fehlt oder ob es nach kurzem Weinen wieder einschläft.
- Wenn Sie sich am Ende Ihrer Kräfte fühlen, zögern Sie nicht, ein Kind auch mal eine Zeitlang quengeln zu lassen. Dies gilt natürlich nur, wenn Sie absolut sicher sind, dass dem Baby nichts außer etwas »Unterhaltung« fehlt – nachts um drei.
- Oft ist es günstiger, ein Baby eben doch beim kleinsten Pieps kurz zu beruhigen, denn hat es sich erst einmal »eingeschrien«, kriegen Sie nicht so schnell wieder Ruhe, vor allem wenn auch das Geschwisterchen aufwacht.
- Viele Eltern glauben, dass der erste dicke Brei das beste Mittel ist, ein Kind zum Durchschlafen zu bewegen. Doch der schöne dicke Brei kann auch wie ein Stein im Magen liegen.
- Ein turbulenter Tag macht Babys zwar kaputt, doch für ruhigen Schlaf sorgt viel Aufregung leider nicht. Ein regelmäßiger Tagesablauf lässt kleine Kinder besser schlafen, als wenn sie zu viele neue Eindrücke verarbeiten müssen.

»Weil wir auch einmal durchschlafen wollten, schliefen Jennifer und Jessica, jetzt zwei Jahre alt, von Samstag auf Sonntag bei meiner Mutter. Sie legte sie um 20.30 Uhr in getrennte Zimmer schlafen, und sie schliefen ohne einen Muckser durch bis 8.30 Uhr, bis meine Mutter sie weckte. Voller Optimismus freute ich mich auf die kommende Nacht. Doch alles war wieder beim Alten – sie brüllen nachts so lange, bis ich ihnen den Schnuller wieder in den Mund stecke und dies circa zwei- bis sechsmal pro Nacht. In diesen Momenten werde ich so wütend und zweifle an mir selbst.«
(Michaela W.)

Im Elternbett ist's am schönsten

Kleine Kinder träumen oft schlecht und fürchten sich in der Nacht, dann möchten sie gerne bei Mami und Papi unter die Decke kriechen. Das ist bei Zwillingen genauso wie bei Einzelkindern. Nur: Zwillinge machen diese Phase oft gleichzeitig durch, und dann wird's eng. Viele Eltern möchten nicht nur aus diesem Grund ihr Bett für sich haben und fürchten außerdem, dass sie die Kinder, einmal ins Ehebett gelassen, nie wieder herauskriegen. Doch diese Sorge ist wirklich unbegründet – viel zu schnell werden aus den »Kleinen« die »Großen«, die lieber im eigenen Bett schlafen möchten.

- Akzeptieren Sie so gut es geht, dass die Zwillinge auch nachts Ihre Nähe brauchen. Zwingen Sie sie nicht, im eigenen Bett zu schlafen.
- Machen Sie sich's zu viert bequem. Besorgen Sie sich notfalls ein anderes Bett, oder legen Sie eine dritte Matratze dazu.
- Schlafen Sie jeweils unter einer eigenen Decke. Das geht besser als mit einem unruhigen Zappelphilipp unter einer gemeinsamen Decke. Ziehen Sie dem unruhigen Schläfer einen Schlafsack an.
- Wenn Sie genug Platz haben, können Sie auch die Gitterbetten direkt neben Ihr großes Bett stellen.
- Gekicher und Gealber oder Kletterpartien über müde Eltern brauchen Sie nicht hinzunehmen. Wer nicht still liegt, kriegt Bettverbot.

Lesetipp

Kinder im Elternbett

Nie werden sie uns jemals wieder so nahe sein wie jetzt. Und das hat nicht nur negative Seiten, sondern ist ganz einfach schön! Wenn Sie sich diesen Gedanken vor Augen halten, kann es Sie doch nicht ernsthaft schrecken, dass Sie Ihr Ehebett mit den Kleinen teilen müssen … oder?!

- Wenn Ihre Kinder im eigenen Bett einschlafen und mitten in der Nacht zu Ihnen ins Bett kriechen möchten, geben Sie ihnen die Möglichkeit, allein aus dem Kinderbett aussteigen zu können.
- Wenn Sie oder Ihr Mann absolut nicht mit einem Kind im Bett schlafen können, überlegen Sie, wer von Ihnen auswandert, wenn das nächtli-

che Schreikonzert losgeht. Vielleicht können Sie in weiser Voraussicht schon ein zweites Matratzenlager vorbereiten.

- Wenn Sie ganz und gar verzweifelt sind über diese schrecklichen Schlafgewohnheiten Ihrer Zwillinge, denken Sie immer daran: Es sind nur Phasen, die auch einmal vorübergehen.
- Wenn Sie das Gefühl haben, nun sei es aber an der Zeit, dass die Kinder im eigenen Bett schlafen, helfen Sie ein wenig nach. Vielleicht genügt es ja, wenn Sie die Gitterstäbe an den Betten entfernen und dort, wo das nicht geht, wenigstens ein paar Stäbe herausnehmen, so dass das Kind ohne fremde Hilfe aussteigen kann. Dann argumentieren Sie mit dem »schon großen Kind«, das doch jetzt schon allein ins Bett steigen und auch wieder allein rausklettern kann. Und: »Große Kinder schlafen in ihrem eigenen Bett«.

Getrennte Zimmer für die Zwillinge?

Wenn Sie Platz genug haben, werden Sie sich vielleicht überlegen, ob es nicht sinnvoll ist, jedem Kind von Anfang an ein eigenes Zimmer einzurichten. Sie stellen sich vor, dass ein Kind das andere stets durch sein Weinen wecken könnte. Zwillinge haben Monate zusammen im Mutterleib verbracht, warum sie also nach der Geburt trennen? Viele Mütter haben sogar sehr gute Erfahrungen gemacht, ihre Zwillinge in den ersten Wochen oder Monaten zusammen in ein Bettchen zu legen. Die Babys schliefen auf diese Weise sogar ruhiger, weil sie die vertraute Nähe des anderen spürten. Hinzu kommt, dass die sehr kleinen Babys gar nicht unbedingt durch laute Geräusche wie das Schreien des anderen aufwachen. Dieses gegenseitige Wecken wird erst später zum Problem.

»Andreas und Michael schliefen schon als Kleinkinder zusammen. Auch jetzt, mit sechs Jahren, suchen sie sich und kuscheln gern. Ihre Betten stehen im Zimmer nebeneinander und trotzdem liegen beide in einem Bett.« (Ralf R.)

Getrennte Zimmer sind im Grunde sogar unpraktisch. Sie müssen stets hin- und herlaufen, um Ihre Babys zu versorgen. Getrennte Zimmer werden frühestens ab dem Schulalter interessant, oder sogar erst in der Pubertät. Für die Persönlichkeitsentwicklung ist ein eigener Bereich mit eigenen Verantwortlichkeiten schon sehr wichtig.

Körperpflege

Windeln

Viele Zwillingseltern entscheiden sich für fertige Höschenwindeln. Die Vorteile liegen auf der Hand: Die Babys sind mit ein paar Handgriffen gewickelt, und der Wäscheberg wird nicht größer, als er ohnehin schon ist. Die meisten Höschenwindeln haben eine gute Passform, schließen an den Bündchen eng ab und laufen deshalb seltener aus als irgendwelche Stoff-T-Folie-Windelpakete. Die Kinder liegen darin wesentlich trockener, das heißt, man muss sie nicht so oft wickeln. Pro Tag reichen anfangs etwa sechs Windeln, später genügt es oft, die Kinder viermal pro Tag (24 Stunden) frisch zu machen.

Bei Stoffwindeln brauchen Sie nach meiner Erfahrung pro Tag und Kind zwei bis drei Windeln mehr. Wenn Sie nachts sogar zwei Windeln in das Höschen geben, kommen noch einmal zwei zusätzliche Windeln zum täglichen Wäscheberg. Alles in allem brauchen Sie also täglich bis zu acht Windeln mehr, das ist schon eine Viertelfüllung Waschmaschine. Der gewichtigste Vorteil von fertigen Höschenwindeln ist denn auch die Tatsache, dass sie nicht gewaschen werden müssen. Sie haben dadurch effektiv weniger Arbeit. Andererseits stellen fertige Höschenwindeln einen enormen Kostenfaktor im Budget einer Zwillingsfamilie dar. Auch wenn Sie konsequent Sonderangebote nutzen oder nur markenlose Windeln kaufen, geben Sie während des Windelalters Unsummen für trockene Babypopos aus.

Inzwischen hat man auch festgestellt, dass mit Höschenwindeln gewickelte Babys im Durchschnitt viel später »sauber« werden als die überwiegend mit Stoffwindeln gewickelten Babys von früher. Zum Teil mag das daran liegen, dass man die Kinder heute nicht mehr so früh (sprich: zu früh) auf Sauberkeit drillt, zum Teil resultiert das verlängerte Windelalter sicher auch aus der Tatsache, dass Babys in fertigen Höschenwindeln trockener liegen (sitzen, stehen), die Nässe nicht so auffällt und daher nicht als unangenehm empfunden wird. Ein weiterer Nachteil, den die Höschenwindeln angeblich mit sich bringen: Babys mit empfindlicher Haut werden leichter wund, und ist der Popo einmal entzündet, heilt er in der relativ luftdicht abgeschlossenen Fertigwindel nur schlecht.

Ein letzter Vorteil der Fertigwindeln: Sie lassen sich viel schneller anlegen, was vor allem bei sehr zappligen Kindern von Vorteil ist. Und manche Kinder möchten sich schließlich gar nicht mehr im Liegen wickeln lassen – einen Windelwechsel im Stehen kriegen Sie mit Höschenwindeln viel besser hin als mit Stoff. So können Sie auch ruck, zuck mitten in der Stadt für Außenstehende kaum sichtbar Ihre Babys frisch machen. Neuerdings gibt es auch so genannte Trainings-Windel-Höschen, eigentlich Windeln, aber wie Höschen geschnitten, die man den Kindern für die Übergangszeit anlegen kann.

Lesetipp

Das beste aller Sauber- und Trockenwerde-Bücher gibt es nicht mehr, doch auch der Titel aus dem Oberstebrink-Verlag (siehe Anhang) ist ein gutes Buch, um dieses Thema zu vertiefen.

Praxistipp

Windelservice

Inzwischen gibt es auch hierzulande Windelservice-Firmen nach amerikanischem Vorbild. Sie bringen frische (Stoff-)Windeln und holen gebrauchte ab. Der Service ist nicht viel teurer als der Kauf von Einmal-Höschenwindeln.

Auch eine alternative Methode soll hier nicht unerwähnt bleiben: die Kombination Mullwindeln mit gestricktem Windelhöschen aus Schafwolle. Vor allem bei Kindern mit empfindlicher Haut haben Eltern mit dieser Wickeltechnik gute Erfahrungen gemacht. Besonders gute Passform haben Windeln mit Bändchen zum Zubinden. Für uns bewährte sich bei unserem dritten Kind eine Kombination aus Stoffwindeln tagsüber und saugstarken Höschenwindeln nachts. (So musste das Kind nachts nicht gewickelt werden!)

Praxistipps

Wickeltechniken

Wer Zwillinge hat, wünscht sich in vielen Situationen vier oder besser sechs Hände. So ist das auch beim Wickeln. Wie kann man es sich leichter machen?

- Manche Mütter schwören auf einen überbreiten Wickeltisch. Wenn Sie Hilfe haben, kann die zweite Person das andere Kind trockenlegen, während Sie sich um ein Baby kümmern.
- Solange die Babys noch sehr klein sind und sich noch nicht allzu heftig bewegen oder gar herumrollen, können Sie sie, auch wenn Sie allein sind, nebeneinander legen und haben so beide »unter Kontrolle«. Sicherer ist es allerdings in solchen Fällen, das Wickeln auf eine Matratze am Boden zu verlegen.
- Auch wenn eine zweite Person als Hilfe da ist, brauchen Sie keinen doppelt breiten Wickeltisch. Eine/r kann ein Baby auf einer Matratze oder Wickeltischauflage am Boden wickeln, die/der andere macht das Geschwisterchen auf dem Wickeltisch fertig.
- Wenn Ihre Kinder beim Windelwechsel gar nicht mehr liegen bleiben wollen, legen Sie ihnen schnell einmal eine Windel im Stehen um.
- Auf den Wickeltisch sollten Sie unbedingt eine Plastikauflage legen. Vor allem am Anfang genügt es nicht, eine Wickelunterlage mit waschbarem Stoffbezug zu benutzen, denn kleine Babys »pieseln« oft und gern, wenn sie einen Moment »unten ohne« liegen.
- Mobiles überm Wickeltisch lenken ungeduldige Babys vom eigentlichen Geschehen ab.
- Mit einem Heizlüfter können Sie den Wickelplatz im Nu angenehm warm machen.

Noch wirkungsvoller ist die Wickelmethode mit Stoffhöschenwindeln (z. B. Kooshies, Popolino, Delfino u. a.). Die Windeln sind in Hosenform, da muss kein Band gebunden, nichts gewickelt und nichts geschnürt werden. Die Erstanschaffung ist sicher teuer, doch unterm Strich – also am Ende des Windelalters – ist diese Methode billiger als Wegwerfwindeln.

Die Arbeit hält sich auch in Grenzen, sieht man einmal davon ab, dass die Höschenwindeln gewaschen werden müssen.

Pflegepräparate

Zur Arbeitserleichterung sollten Sie beim Wickeln alle benötigten Pflegepräparate in Reichweite aufbewahren. Gleichzeitig ist es auch sicherer, alles griffbereit zu haben, denn Sie sollten die Babys nie allein auf dem Wickeltisch liegen lassen. Vielleicht denken Sie, das ist doch selbstverständlich, doch warten Sie's ab, mit Zwillingen gerät die umsichtigste Mutter manchmal aus der Fassung. Sie können die Präparate in einem Regal am Wickeltisch aufbewahren, ein Wandbehang mit entsprechenden Fächern (die nicht zu tief sein sollten) eignet sich ebenso. Wenn auf dem Wickeltisch selbst genug Platz ist, können sie auch dort Creme, Öl und Papiertücher unterbringen. Doch Vorsicht: Alles muss außer Reichweite der Babys bleiben.

Wickelzubehör

Wenn Sie Ihre Kinder in verschiedenen Zimmern wickeln, empfiehlt es sich, in diesen Räumen auch jeweils etwas Wickelzubehör aufzubewahren. Die wichtigsten Pflegepräparate können Sie aber auch auf einem Teewagen bereitstellen (oder einem Wagen mit mehreren Korbetagen), den Sie überallhin mitnehmen können.

Bei Wickelzubehör wie Öl und Papiertüchern können Sie Zeit oder Geld sparen, je nachdem, was Ihnen wichtiger erscheint. Sie können die praktischen Öltücher kaufen, die relativ teuer sind, oder mit Babyöl getränkte Watte benutzen. Das ist etwas umständlicher, kostet aber nicht so viel. Statt (teurer) Papiertücher können Sie beim Popo-Saubermachen auch Toilettenpapier (billiger, aber umständlicher) benutzen.

Und noch etwas sollten Sie unbedingt in der Nähe des Wickeltisches aufbewahren: Klebeband oder Leukoplast. Denn die wiederverschließbaren Klebebänder an den fertigen Höschenwindeln sind eben auch nur begrenzt wiederverschließbar. Und eigentlich sind diese Windeln zu teuer, um sie trocken wegzuwerfen, nur weil Sie sie nicht mehr zukleben können.

Sauber werden

Eigentlich ist die Erziehung zur Sauberkeit kein spezielles Zwillingsproblem, denn den Windeln entwachsen schließlich alle Kinder früher oder später. Und doch ist das Sauberwerden gerade für Zwillinge ein besonderes Thema, wenn Sie zum Beispiel an die enormen Summen denken, die Sie für Windeln ausgeben.

Nutzen Sie den warmen Sommer aus. Lassen Sie Ihre Zwillinge viel »unten ohne« (auch in der Wohnung) herumlaufen. Dagmar D. band ihren Jungs Lätzchen um, also eine Art Lendenschurz. So »pieselten« sie sich wenigstens nicht gegenseitig an. Ziehen Sie in der Phase des Sauberwerdens einfache Hosen mit Gummizug und ohne Latz an. Denn die Kinder müssen meist wirklich sofort, wenn sie Alarm geben. Kurze Frotteehöschen, lange Jogginghosen sind schnell heruntergerissen, wenn es losgeht. Neuerdings gibt es Trainingshöschen oder Trainingswindeln, die können (dank Gummizug) schnell runtergezogen werden und nehmen es nicht übel, wenn etwas daneben geht.

Natürlich sollten Sie nicht schimpfen, wenn es mal daneben geht. Zwingen Sie Ihre Kinder nicht, und wenn es auf Anhieb nicht klappt, ziehen Sie doch noch einmal Windeln an und probieren es ein paar Tage oder Wochen später noch einmal. Lassen Sie Ihre Zwillinge zugucken, wie »große Leute« auf die Toilette gehen. Auch von älteren Geschwistern oder Spielkameraden lernen Kleine gern. Ich habe festgestellt, dass sich Zwillinge, wie so oft, auch in diesem Punkt gegenseitig anspornen. Allerdings sollten Sie das auch nicht ausnutzen und stets das (saubere) Kind als leuchtendes Beispiel hinstellen. Damit können Sie eher das Gegenteil des gewünschten Effektes erreichen.

Eine Zwillingsmutter stellte fest, dass eines ihrer Mädchen früher auf Windeln verzichten konnte als das andere. Es sind ja auch zwei verschiedene (wenn auch vielleicht sehr ähnliche) Kinder, deren Entwicklung nicht zwangsläufig parallel verlaufen muss. Diese Mutter zog aus Bequemlichkeit weiterhin beiden Mädchen Windeln an. Als dann auch das zweite Kind bereit war, auf Windeln zu verzichten, hatte die Mutter ihre liebe Not mit der Tochter, die schon seit längerer Zeit auf den Topf gehen

Zu zweit macht das Baden noch mehr Spaß – Julian und Fabian »in einem Aufwasch«.

wollte. Sie hatte sich nun doch wieder an Windeln gewöhnt und war nur sehr schwer aufs Töpfchen zu kriegen. Wenn Sie also feststellen, dass eines Ihrer Kinder früher sauber ist als das andere, blockieren Sie diese Entwicklung nicht.

Das Baden

Viele Zwillingseltern setzen sich unnötigem Stress aus, weil sie glauben, ihre Babys müssten jeden Tag oder mindestens jeden zweiten gebadet werden. Doch so schmutzig machen sie sich meist nicht, und den Windelbereich kann man schnell einmal mit einem Waschlappen und Seife reinigen. Oft genügt auch ein schnelles »Sitzbad« im Waschbecken, wenn der Popo sehr verschmiert ist. So erleichtern Sie sich die Badeprozedur:

- Verzichten Sie auf das tägliche Bad. Alle 3 Tage genügt vollends.
- Baden Sie beide nacheinander im gleichen Wasser, das ist nicht unhygienischer als beide zusammen in der großen Wanne.
- Baden Sie Ihre Zwillinge überhaupt nur, wenn Sie Hilfe haben.
- Wenn Ihnen niemand beim Baden helfen kann, nehmen Sie sich täglich nur ein Kind vor, abwechselnd mal den einen, mal den anderen Zwilling.
- Wenn Ihre Kinder schon in der großen Wanne baden können, legen Sie auf jeden Fall eine große Badematte (mit Saugnäpfen) hinein, damit die Kleinen nicht so leicht ausrutschen.
- Polstern Sie die Wasserhähne mit Schaumgummi oder einem Handtuch ab.
- Sie sollten immer dabei bleiben, denn beim Streit ums Wasserspielzeug schubst schnell einmal ein Kind das andere.

Doppelte Buchführung

Auf einem Spaziergang erzählte mir einmal eine Dame, sie kenne eine Zwillingsmutter, die ihre Kinder öfter einmal so verwechselte, dass sie ein Baby zweimal hintereinander fütterte und das andere hungrig bleiben musste. Diese Zwillingsmutter konnte sich nicht erklären, warum das vermeintlich satte Baby so schrie. Ich hätte nie geglaubt, dass es so etwas tatsächlich gibt. Doch Karin K., die an meiner Fragebogenaktion teilnahm, bestätigte mir dies, obwohl ihre Zwillinge nicht eineiig sind. Sie gab einem Kind zweimal von einer Medizin, die eigentlich beide bekommen sollten.

Das hätte mir nicht passieren können, da Maximilian und Constantin so verschieden sind, dass sie nicht einmal eine gewisse »Familienähnlichkeit« aufweisen. Trotzdem hatten wir in den ersten Monaten eine Art »doppelter Buchführung«: Wir legten eine Tabelle an, in der wir notierten, welches Gewicht unsere Kinder erreicht hatten und ob sie ein großes Geschäft in die Windel gemacht hatten oder nicht. Wer genau Buch führen möchte, kann sich eine Pinnwand (Magnettafel) basteln, auf der Daten wie getrunkene Milchmenge (Gewichtszunahme), Trinkverhalten (müde, gierig, normal) oder Badetage eingetragen werden. Braucht ein Baby oder brauchen beide Medikamente, dann können Sie auch aufschreiben, wer schon Medizin bekommen hat und behalten so besser die Übersicht.

- Lassen Sie sicherheitshalber nur wenige Zentimeter Wasser ein.
- Stellen Sie in die große Wanne zwei (Gitter-)Plastikwäschekörbe. In jeden Korb setzen Sie ein Kind, so können sich die Kleinen am Rand des Korbes gut festhalten und kippen nicht so leicht um. Sie können dann bequem beide nacheinander waschen.
- Legen Sie ein schwach aufgeblasenes Planschbecken in Ihre große Wanne. Dort lassen Sie das Badewasser ein. Damit haben Sie zwei Vorteile: die Kinder fallen weich, wenn sie umkippen, und Sie brauchen weniger Wasser, um die verkleinerte Wanne »voll« zu kriegen.
- Benutzen Sie Babybadesitze, die es zu kaufen gibt.

Wenn Schlafen nicht mehr angesagt ist

Sie küssten und sie schlugen sich …

Als ich schwanger war, hörte ich immer wieder, wie praktisch es doch sei, gleich zwei Kinder auf einmal zu haben. Und die würden dann ja auch so schön zusammen spielen … Bloß ab wann? Maximilian und Constantin waren etwa 5 Monate alt, als sie sich »entdeckten«. Und als sie anfingen zu krabbeln, ging der Streit los. Sie schlugen sich, rissen sich gegenseitig büschelweise die Haare aus, verbissen sich regelrecht ineinander. Oft nutzte es nicht einmal, dass wir nahezu alles Spielzeug doppelt besaßen. Erst mit etwa 18 Monaten fingen sie an, zusammen zu spielen. Bis zum Alter von 3 Jahren überwog dabei der Streit.

Vielleicht gehen Ihre Zwillinge zärtlicher miteinander um? Von anderen Müttern weiß ich, dass es das gibt. Doch habe ich auch immer wieder bestätigt gefunden, dass Streit unter gleichaltrigen Geschwistern an der Tagesordnung ist. Je nach Temperament der Beteiligten heftiger oder weniger heftig. Es fehlt ganz einfach an der natürlichen Hierarchie, die bei anderen Geschwistern durch Altersunterschiede vorgegeben ist. Auf jeden Fall aber brauchen Ihre Zwillinge ebenso wie Einzelkinder Anregungen beim Spielen. Wenn es noch keine älteren Geschwister gibt, dann müssen Sie sich Zeit zum Spielen nehmen.

Und wie beschäftigt man Zwillinge tagsüber?

Wenn schon ganz kleine Babys tagsüber nur noch wenig schlafen, muss man sich etwas einfallen lassen, um sie bei Laune zu halten. Ist das ein Problem? Ja, vor allem für Mütter, die nicht so gern den ganzen Tag mit ihren Kindern spielen. Und für Mütter, die nicht mit »braven« Zwillingen gesegnet sind, die schon im Alter von wenigen Monaten beginnen, sich Spielzeug zuzuschieben und miteinander zu erzählen und zu lachen.

Bei uns, wie auch bei manch anderen Zwillingseltern, war es ein Problem. Maximilian und Constantin waren etwa 4 Monate alt, als ihnen bloßes Daliegen und Gucken nicht mehr genügte. Sie konnten in diesem Alter noch kein Spielzeug selbst halten, und ich hatte nicht die geringste Lust, ständig mit einer Rassel herumzuklappern. Also spannte ich eine Schnur quer über die Betten hinweg durch das Kinderzimmer und hängte zwei Holzkugelmobiles daran auf. Bei ihren aufgeregten Armbewegun-

Empfehlung

Ins Freie gehen

Wenn gar nichts mehr hilft und Ihre Kinder im Haus oder in der Wohnung unleidlich sind und nichts mehr mit sich anzufangen wissen, gibt es nur eins: raus, raus, raus. Wir stellten immer wieder fest, wie problemlos gemeinsame Aufenthalte im Freien sind. Vor allem, wenn man in Bewegung bliebt, etwa beim Spazierengehen, kommt es kaum zum Streit unter den Zwillingen.

Mit einer »Buddelhose« ausgerüstet, können Hannah und Chiara auch im nassen Sand spielen.

gen stießen die Zwillinge immer wieder an die Holzkugeln, die sich daraufhin bewegten und klapperten. Das gefiel ihnen sehr, und sie beschäftigten sich oft eine halbe Stunde und länger mit diesen Mobiles, die ich zur Schlafenszeit einfach zur Seite schieben konnte. Besonders praktisch daran war auch, dass sich die Holzkugeln mit viel Geklapper in Bewegung setzten, wenn der Bruder daran zog.

Allerdings ließ ich die Kinder nicht aus den Augen, denn ich hatte immer die Befürchtung, die Holzmobiles könnten sich lösen und die Babys würden sich dann die Schnur um den Hals wickeln. Außerdem war ich mir nie sicher, ob die Kugeln fest genug saßen. Ich kontrollierte stets, ob keines der Kinder eine Kugel verschluckt hatte. Vor allem, wenn es besonders still im Kinderzimmer war, sah ich lieber einmal nach. Größere Zwillinge verhalten sich immer mucksmäuschenstill, wenn sie etwas anstellen.

Die meisten Zwillingsmütter legen ihre munter gewordenen Kinder einfach auf eine Decke auf den Boden und verteilen Spielzeug drumherum.

Wenn das den Babys zu langweilig wird, kann man das Badewannengestell (fürs Zimmer) über den Zwillingen aufstellen und Spielzeug dranhängen. Für kleinere Babys ist auch dieser Tipp ideal: Man binde leichte Wattebälle oder Federn an eine Zimmerpflanze (zum Beispiel an einen »Benjamin« oder eine Zimmerlinde) und lege die Babys auf eine Decke unter diesen Baum. Ein leichter Luftzug genügt, um die bunten Anhängsel in Bewegung zu versetzen und die Zwillinge zum Staunen zu bringen. Manche Kinder sitzen lieber etwas aufrecht in der Babywippe. So bekommen sie mehr von ihrer Umwelt mit und werden auch nicht so schnell von älteren Geschwistern »überlaufen«.

Ältere Zwillinge (ab 18 Monaten) kann man prima eine Zeitlang beschäftigen, wenn man sie an einem Waschbecken – etwa in der Küche – spielen lässt. Man stelle sie auf rutschfeste Stühle, binde ihnen große Plastiklätzchen um und krempele die Ärmel hoch. Spülbürsten (zwei!) und jede Menge Plastikgeschirr (leere Joghurtbecher) halten die Zwillinge eine erstaunlich lange Zeit am Wasserhahn fest. Auch mit Knete aus Salzteig lassen sich schon kleine Kinder gut beschäftigen. Und Tobespiele aller Art machen sowieso Spaß. Wenn Sie ein paar Matratzen haben, können Sie eine ganze Polsterlandschaft zusammenstellen, die Ihre Zwillinge wiederum eine Weile beschäftigen wird.

Quengelige, nervige Kinder

An manchen Tagen kommt es Zwillingsmüttern vor, als kämen sie überhaupt nicht mehr mit ihren Kindern zurecht. Dieses ständige Geschrei, von morgens früh bis abends spät, hat schon so manche Mutter zur Verzweiflung gebracht, vor allem, wenn sie selbst, aus welchem Grund auch immer, etwas gereizt ist.

»Ich hatte den Eindruck, es wurde bei uns den ganzen Tag nur gebrüllt und geheult. Ein schönes, friedliches Spielen mit den Kindern, selbst wenn ich dabeisaß, war nicht möglich. Oft genug brüllte ich die beiden auch an, weil meine Nerven wieder einmal frei lagen.« (Carola S.)

Als allerbestes Mittel hat sich bei uns in solchen Situationen immer ein Spaziergang, ein Spielplatzaufenthalt oder ein Ortswechsel überhaupt erwiesen. Auch den Kleinen schlägt etwa schlechtes Wetter aufs Gemüt, und so sind wir oft auch im Regen ein paar Stunden unterwegs gewesen, um die allgemeine Laune zu heben.

Wenn Sie selbst lieber gemütlich zu Hause stricken würden, nehmen Sie Ihr Strickzeug doch einfach mit, wenn Sie sich zu einem trüben Novemberspaziergang aufmachen. Ich stellte mich bei solchen Gelegenheiten an den Rand einer Wiese und strickte, allerdings keine allzu komplizierten Muster. Die Kinder vergnügten sich mitten auf dieser Wiese, jeder Stein, jeder Stock oder jedes Blatt kann ja im Alter von ein bis drei Jahren interessant sein. Ich habe auch schon Zeitungen oder Bücher auf solche Verzweiflungsspaziergänge mitgenommen. Ein wachsames Auge auf die Kleinen und eines im Buch, das geht prima, und alle haben etwas davon.

Wenn ein Spaziergang nicht in Frage kommt, etwa weil Sie befürchten, eins der Kinder oder beide brüten wieder einmal eine Krankheit aus, dann stellen Sie Ihre eigenen Pläne lieber einmal ein paar Stunden zurück. Versuchen Sie nicht mit Macht, Ihre Interessen durchzusetzen. Denn nichts ist frustrierender als schöne Pläne, die von quengeligen Kindern durchkreuzt werden.

Die Ausstattung

Bei Zwillingen lohnt es sich, jede Anschaffung doppelt gut zu überlegen. Als obersten Grundsatz sollten Sie dabei gelten lassen: Gut ist, was praktisch und robust ist, und notwendig ist alles, was Ihnen das Leben mit Zwillingen leichter macht. Wenn die Ausrüstungsgegenstände darüber hinaus auch noch preisgünstig sind, um so besser. Denn Sie brauchen das meiste in doppelter Ausführung. Doch Vorsicht vor allzu billigen Anschaffungen: Sie taugen oft nicht viel, gehen schnell zu Bruch oder bergen zahlreiche Verletzungsgefahren. Vor allem beim Kinderwagen lohnt es sich, nicht zu sparen. Als Händler von Kinderwagen haben wir die Erfahrung gemacht, dass es sich wirklich lohnt, hier etwas mehr zu investieren. Wenn Sie den Wagen nach Gebrauch noch verkaufen möchten, sehen Sie die Ausgabe doch einfach als eine Art »Leihgebühr«.

Schlafgelegenheiten

Stubenwagen oder Wiegen sollten Sie aus finanziellen Erwägungen nicht anschaffen, denn sie werden schon bald zu eng. Sinn machen sie nur, wenn sie als Familienerbstücke geliehen werden können. Dann ist jede zusätzliche Schlafgelegenheit in der Wohnung nützlich (man kann die Kinder zum Schlafen leichter einmal trennen).

Hängewiegen (Lullababys) haben sich bei manchen Eltern als besonders praktisch für Zwillinge erwiesen. Lullababy besteht aus einem Netz aus reißfestem Nylon, einer Spezialzugfeder mit einer integrierten Sicherheitskordel, die die Überdehnung der Feder verhindert. Mit einem Karabinerhaken wird diese Konstruktion in einen Deckenhaken eingeklinkt. Der Deckenhaken kann in Beton-, Holzbalken- und Holzdecken angebracht werden. In dieses Netz wird einfach eine Tragetasche (Höhe mindestens 20 Zentimeter) gestellt. Das ist dann ein beruhigend schaukelndes Bettchen fürs Baby. Das Lullababy kann nur noch direkt beim Hersteller bezogen werden. Sicherlich ist es möglich, sich einfachere Wiegesysteme selbst auszudenken und so auch die hohen Anschaffungskosten zu sparen.

»Die Erfindung dieser Wiegeform finde ich genial. So wird das Baby nicht nur hin- und hergeschaukelt wie in einer herkömmlichen Holzwiege, sondern es erhält auch leichte horizontale Bewegungen. Ich kann mir vorstellen, dass die Bewegungsempfindungen und -erfahrungen im Mutterleib sehr ähnlich sind. Aus diesem Grund halte ich die Lullababys in besonderem Maße für Frühchen für unverzichtbar.« (Elisabeth K.)

Gitterbettchen gibt es in den Standardgrößen 60 x 120 Zentimeter und 70 x 140 Zentimeter. Für Zwillinge lohnt es sich vielleicht, von vornherein die größeren Bettchen zu kaufen. Zwar wirken die ganz Kleinen sehr verloren auf der großen Fläche, doch diese Betten haben den Vorteil, dass sie bis ins Schulalter reichen. Anfangs können Sie Ihre Zwillinge beide quer und nebeneinander in so ein Bett legen, über das sich auch ein Himmel (quer) spannen lässt. Die Gitter der großen Betten lassen sich entfernen und so wird aus dem Babybett ein ganz normales Kinderbett. Möglicherweise reicht Ihnen in der ersten Zeit auch ein großes Bett. Doch etwa

Schlafzubehör

Für den Anfang reicht es völlig, wenn Sie Ihre alten Laken auf die richtige Größe zurechtschneiden und die Ränder umnähen. Als Bettwäsche können Sie zunächst ganz normale Kopfkissenbezüge verwenden (80 x 80 Zentimeter). Zum Zudecken brauchen Babys nämlich nur ein schwach gefülltes Kissen, das Sie später als Kopfkissen verwenden können. Darunter kann man noch eine leichte Wolldecke legen.

Ein eigenes Kopfkissen brauchen Ihre Zwillinge noch lange nicht. Als Unterlage für das Köpfchen reicht eine Stoffwindel, ein Moltontuch oder ein weiches Handtuch. Später, wenn sie eine größere Zudecke benötigen (etwa mit 1½ bis 2 Jahren) sollten Sie eventuell eine Decke aus synthetischem Material kaufen, die Sie in die Waschmaschine stecken können. In diesem Alter und auch noch später geht öfter einmal etwas daneben, und eine Daunendecke muss stets gereinigt werden. Schlafsäcke sind vor allem in den ersten zwei Jahren ein praktisches Zubehör für die Nacht, denn die Kinder liegen darin stets gut verpackt.

zwischen dem 3. und 6. Lebensmonat kommen Sie um ein zweites Bett nicht herum. Die Kinder fangen dann an, sich gegenseitig zu stören.

Auf jeden Fall sollte mindestens eines der Betten Räder haben, damit Sie ganz schnell einmal einen Störenfried außer Hörweite rollen können. Achten Sie drauf, dass dieses Bett auch von der Breite her durch Ihre Wohnungstüren passt. Rollen (aus jedem Baumarkt) können auch nachträglich befestigt werden. Diese Rollen sollten sich arretieren lassen, damit das Bett auch wirklich steht, wenn es an seinem Platz ist.

Zum Einschlafen ist das Hin- und Herrollen des Bettes ebenfalls eine gute Therapie. Oft genügen schon zehn Minuten, beim vorher beschriebenen Lullababy dauert es nur fünf, bis ein Baby in den Schlaf gewiegt ist, und man braucht dazu weniger Muskelkraft. Das Gitterbett auf Rädern bot uns noch einen weiteren Vorteil: War eines unserer Kinder krank, so wurde Maxis Bett zur rollenden Krankenstation, die auch einmal in der Küche stehen konnte. Für Übernachtungen außer Haus besorgten wir uns zusammenklappbare Stoff-Reisebetten. Mittlerweile gibt es auch Reisebetten, die sich in einer Tasche verstauen lassen und relativ wenig Platz wegnehmen.

Alles zum Saugen

Flaschen: Für Einzelkinder wird empfohlen, etwa fünf bis sechs Flaschen anzuschaffen. Mir haben für meine Zwillinge auch sechs Stück gereicht, allerdings musste ich die Flaschen mehrmals am Tag auskochen, was Extra-Arbeit bedeutete. Manche Zwillingsmütter schwören deshalb auf mindestens zehn Flaschen.

Thermosflaschen: Es gibt auch Thermosflaschen, auf die sich gleich ein Sauger aufschrauben lässt. Doch mit dem Warmhalten von Milch ist es so eine Sache – die Milch wird schnell sauer. Andere Zwillingseltern haben aber im Gegensatz zu mir gute Erfahrungen mit Thermosflaschen gemacht. Wenn sie die Milch heiß einfüllten, blieb sie bis zu 4 Stunden lang warm. In Styroporflaschenbehältern wird sie schneller kalt.

Sauger: Hier müssen Sie experimentieren, um herauszufinden, welche Sorte von Ihren Kindern bevorzugt wird. Unsere Zwillinge lehnten kiefergerecht geformte Sauger ab. Stets waren auch die Löcher in den anderen, akzeptierten Saugern ein Problem. Am besten ließen sich die Löcher mit einer glühenden Nadelspitze erweitern. Zwar wurden die Sauger dadurch recht unansehnlich, nämlich rußig-schwarz, doch das half noch allemal besser als die stumpfen (relativ teuren) Saugerlocher. Heute sind noch mehr Saugerarten auf dem Markt. Es hilft nur eines: durchprobieren.

Schnuller: Hier kommt es ebenfalls darauf an, ob Ihre Zwillinge die eine oder andere Form bevorzugen. Manche mögen allerdings auch gar keinen Schnuller. Constantin war anfangs zu klein, um einen »großen« Schnuller im Mund zu behalten. Also gab ich ihm einfach einen Flaschensauger, den ich mit etwas Küchenpapier (Vorsicht vor Verschlucken) gestopft hatte. So saugte er durch das Loch nicht zu viel Luft ein. Es gibt aber auch besonders kleine Schnuller für Neugeborene.

Decken Sie sich nicht schon lange vor der Geburt mit einer Batterie von Flaschen und Saugern ein. Zum Ausprobieren reicht ja erst einmal pro Baby eine Flasche und ein Sauger. Wenn Ihre Zwillinge nach einem langen Klinikaufenthalt endlich zu Hause Einzug halten, sind die Kinder bereits an die Saugerform gewöhnt, die sie von der Klinik her kennen. Außerdem sind in vielen Probepackungen Flaschen enthalten. Später sollten Sie stets ein paar Ersatzsauger haben. Denn immer, wenn es gerade überhaupt nicht passt und kein Ersatz beschafft werden kann, lösen sich die Sauger am schnellsten auf. Silikonsauger sind haltbarer, aber nicht sehr elastisch, und nicht alle Babys mögen sie.

Badezubehör

Badewanne: Je nachdem, wo Sie Ihre Babys baden möchten – im Bad oder im Kinderzimmer –, brauchen Sie ein Gestell, das auf Ihre Badewanne passt oder einen Ständer, auf dem Sie die Babywanne – oder eine ganz normale Wäschewanne – direkt ins Kinderzimmer stellen können. Der Vorteil beim Baden im Kinderzimmer: Das Bad ist meist sowieso zu eng, und die Babys können sich bei dem vielen Hin und Her zwischen den verschiedenen Zimmern (und das im nackten, feuchten Zustand) schnell einmal erkälten. Außerdem können Sie beim Baden im Kinderzimmer, wenn Sie keine Hilfe haben, das andere Baby gut im Auge behalten, während Sie sein Geschwisterchen baden. Der Nachteil: Sie müssen erst einige Eimer oder Kannen Wasser heranschleppen und später wieder abtransportieren. Auf das Gestell fürs Kinderzimmer können Sie auch verzichten, wenn Sie die Wanne auf einen entsprechend hohen Tisch stellen – denken Sie dabei vor allem an Ihren Rücken.

Badewannengestell: Dieses sollten Sie fürs Bad wirklich gut befestigen. Notfalls kann man an den entsprechenden Stellen ein paar nasse Lappen unterlegen, damit es nicht wegrutscht. Trotz größter Vorsicht ist uns Maximilian einmal kopfüber in die große Badewanne gestürzt, weil unser Babywannengestell nicht rutschfest auf dem Wannenrand aufsaß. Zum Glück hat er sich dabei nicht ernstlich verletzt.

Kleidung

Bei Zwillingen kommt es ganz besonders darauf an, dass die Kleidung praktisch ist. Sie muss also pflegeleicht sein (nur in den ersten Wochen sollten Sie wirklich alles kochen, was direkt auf der Haut getragen wird), und sie muss sich leicht anziehen lassen. Babys lieben keine großen Verrenkungen beim Anziehen.

Strampelhosen und -säcke: Schlafanzüge braucht man im ersten Lebensjahr überhaupt nicht. Die Kleinen gehen einfach im normalen Strampler schlafen. Praktisch für die Nacht sind allerdings Strampelhosen, die am Po eine Klappe zum Öffnen haben, dann lassen sich die Windeln bequem wechseln. Ebenso praktisch sind Strampelsäcke, die unten einfach zugebunden werden. Müssen die Babys nachts gewickelt werden, dann machen Sie unten auf, schieben den Sack hoch, frische Windel an, Sack wieder zubinden – fertig. Etwa ab einem Alter von 6 Monaten ist auch durchgehende Unterwäsche von Vorteil. Sie muss allerdings über den Kopf gezogen werden. Die Kinder sind so am Bauch und Rücken immer schön verpackt. Ein kleiner Nachteil: Wenn mal eine Windel ausläuft, sind gleich Ober- *und* Unterteil nass. So genannte Puk-Säcke (Baumwoll-Säcke mit breitem Stretchbündchen) sind auch sehr praktisch. Man zieht sie einfach von unten her an; ein großes Verrenken des Babys ist dabei nicht nötig. Das Baby hat darin die Beinfreiheit, um zu strampeln.

Overalls: Wenn Sie für den ersten Winter mit Ihren Zwillingen Overalls kaufen, achten Sie darauf, dass der Reißverschluss lang genug ist und

Praxistipp

Selbstgestricktes

Wenn Sie selbst gerne etwas für die Babys stricken möchten, nehmen Sie nur extra für Babys empfohlenes Garn. Vieles, was ich in meinem Eifer produziert hatte, passte nicht, war viel zu grob oder aus zu fusseligem Material (Angora). Wenn Sie es gar nicht lassen können, stricken Sie erst einmal eine Jacke zum Ausgehen – die kann ruhig grober (oder dicker) sein – und Socken für die kleinen Füßchen.

dass sich der Schneeanzug weit genug öffnen lässt. Besser sind Overalls mit Reißverschlüssen auf beiden Seiten (rechts und links) statt nur einem in der Mitte. Zweiteilige Schneeanzüge sind nichts für ungeduldige Kinder, da immer zwei Teile angezogen werden müssen. In einem Overall sind solche Kinder schneller verpackt.

Hosen: Für die Phase des Sauberwerdens empfehlen sich auch im Sommer einfachere Hosen, etwa Jogginghosen oder Frotteeslips, die schnell einmal runtergezogen werden können, bzw. die neuartigen Trainingshöschen.

Praxistipp

Eine Nummer größer, bitte!

Kaufen Sie alles ruhig ein bis zwei Nummern größer, die Kinder wachsen ja schnell hinein. Dies gilt vor allem für Stücke, die Sie im Wäschetrockner trocknen möchten. Wenn Sie gerade zu Anfang viele Geschenke erwarten, dann sollten Sie sich mit den Schenkenden besprechen, welche Kleidergrößen Sie am dringendsten brauchen. Wünschen Sie sich ruhig schon ein paar größere Teile, die Sie aber immer wieder einmal anprobieren sollten, ob sie schon passen, damit Ihre Zwillinge nicht rausgewachsen sind, ohne die schönen Sachen überhaupt getragen zu haben.

Unterwäsche: Kaufen Sie nichts, was Sie separat waschen müssen, weil es vielleicht färbt. Für Unterwäsche ist Weiß am praktischsten. Auch aus allen anderen weißen Sachen lassen sich hartnäckige Flecke wie z. B. Karotten oder Spinat gut entfernen (mit einem Bleichmittel, einem starken Haushaltsreiniger, Gallseife oder In-die-Sonne-Legen).

Schuhe: Hier sollten Sie darauf achten, dass sie an der Spitze nicht zu schnell durchgescheuert werden können, das gilt vor allem für Stoffschuhe (Turnschuhe), deren Gummisohle möglichst weit nach oben gezogen sein sollte. Praktisch sind Klettverschlüsse, vor allem wenn Sie mit Zwillingen schnell startklar sein möchten (siehe auch Seite 193). Der Nachteil: Sobald die Kinder herausgefunden haben, wie der Verschluss funktioniert, ziehen sie die Schuhe gerne aus. Sie sollten die Schuhe in zwei verschiedenen Farben kaufen oder mit einem wasserfesten Filzstift (innen oder an der Sohle) markieren, denn jedes Kind sollte seine eigenen Schuhe bekommen.

Wickeltisch

Manche Zwillingsmütter raten zu einem doppelt breiten Wickeltisch, doch wer die Babys überwiegend allein versorgt, kann diese Überbreite kaum nutzen. Einige Eltern basteln den Wickeltisch auch selbst, etwa aus einer alten Schreibtischplatte und dem Gestell eines kleinen Tischtennistisches. Solche Eigenkonstruktionen haben den Vorteil, dass sie ganz auf die persönlichen Bedürfnisse zugeschnitten werden können (höhenverstellbar, auf drei Seiten durch einen erhöhten Rand gesichert).

Vor allem für den Anfang ist eine Plastik-Wickelauflage auf dem Wickeltisch ratsam (später kann es auch eine Unterlage mit Stoffbezug sein). Diese kann man auch einfach direkt auf den Boden legen. Wenn Sie einmal mit Zwillingen unterwegs sind, nimmt sie nicht viel Platz im Reisegepäck weg, und Sie können Ihre Babys überall schnell einmal sauber machen.

Wenn Sie einen Wickeltisch oder eine Wickelkommode anschaffen, dann sollten Sie ein Möbelstück wählen, das Sie auch noch benutzen können, wenn es für seinen eigentlichen Zweck nicht mehr gebraucht wird. Also besorgen Sie sich eine Wickelkommode, die als Spielzeugkommode dienen kann, oder einen Wickeltisch, der später zum Schreibtisch wird. Denn viel zu kurz ist die Zeit, in der Sie einen richtigen Wickeltisch brauchen. Eine ganz normale Schaumstoffmatratze auf dem Boden tut es auch.

Besonders platzsparend sind Wickelgestelle für die Badewanne. Der Nachteil: Zum Wickeln müssen Sie aus dem Zimmer gehen und haben das andere Baby nicht im Auge. Außerdem können Sie Ihre Badewanne nicht mehr ungehindert benutzen. Wickeltürme, ebenfalls platzsparend, sind etwas klein und haben nicht zuletzt deshalb auch schon nach ein paar Monaten ausgedient. Zudem sind sie auch nicht sehr stabil.

Zwillingsgefährte

Seit dieses Buch erstmals geschrieben wurde und unsere eigenen Zwillinge aus dem Kinderwagen raus sind, hat sich eine Menge getan, was die Modelle anbelangt. Die Schwierigkeit, einen passenden Zwillingswagen zu beschaffen, ist jedoch gleich geblieben. Es gibt nach wie vor kaum Auswahl in den Einzelhandelsgeschäften, auch keine vernünftige Beratung, und so müssen manche Zwillingseltern einen ganzen Wagenpark »durchmachen« und sind doch nie ganz zufrieden. Andererseits haben wir festgestellt, dass zu viel Auswahl die Eltern auch verwirrt. Am besten machen Sie sich eine Liste, was Ihnen bei dem Wagen wichtig ist.

Einwannige Zwillingswagen. Diese Modelle galten lange Zeit als total »out«. Heute gibt es wieder Modelle mit einer großen Wanne, in der die Zwillinge ohne Trennung liegen. Nachteile sind: Die Wannen werden bald zu eng, die Kinder kommen sich dann »ins Gehege«, fuchtelten sich im Gesicht herum. Man kann die Zwillinge nicht für ein gemütliches Schläfchen in den Garten stellen, und es ist nicht möglich, diese Wanne mit »Inhalt« allein zu schleppen. Vorteile sind: Die Kinderwagen, die eine Wanne für beide haben, sind relativ schmal, also nicht doppelt breit. Wenn man weiß, dass man die Zwillinge stets auch ein Stückchen tragen muss (zum Beispiel vier Stockwerke hoch, ohne Fahrstuhl) kann man diese Wannen zusätzlich mit einfachen Soft-Tragetaschen ausrüsten, die auch noch hineinpassen. Wir haben es im Ausstellungsraum unseres »Twinshops« ausprobiert und für gut befunden.

Zwillingswagen mit zwei Taschen. Der Vorteil: Man kann die Babys in der Wohnung (im Haus) ausgehfertig anziehen und in der Tasche zum Wagen tragen. Dies gilt natürlich auch umgekehrt: Sie tragen die noch im Wagen schlafenden Zwillinge in der Tasche ins Haus und genießen die Zeit, solange sie noch ein bisschen schlafen … Wenn die Zwillinge größer sind, sind diese Wagen Sportwagen, was eine Anschaffung spart. Ebenfalls sparen Sie die Anschaffung von Extra-Fußsäcken, denn aus den meisten gängigen Soft-Tragetaschen werden heute Fußsäcke (Henkel abmachen, Bodenverstärkung raus … fertig ist ein normaler Fußsack!). Kleiner Nachteil: Handelsübliche Zwillingssportwagen, die mit Tragetaschen schon von Anfang an benutzt werden können, sind nicht gerade Leichtgewichte. Dank Luftbereifung (heute bei fast allen Wagen Standard) lassen sie sich dennoch die ersten zwei Jahre lang gut manövrieren. Danach muss meist doch noch ein leichter Buggy angeschafft werden. Hat der

Praxistipps

Allgemeines zum Wagenkauf

Bevor Sie sich ein Zwillingsgefährt zulegen, überlegen Sie sich genau, welchen Ansprüchen Ihr Wagen genügen muss. Möchten Sie nicht so viel investieren, lieber einen Wagen kaufen, den Sie möglichst lange nutzen? Brauchen Sie einen, mit dem Sie in allen Situationen möglichst allein zurechtkommen können? Haben Sie vor, Ihren Wagen bald wieder weiterzuverkaufen? Sind Sie viel mit dem Auto unterwegs, und brauchen Sie deshalb einen, der sich möglichst klein zusammenklappen und gut verstauen lässt?

- Fahren Sie mit dem Gefährt Ihrer Wahl ein paar Proberunden im Geschäft.
- Prüfen Sie das Kurvenverhalten, und testen Sie, wie Sie an einer (Treppen-)Schwelle zurechtkommen. Nicht alle Bürgersteige sind abgeflacht, und Sie werden auf Ihren Wegen durch die Stadt eine Menge Bordsteinkanten meistern müssen.
- Könnten Sie den Wagen allein über eine Kellertreppe tragen (besser: zerren, ziehen), oder brauchen Sie dafür stets die Hilfe eines kräftigen Menschen?
- Denken Sie an das Gewicht, wenn Sie den Wagen allein ins Auto heben müssen.
- Probieren Sie das Zusammenklappen des Gestells am besten selbst aus. Ist es wirklich so leicht, wie es aussieht und wie die Verkäuferin versichert? (Natürlich lernt man mit einem Wagen erst wirklich umzugehen, wenn man ihn täglich in Gebrauch hat.)
- Achten Sie auf die Reifengröße. Sind Sie oft auf holprigem Boden unterwegs (Feldwege), dann sind größere Reifen von Vorteil. Auch im Winter, wenn Schnee liegt, kommen Sie damit besser voran, vorausge-

setzt, die Wege sind so breit geräumt, dass ein Zwillingswagen durchpasst.

- Fragen Sie nach Zubehör. Gibt es Regenverdecke? Blockiert der große Einkaufskorb die Federung Ihres Wagens? Wo lassen sich zusätzliche Sicherheitsgurte befestigen? Gibt es Lieferfristen? Immer wieder hören wir von Twinshop-Kundinnen, dass Zubehör in vielen Geschäften gar nicht angeboten wird, obwohl es dieses gibt. Das hat natürlich damit zu tun, dass viele Händler ihr Lager möglichst klein halten wollen und Einzelbestellungen für Kundinnen nicht möglich sind.
- Ein gutes Fachgeschäft zeichnet sich auch dadurch aus, dass Sie Ihren Wagen bereits vor der Geburt bestellen und reservieren können. Auch die problemlose Rückgabe im Fall, dass etwas »schief geht«, sollte möglich sein. Natürlich ist es für normale Einzelhändler schwierig, einen Zwillingswagen schnell wieder an einen nächsten Kunden loszuwerden, doch ist das ein Service, der sich einfach gehört.
- Vor all diesen Überlegungen sollte ein Telefonat mit dem Kinderausstatter stehen, bei dem Sie sich einen Zwillingswagen ansehen und aussuchen möchten. Fragen Sie, ob es überhaupt einen im Geschäft oder wenigstens am Lager gibt. Sonst können Sie auch »vor Ort« nur nach Katalog oder Prospekt bestellen.
- Die Lieferfristen betragen bei vielen Modellen 12 Wochen und mehr. Der Twinshop hat immer mindestens 20 Wagen auf Lager, die nicht erst umständlich bestellt werden müssen. Aber: Je ausgefallener das Modell oder die Farbe (das Muster), desto schwieriger ist es, den Wagen schnell zu beschaffen.

Wagen Ihrer Wahl Luftreifen? Unbedingt (wie beim Auto) einen Ersatzreifen gleich mitkaufen und immer mitnehmen – denn eine Reifenpanne unterwegs ist mit einem Zwillingswagen ein echtes Problem!

Schmale längliche Zwillingswagenmodelle. Es gibt auch Zwillingswagen, die nur »einlingsbreit« sind. In deren Sportwagenaufsätze werden Soft-Tragetaschen gestellt, so dass auch diese Wagen von Anfang an benutzt werden können. Nach Entfernung der Henkel und des verstärkten

Bodens können diese als Fußsäcke benutzt werden. Der Vorteil: Diese Wagen kommen von der Breite her gut durch alle Engstellen des täglichen Lebens. Andererseits sind sie etwas schwieriger zu manövrieren, weil sie manchmal eben doch ziemlich lang sind (manche Modelle sind 1,20 m lang, andere bringen es auf stolze 1,50 m). Je nach Hersteller sind unterschiedliche Lieferzeiten üblich und 12 Wochen sind leider immer noch keine Seltenheit. Unsere Erfahrung: Nachdem die Aufsätze durchweg abmontiert werden müssen, bevor man diese Wagen zusammenklappen kann, sind sie von der Handhabung relativ umständlich. Ausnahme: ein Wagen des französischen Herstellers Bébéconfort (auch für Autositze als Gestell zu benutzen). Doch dieser Wagen setzt sich hierzulande nur zögernd durch – anscheinend sind nationale Vorlieben für bestimmte Arten von Wagen eben doch zu dominant …

Jogger und andere flotte Wagen. Ist es tatsächlich schon so lange her, dass dieses Buch überarbeitet wurde? Seit einigen Jahren erobern so genannte Jogger den Markt, und das auch bei Zwillingen. Diese Wagen, ursprünglich wirklich als Sportgerät gedacht (zum Beispiel Original Twinner aus USA) mit drei riesigen Reifen (20 Zoll – wie bei einem Kinderfahrrad), haben sich immer mehr zu Leichtmodellen entwickelt, die man meist auch schon von Anfang an (mit entsprechendem Zubehör) benutzen kann. Wir wollen hier keine Marken nennen, denn es zeigt sich, dass die Änderungen so schnell vor sich gehen, dass wir mit diesem Buch kaum Schritt halten können (dafür gibt's ja die Zeitschrift ZWILLINGE – siehe Anhang). Hier nur so viel: Diese Jogger wiegen zwischen 12,5 und 15 Kilogramm, sind also erheblich leichter als herkömmliche Sportwagen (ca. 20 Kilogramm). Sie können meist mit Tragetaschen (zum Reinstellen, zum Reinknöpfen oder auch mit »Klickverschluss«) ausgerüstet werden; ein Hersteller bietet auch eine Zwillingswanne an, die zusätzlich für den »Trage-Notfall« mit Softtaschen bestückt werden kann (siehe Seite 152). Diese Wagen sind unserer Erfahrung nach sehr empfehlenswert, da sie sehr variabel und wirklich von Anfang bis Ende einsetzbar sind. Sie haben meist einen hohen Wiederverkaufswert und die wirklich guten Qualitätsprodukte sind auch in der Anschaffung teuer. Fernost-Importe sind qualitativ deutlich schlechter. Also: Bitte keine Milchmädchenrechnungen beim Wagenkauf! Lieber etwas mehr ausgeben; es lohnt sich.

Geschwisterwagen. Nach anfänglicher Euphorie über diese praktischen Wagen – schmal, wendig, leicht – bin ich nicht mehr besonders überzeugt von ihnen. Sie sind alle ziemlich anfällig, vor allem, weil man enorme Kraft aufwenden muss, um Bordsteine zu überwinden. Brüche an der Schiebestange und am Gestell kommen vor, und inzwischen sagen auch die Hersteller (oder Kinderwagenvertriebsfirmen) selbst, dass diese Wagen eher für Geschwister unterschiedlichen Alters geeignet sind statt für Zwillinge gleicher Gewichtsklasse. Abgesehen davon: Nur das hintere Kind kann richtig flach liegen!

Drillingswagen. Auch im Kinderwagenbereich haben es Eltern von Drillingen noch viel schwerer als Zwillingseltern. Am gängigsten sind immer noch die Wagen, auf deren Gestell sich beliebig viele (bis zu drei)

Sogar Berge im Alpenvorland haben die Drillinge Jakob, Eva und Lukas mit ihrem Vater Stefan im Triple-Jogger bewältigt.

Aufsätze montieren lassen (zum Beispiel Christiane Wegner). Vorteil: Diese Produkte sind qualitativ sehr hochwertig, andererseits sind sie, vor allem, wenn die Kinder an Gewicht zugelegt haben, schwer zu schieben, da sie ein hohes Eigengewicht besitzen.

Eine weitere Alternative ist das Drillingsmodell des italienischen Herstellers Peg. Allerdings ist diese »Triplette« erst für Drillinge geeignet, die bereits sitzen können. Eltern können sich jedoch mit einem Trick behelfen: Zusätzlich zur Triplette (= Gestell plus drei Aufsätze) kauft man sich ein Einzelgestell, auf dem der dritte Aufsatz befestigt (und von einer zweiten Person geschoben) wird. Auf das Drillingsgestell werden nur zwei Aufsätze (in Liegeposition) montiert, so dass alle drei Kinder zunächst liegend transportiert werden können. Sobald die Drillinge sitzen können, kann die Mutter oder der Vater sie alle drei auf dem Triplettegestell (also ohne Hilfe) allein ausfahren. Nachteil: Die Triplette bietet Peg nur noch mit kleinen Reifen an, also nur großstadttauglich. Das bisher beliebteste Drillingsmodell des anderen italienischen Herstellers, Inglesina, kann ab sofort auch nur noch dann für drei benutzt werden, wenn die Drillinge sitzen können. Für Vierlinge gibt es keinen einzigen Wagen mehr!

Das derzeit am besten einsetzbare Drillingsmodell kommt aus Neuseeland. Der Mountain Terrain Buggy Triple ist von Anfang an nutzbar (mit den entsprechenden Tragetaschen als Zubehör), wiegt wenig (circa 16 Kilogramm), ist mit 1,06 Meter Breite noch »im Rahmen« und einfach wunderbar wendig. Ebenfalls unschlagbar leicht und wendig ist der Babyjogger Triple aus USA. Allerdings müssen hier die Drillinge bereits sitzen können, da es kein Neugeborenen-Zubehör dafür gibt. Einen Buggy für Drillinge gibt es heute leider gar nicht mehr.

Buggys für Zwillinge gibt es als Doppelsitzer, allerdings nur noch in geringer Auswahl. Meist sind sie zwar klein zusammenklappbar, da in den Rückenlehnen ein Scherengitter eingearbeitet ist, aber nicht unbedingt leicht oder schmal. Die Doppelsitzer lassen sich mit ein paar einfachen Handgriffen zusammenklappen und sind dann gut im Auto unterzubringen. Diese Buggys sind dank ihrer Pirouettenräder sehr beweglich. Sie haben getrennt voneinander verstellbare Rückenlehnen, die sich besonders für jüngere Zwillinge eignen, die während des Spaziergangs noch viel schlafen. Wer einen Buggy zusätzlich anschaffen möchte, kann dies schon tun, wenn die Zwillinge 6 bis 8 Monate alt sind. Man muss ja nicht stundenlang damit spazieren gehen bzw. kann in solchen Fällen auf den bisherigen Kinderwagen zurückgreifen. Als »alleiniges« Fahrzeug würde ich einen Buggy erst empfehlen, wenn die Zwillinge mindestens 15 Monate alt sind. Außerdem sind solche Buggys reine Stadtfahrzeuge!

Die Nachteile: Die Stoffsitze verschmutzen schnell und sind nicht abnehmbar, daher auch nicht waschbar. Die Zwillinge sitzen im Doppelbuggy relativ eng beieinander. Das leichte Gefährt kann, wenn die Kinder einmal aufstehen, schnell kippen; und schließlich sind einige Doppelbuggys überbreit und kommen nicht überall durch. Zu eng geparkte Autos sind für alle breiten Zwillingswagenmodelle ein Hindernis.

Zwillingsverbinder für Einzelbuggys gibt es anscheinend nicht mehr. Diese Lösung ist sowieso unpraktisch, da sie nur Sinn macht, wenn es ein Ausnahmefall bleibt, dass Sie die zwei Buggys zusammenschnallen. Haben Sie wenig Hilfe zum Schieben oder müssen Sie oft auch alleine los, dann ist das Gefummel mit den Verbindern nur lästig. Überdies ist so ein zusammengeschraubtes Gefährt einfach zu breit.

Wie transportieren Sie zusätzlich kleine Geschwister?

Dieses Thema ist für sehr viele Zwillingseltern wichtig, deren vermeintliches »zweites« Kind doppelt in recht kurzem Abstand zum ersten Kind kommt. Da gibt es einmal das so genannte »Kiddy-Board«, ein Holzbrett auf Rollen (ähnlich wie ein Skateboard), das man an den Zwillingswagen anhängen kann. Nur sehr wenige Wagen eignen sich dafür, denn bei den Modellen, in denen die Zwillinge in Fahrtrichtung schauen, ist der Abstand zwischen Hinterachse (an der das Board befestigt werden muss) und Schiebestange zu klein. Das Geschwisterkind hat keinen Platz zum Stehen. Ein Verlängerungsstück bringt nur fünf Zentimeter mehr. Da ist Ihr Basteltalent gefragt – so ein Skateboard für Geschwister muss man doch selbst basteln können (Rollen aller Art gibt's in jedem Baumarkt). Neuerdings gibt es ein so genanntes Mamaboard, das von der Form her eher länglich ist (eigentlich soll die Mutter mit entsprechend Anlauf auf das Board springen und so ein wenig surfen ....). Wir haben dieses Board vor allem mit Joggern verkauft, die durch ihre immer leicht nach hinten geneigten Sitzflächen für ältere Geschwister noch weniger Standmöglichkeiten auf einem Board bieten. All‹ diese Boards sind auf jeden Fall nur Notbehelfe! Sicherer Gebrauch ist sowieso nur gewährleistet, wenn Ihr älteres Kind »brav« darauf stehen bleibt und nicht herumhampelt.

Kein einziger Zwillingswagen-Hersteller bietet Zusatzsitze für Geschwister an.

Praktische Tragetransportmittel

Tragetaschen gehören heute zur Ausstattung der meisten Kinderwagen, da ja einwannige Zwillingsmodelle aus der Mode gekommen sind. Uns erwiesen Tragetaschen den größten Dienst, wenn wir die Babys für ein Schläfchen einzeln ins Freie stellen wollten. Auch wenn Maxi und Conny nicht einschlafen wollten (in fremder Umgebung), halfen die Tragetaschen: Wir stellten uns breitbeinig über der Tragetasche auf, nahmen in jede Hand einen Henkel und ließen die Tasche mit Inhalt zwischen unseren Beinen pendeln. Oft genügten schon fünf Minuten »Tragetaschen-Schaukeln« und das Baby, das eben noch geschrien hatte, schlief selig.

Tragesäcke (von BabyBjörn, Glückskäfer oder Snugglies) sind für Zwillinge ganz besonders empfehlenswert. Die hier gegebenen Empfehlungen basieren jedoch nur auf ganz praktischen Überlegungen. Orthopäden und Kinderärztinnen empfehlen diese Tragetransportmittel nicht uneingeschränkt. Bei so genannten »Babybags«, die man ähnlich wie ein Tragetuch nutzt, auch als Hängematte im Gitterbett und später als Hüftsitz einsetzen kann, entfällt das Binden, was vor allem für Ungeübte etwas schwierig ist. Die Vorteile: Bis sich bei den Kindern ein akzeptabler Rhythmus eingespielt hat, gibt es unter Umständen kaum eine Stunde, in der beide gleichzeitig schlafen. Bei uns war das so. Wollte ich im Hof Wäsche aufhängen, band ich mir das jeweils wache (meist schreiende) Baby um, und wir erledigten das gemeinsam. So können Sie immer ein Baby nah bei sich haben (und Babys gefällt das), während Sie Hausarbeit erle-

Joshua und Amber Lucas werden in einer ganz besonderen »Tragetasche« transportiert, weil es keinen Fahrstuhl gibt.

digen oder sogar das andere Baby versorgen. Auch wenn ein Baby Blähungen hat, können Sie es sich so auf den Bauch binden, und eventuell noch eine kleine Wärmflasche dazwischenklemmen.

Wenn es regnete, gingen mein Mann und ich beide mit einem gut verpackten Baby auf dem Bauch spazieren. So blieben die Zwillinge im Trockenen, wir kamen trotz des Dauerregens raus, und unsere miese Stimmung besserte sich. Auch im Winter waren wir viel mit den Babys auf dem Bauch unterwegs. So waren die Kleinen besser vor Kälte geschützt, und wir konnten selbst durch tiefsten Schnee stapfen. Auch beim Einkaufen in der Münchner Innenstadt halfen uns die praktischen Easy-Rider sehr. Man ist mit ihnen viel mobiler, die Anschaffung lohnt sich wirklich. Neuerdings gibt es von BabyBjörn ein Modell, das das Baby so gut im Nacken- und Rückenbereich stützt, dass Sie Ihre Hände wirklich frei haben und das Baby nicht zusätzlich halten müssen. Ältere Babys transportieren Sie in diesem Modell mit dem Kopf voran – also in Laufrichtung. Nach meiner Erfahrung ist es nicht ideal, je ein Kind vorn auf dem Bauch und auf dem Rücken zu transportieren. Es ist nämlich schier unmöglich, beide Kinder ohne Hilfe an- und abzulegen.

Praxistipp

Modelle ausprobieren

Achten Sie darauf, dass die Tragesäcke nicht zu groß sind. Sind Ihre Zwillinge schon geboren, nehmen Sie sie am besten mit, um die richtige Größe auszusuchen. Probieren Sie aus, ob Sie so einen Tragesack problemlos allein anziehen können. Der Schließmechanismus am Rücken sollte zwar sicher, aber auch einfach zu bedienen sein. Prüfen Sie, ob Ihr Rücken so ein Gewicht auf dem Bauch überhaupt aushält. Nehmen Sie ein Modell, das den Rücken und den Kopf Ihres Babys gut abstützt.

Doppeltragesack: Eine Zwillingsmutter aus Marktoberdorf hat ein Modell dafür entworfen und genäht. Die Anleitung steht auf Seite 172. Diesen Doppeltragebeutel kann man von Anfang an benutzen. Er ist in der Weite verstellbar und, was für die ganz kleinen Babys wichtig ist, im Nacken gepolstert. Damit diese Nackenstütze richtig sitzt, muss man beim Anlegen des Tragesacks auf den genauen Sitz achten.

Die Zwillinge können Sie darin tragen, solange sie zusammen nicht mehr als 11 kg wiegen (plusminus 2 kg). Das Umlegen des Beutels macht nur anfangs Schwierigkeiten, wenn man mit den Babys noch extrem vorsichtig umgeht. Denn bis die beiden richtig »sitzen«, ist schon beherztes Zufassen nötig. Der Nachteil des Modells: Mit dieser Konstruktion fallen Sie sehr auf, und das ist vielen Zwillingsmüttern schon bald lästig. Ob Sie finden, dass Ihre Kinder in so einem Sack richtig »sitzen« oder aber wie ein Fragezeichen drinhängen und deshalb vielleicht am Rücken Schaden erleiden können, müssen Sie selbst feststellen oder eventuell ärztlichen Rat einholen. Viele Zwillingsmütter sind mit dem Doppelsack jedenfalls sehr zufrieden.

Tragetücher, die man wesentlich länger benutzen kann, da Kleinkinder auch noch im Hüftsitz getragen werden können, sind ebenfalls empfehlenswert. Da ich selbst die Wickeltechnik nie ganz begriffen hatte, finde ich den neuartigen »Babybag« aus Holland noch praktischer. Dieser Beutel mit breitem Trageriemen lässt sich von Anfang an benutzen (das Baby liegt vor Ihrem Bauch darin) und eignet sich auch noch für Kleinkinder, die auf der Hüfte der Mutter getragen werden. Zusätzlicher Clou: Der Babybag kann als Hängematte (im Laufstall oder im Gitterbettchen) benutzt und auf diese Weise sogar auch therapeutisch (für Frühchen ideal) benutzt werden.

Ein Rückentragesitz (in Bayern: Kraxe) aus festem Jeansstoff, der wie ein Rucksack getragen wird, war für uns sehr nützlich. Die Vorteile: Mit der Rückentrage sind Sie sehr mobil. Auch als Zwillingsmutter kann man so einfacher allein einkaufen gehen – das zweite Kind wird im Einzelbuggy mitgenommen. So passen Sie durch enge Ladentüren, müssen die Kinder nicht draußen stehen lassen und können (fast) problemlos Bus und Bahn fahren. Den Kindern gefällt es meist im hohen Ausguck, und auf Vaters Rücken lässt sich die Kraxe eine ganze Zeitlang (bis die Kinder etwa 2 Jahre alt sind) benutzen. Auch beim Fahrradfahren kann man die Rückentrage verwenden. Ein letzter Vorteil: Sie fallen nicht so sehr als Zwillingsfamilie auf und können unbehelligter spazieren gehen. Heute gibt es natürlich weiter entwickelte Modelle, die aus Materialien wie Rucksackstoff sind und auch eher fest am Körper des Trägers sitzen; sie bescheren somit weniger Rückenprobleme.

Die Nachteile: Sind die Tragegurte nicht oder nur wenig gepolstert, schmerzen bald die Schultern. Dann kann man allerdings nachträglich Schaumgummipolster drunternähen. Die Rückentrage kann man erst verwenden, wenn die Kinder sitzen können. Zwillingsmütter können (vom Rücken her) ihre Kinder nur begrenzt im Rückentragegestell transportieren. Deshalb lohnt sich eigentlich auch nur die Anschaffung einer Kraxe: Dann können sich Vater und Mutter abwechseln. Das zweite Kind kann ja im wendigeren Einzelbuggy mitgenommen werden.

Praxistipp

Auf die Gurte achten

Achten Sie darauf, dass die Tragegurte einer Rückentrage gut gepolstert sind. Der Innensitz (ein kleines Stoffviereck) sollte in der Höhe verstellbar sein, damit die Kraxe »mitwachsen« kann. Mit Sicherheitsgurt sind die Kinder auch beim leicht vornübergebeugten Rad fahren besser gesichert.

Besonders wichtig ist auch, dass Sie die Kraxe gut allein an- und ausziehen können. Am besten geht das bei Modellen, die über einen ausklappbaren Ständer verfügen, so dass man sie abstellen kann. Zum leichteren Schultern des Zwillings in der Rückentrage stellen Sie die Kraxe dann am besten kurz auf einen Tisch, also fast in Rückenhöhe. Aber Vorsicht: Nie allein stehen lassen. Einfachere Modelle ohne Rückenständer lassen sich unterwegs prima zwischen die Latten einer Parkbank klemmen.

Praktische Kindersitze

Gehfrei: Viele Eltern schwören darauf, viele Fachleute verteufeln sie eher, da sie die Kinder zum völlig unnatürlichen »Tanz auf Zehenspitzen« verleiten. Diese Babysitze auf vier Rädern machen die Kleinen zudem viel früher mobil, als sie es zu diesem Zeitpunkt normalerweise wären, und das ist auch nicht ganz ungefährlich. Vorsicht an Treppenabsätzen, aber auch an Teppichkanten und kleinen Schwellen. Einen Vorteil haben sie aber doch: Im Gehfrei sind die Kinder eine ganze Zeit lang gut beschäftigt.

Babywippen wurden für uns schon bald zum allerwichtigsten Zwillingsutensil. Vorteile: Die Babys können von der Wippe aus viel mehr am

Leben der Großen teilhaben. Man kann sie überallhin problemlos mitnehmen – in die Küche, in den Garten, mal schnell ins Bad, wenn Mami duschen möchte. Viele Eltern können ihre Babys in diesen Wippen füttern und ihnen gleichzeitig das Fläschchen geben. Heute benutzen die meisten jedoch eher Baby-Autositze mit Wippfunktion statt herkömmlicher Babywippen. Sind noch ältere Geschwister da, ist der Boden ein viel zu unsicheres Pflaster für kleine Babys. In Wippen gesetzt, werden sie nicht so häufig überrannt. Damit Ihre Zwillinge auch beim Essen mit am Tisch sitzen können, binden Sie die Wippen auf Stühlen (aber bitte richtig!) fest. Das ist natürlich nur ein Tipp für die Zeit, wenn Ihre Kinder noch nicht sitzen können.

Nachteil: Babys sollten nicht zu früh und nicht zu lange in diesen Wippen oder Autositzen sitzen. Wenn Sie sie immer mal wieder ein paar Minuten täglich – selten länger als 30 oder 45 Minuten – in die Wippe setzen, kann das eigentlich nicht schaden. Dennoch: Fragen Sie Ihren Kinderarzt, wenn Sie unsicher sind. Niemals (!) sollten Sie die Wippen unbeaufsichtigt auf einen Tisch stellen. Da gehören sie sowieso nicht hin.

Holzgitterschaukel: Alles, was Zwillinge für ein paar Minuten oder länger beschäftigt und worin sie sicher verwahrt sind, ist nützlich. Gute Erfahrungen machte ich mit einer Holzgitterschaukel, die wir an einer Reckstange zwischen einem Türrahmen befestigten. Dort schaukelten wir schwierige Einschläfer in den Schlaf, dort saßen die Kinder abwechselnd, um mir beim Kochen zuzusehen, und die Schaukel war auch gut geeignet, um ein Kind still zu halten, wenn es ums Schuhe-Anziehen ging. Vorsicht: Unsere Reckstange, die wir zwischen den Metalltürrahmen nicht geschraubt, sondern nur geklemmt hatten, sackte eines Tages plötzlich ab. Zum Glück passierte nichts, da ich zufällig gerade an den Stricken hantiert hatte und so Maximilians »Talfahrt« abfangen konnte.

Babyhopser: Damit machten andere Zwillingsmütter gute Erfahrungen. Wenn Sie sie einander gegenüber montieren, können Ihre Zwillinge aufeinander zuhopsen. Sabine N.s Zwillinge hatten so eine Menge Spaß, und ihre Mutter findet, dass sich die Investition gelohnt hat, obwohl Sven und Klaus nur etwa ein halbes Jahr in diesen Babyhopsern spielten. Orthopäden und Kinderärztinnen sind da vielleicht anderer Meinung. Also fragen Sie besser nach!

Hochstühle gibt es in verschiedensten Varianten: Exemplare aus Holz, die man später einmal in Tischchen und Stühlchen verwandeln kann, die allerdings sehr viel Platz wegnehmen und zunächst mit einem Polster verkleinert werden müssen. Andere Modelle – zum Beispiel auch aus Holz – lassen sich wenigstens bei Nichtgebrauch zusammengeklappt in eine Ecke stellen (französischer Hersteller Combelle). Für unterwegs gibt es noch andere zusammenklappbare Sitze, die man auf normalen Stühlen festbindet oder direkt an den Tisch klemmen kann. Wenn Sie unbedingt einen sehr stabilen Hochstuhl kaufen möchten, besorgen Sie sich vielleicht einen mit Lenkrad. Dann können Ihre Zwillinge auch gleich damit spielen. Oder Sie kaufen einen extrem langlebigen von Trip-Trap (leistet auch Schulkindern noch als Stuhl gute Dienste). Sehr empfehlenswert sind auch Hochstühle, deren gepolsterte Sitze in fast liegende Position verstellt werden können. In diesen Hochstühlen (vor allem von italienischen und französischen Herstellern) können schon ganz kleine Babys ihre ersten Versuche mit dem Löffel machen. Diese Hochstühle wachsen mit und haben noch lange nicht ausgedient, wenn die Kinder schon anfangen, auch mal allein zu essen. Sie sind zwar teuer,

Praxistipp

Auch für unterwegs

Mindestens ein Hochstuhl sollte zusammenklappbar sein, damit Sie ihn auch auf Reisen mitnehmen können. Bei Stühlchen, die man an den Tisch klemmt, sollten Sie darauf achten, dass die Tischkante nicht zu hoch ist (maximal 12 cm), damit genügend Freiraum für die Beinchen der Kinder bleibt. Es gibt jetzt auch faltbare Stoffsitze (mit Holzrahmen), die auf normalen Stühlen festgebunden werden. Sie nehmen im Urlaubsgepäck wirklich gar keinen Platz mehr weg.

aber eine enorme Erleichterung! Und schließlich lassen Sie sich noch bestens gebraucht verkaufen.

Laufstall und Türgitter

Der Laufstall scheint für viele Zwillingseltern beinahe unentbehrlich. Kein Kind wird in diesem »Käfig« ernsthaft seelischen Schaden erleiden, viel eher könnte es auf unbeaufsichtigter Krabbeltour durch die Wohnung verletzt werden. Bei vielen Zwillingen reicht ein Laufstall leider nicht. Vielleicht können Sie sich ja das zusätzliche Exemplar leihen. Die wenigsten Laufställe sind groß genug für zwei lebhafte Kinder, und außerdem macht es den meisten Zwillingen Spaß, sich gegenseitig in Ohren, Augen, Nase und Mund zu bohren oder sich zu beißen, kratzen und zu hauen. Das ist nicht unbedingt böswillig, sondern einfach sehr interessant.

Immerhin gibt es heute Laufställe, die sich mit zusätzlichen Seitenteilen erweitern lassen. Ein französisches Modell ist besonders variabel. Man kann es wie einen Zaun (es klappt wie eine Ziehharmonika auf) quer durchs Zimmer aufstellen (und selbst eine Wandbefestigung entwerfen) – je nachdem, welchen Bereich man vor den Zwillingen schützen möchte (Stereoanlage etc.), man kann zwei davon zu einem großen Laufstall einfach zusammenstecken und man kann zwei getrennte Ställchen aufstellen. Und es gibt jetzt – ebenfalls aus Frankreich – einen richtig großen Zwillingslaufstall aus Holz, der schon in der Grundgröße (1 x 1,40 m) ausreicht, aber noch durch zusätzliche Seitenteile auf 1,40 x 1,40 m (und mehr) vergrößert werden kann. Wenn Sie sich für die Benutzung eines Laufstalls entschieden haben, sollten Sie Ihre Zwillinge schon recht früh hineinlegen, damit sie sich daran gewöhnen. Ein neues deutsches Modell (Krabbel-Hit) ist zwar teurer, aber noch variabler: Es gibt sogar Türen, Füße, Böden und ein Rasenstecker-Set dazu.

Türgitter aus Holz leisteten uns auch gute Dienste. Damit konnten wir die Zwillinge entweder in ihrem Zimmer halten oder sie aus einem anderen Zimmer heraushalten, etwa aus der Küche, während ich kochte. Solche

Kauftipp

Mit oder ohne Boden?

Laufställe mit Boden eignen sich auch für draußen. Laufställe ohne Boden sind jedoch variabler, weil sie sich durch zusätzliche Teile, die mit Plastiksteckverbindungen montiert werden, erweitern lassen. Kaufen Sie entweder einen sehr großen Laufstall oder zwei normal große, damit Ihre Zwillinge genügend Platz haben und sich nicht beengt fühlen. Laufställe mit höhenverstellbaren Böden sind zwar ein wunderbarer Gitterbettchen-Ersatz, doch es gibt sie nur in kleineren Größen, so dass sie für aktive Zwillinge leider zu klein sind.

verstellbaren Gitter gibt es auch für Treppenabgänge und andere gefährliche Durchgänge. Einige Modelle kann man wie ein Türchen öffnen und schließen. Bei den anderen steigen Erwachsene einfach drüber. Eigenkonstruktionen wie Bretter, die vor die Tür gestellt werden, oder Türchen mit sicherem Verschluss sind ebenso praktisch. Aus Skandinavien kommt ein Modell aus textilen Materialien, das sich bei Nichtgebrauch eingerollt wie ein Rollo an der Seite des zu sichernden Durchgangs platzsparend aufbewahren lässt.

Sitze für Fahrrad und Auto

Fahrradsitz: Wir besaßen nur ein Fahrrad, auf das man Kindersitze montieren konnte. Also mussten wir eine Lösung finden, beide Kinder gleichzeitig auf einem Fahrrad unterzubringen. Wir besorgten einen Fahrradsitz, der an die Lenkstange montiert wurde (innen) und liehen uns eine Plastiksitzschale, die auf dem Gepäckträger angebracht wurde. Nach einigen Übungsausflügen saß ich bald sehr sicher im Sattel und fuhr mit dieser Kombination, bis unsere Zwillinge 4 Jahre alt waren.

Fahrradanhänger, die es in großer Auswahl gibt, werden heutzutage von vielen Eltern gern benutzt. Leider sind die meisten ziemlich teuer. Auch hier gilt: Was mehr kostet, ist auch mehr wert. Doch wenn Sie bedenken, dass Sie sie weiter als Gepäckanhänger benutzen können, wenn die Zwillinge längst rausgewachsen sind, lohnt sich die Investition allemal. Eine sehr gute Bezugsadresse (»Zwei plus zwei«) nennen wir Ihnen im Anhang.

Bei vielen Eltern hat sich auch die Anschaffung eines »Twinners« der Marke Babyjogger bewährt. Diese ultraleichten Jogger mit großen Rädern (16 und 20 Zoll) lassen sich dank Deichsel auch als Fahrradanhänger benutzen. So ist der stolze Preis für das Gefährt sicher gerechtfertigt. Andererseits ist diese Nutzung nur auf eigene Gefahr möglich – der Importeur lehnt jegliche Haftung ab, wenn der Twinner als Fahrradanhänger benutzt wird.

Praxistipps

Informieren und ausprobieren

Für kleine Kinder sind Fahrradsitze mit Rückenlehne vorzuziehen, die es für vorn (Lenkstange außen) und für hinten (auf dem Gepäckträger) gibt. Nehmen Sie am besten Ihr Fahrrad mit, wenn Sie die Sitze kaufen. Denn nicht immer passt jeder Sitz auf jedes Fahrrad. Wichtiges Zubehör sind Sicherheitsgurte. Fahrradanhänger kauft man am besten nach sehr gründlicher Information, wie sie die Marketinggemeinschaft »Zwei plus zwei« in Köln bereithält.

Sicherheitssysteme fürs Auto: Heute schlage ich die Hände überm Kopf zusammen, wenn ich daran denke, wie wir unsere Zwillinge ungesichert in ihren Tragetaschen auf der Ladefläche unseres Kombis transportiert haben. Diese Phase war bei uns beendet, als ich – allein mit Zwillingen unterwegs – plötzlich Conny (im Rückspiegel) nach vorn krabbeln sah. Es gibt heute noch Sicherheitssysteme, bei denen das Kinderwagenoberteil (oder eine spezielle Wanne) auf dem Rücksitz sicher befestigt werden kann. Der Nachteil für Zwillingseltern: Es ist kein Platz für zwei solcher Wannen auf der Rückbank.

Baby-Autositze gibt es in allen Variationen. Sie sind sehr vielseitig, können auch zu Hause als Fütterungshilfe dienen, mit zusätzlichen Gestellen zu Buggys werden, auf Schlitten angeschnallt werden (für den Transport im Winter), als Wippe dienen usw. – auf jeden Fall eine lohnende Anschaffung. Kein Baby sollte jemals ohne speziellen Sitz im Auto transportiert werden – auch nicht auf der ersten Fahrt von der Klinik nach Hause.

Wenn die Kinder sitzen können, brauchen sie die nächste Sitzgröße. Eine gute Übersicht veröffentlicht von Zeit zu Zeit die Stiftung Warentest (Adresse im Anhang). Darin enthalten sind Sitzsysteme, bei denen die Kinder in und entgegen der Fahrtrichtung angeschnallt werden. Auch Kinder, die aus diesen Sitzen rausgewachsen sind, brauchen heute einen speziellen Autositz. Achten Sie darauf, dass der Sitz in Ihr Auto passt. Für unseren Renault waren die Sitze von der Fläche her zu groß, und unsere Zwillinge stießen in den neu gekauften Sitzen bald mit dem Kopf ans Autodach. Es

Praxistipps

Passen die Sitze wirklich in Ihr Auto?

Nehmen Sie am besten Ihr Auto mit, wenn Sie Autositze kaufen. Probieren Sie direkt vor dem Geschäft aus, ob die Sitze ins Auto passen bzw. ob Ihre Gurte lang genug sind, um die Sitze zu befestigen. Außerdem sollten Sie sich daran orientieren, ob die Sitze einfach zu bedienen sind (damit man sie auch mal im eventuell vorhandenen Zweitwagen benutzen kann) und natürlich, wie sie bei den Sicherheitstests der Stiftung Warentest abgeschnitten haben.

Wenn Sie zusätzlich ein drittes Kind im Auto unterbringen müssen, werden Sie Schwierigkeiten bekommen, denn in den meisten Autos haben gerade mal zwei Kindersitze auf der Rückbank Platz. Leider gibt es für diesen Fall immer noch keine vernünftige Lösung. Im Grunde genommen eignet sich für Familien mit drei kleinen Kindern nur die Anschaffung eines »Vans« wie zum Beispiel Voyager, VW Sharan oder Renault Espace. Diese recht teuren »Familienkutschen« werden glücklicherweise in zunehmendem Maße auch gebraucht angeboten. Bewährt haben sich auch neue, eher kastenförmige Modelle – Beispiel: der Kangoo von Renault.

gibt auch Autositze, die »mitwachsen« – vom Anfang bis zum Ende des Sitz-Zeitalters (französischer Hersteller). Bei der Höhe dieser Investition erscheint es mir sinnvoll, gleich ein solches Modell anzuschaffen.

Schlitten braucht man in Gegenden, wo im Winter viel Schnee liegt. Sie können einen großen Schlitten kaufen, an dessen beiden Enden Sie jeweils eine Rückenlehne montieren. Notfalls können Sie so einen langen Schlitten mit einer Sperrholzplatte an einem Ende (oder an beiden) verlängern. Die Zwillinge sitzen sich dann gegenüber. Wenn Sie dieses Gefährt mit einem Strick hinter sich herziehen, besteht allerdings die Gefahr, dass es bereits durch kleine Unebenheiten umkippt, etwa an einer Bordsteinkante. Sicherer ist es, das hintere Ende des Schlittens mit einer Schiebestange zu versehen, die gleichzeitig als Rückenlehne für ein Kind dient. Ans vordere Ende wird die Rückenlehne für das zweite Kind montiert. So lässt sich der Schlitten besser dirigieren und kippt nicht um, wenn es um die Ecke oder über eine kleine Schwelle geht.

Auch viele Baby-Autositze lassen sich bestens auf einem langen Schlitten befestigen. Darin sitzen die Kinder sicher und mit entsprechendem Fellsack auch warm. Andere Ideen für den Transport in Eis und Schnee (so haben wir beispielsweise einen breiten Zwillingsschlitten – Eigenbau eines Schreiners – vorgestellt) finden sich immer wieder in den Winterausgaben der Zeitschrift »Zwillinge«.

Gebraucht oder neu?

Wir haben einige Dinge gebraucht gekauft, rückblickend aber viel zu wenig. Viele Anschaffungen hatten wir bald weiterverkauft und dabei außer bei Kleidung in der Regel noch etwa die Hälfte des ursprünglichen Kaufpreises bekommen. Sie sollten vor allem Dinge, die Sie nur wenige Monate brauchen können und die teuer sind, wie etwa Baby-Autositze, Wippen und Rückentragen etc. gebraucht kaufen. Zwillingskinderwagen, Buggys und andere Ausrüstungsgegenstände benutzen Sie meist über zwei bis drei Jahre, da lohnt sich die Neuanschaffung schon eher. Allerdings müssen Sie auch eine stärkere Abnutzung einkalkulieren und werden beim Wiederverkauf nicht mehr ganz so viel dafür bekommen. An

Alles doppelt?

Bei den meisten Anschaffungen werden Sie nicht drum herumkommen, alles doppelt zu kaufen. Dinge, die auf den ersten Blick nur einmal gebraucht werden, wie etwa ein Laufstall, müssen schließlich doch zweifach vorhanden sein. Einige Ausrüstungsgegenstände werden Sie am Ende sogar in drei- oder vierfacher Ausführung besitzen, wenn Sie Wippen, Betten etc. auch bei den Omas deponieren, um die viele Hin- und Herschlepperei zu vermeiden.

Auch was die Kleidung anbelangt, sind die meisten Zwillingseltern doppelt ausgerüstet. Zwar sind einige dagegen, die Zwillinge gleich anzuziehen, doch auch mit Wäschetrockner kommt man kaum drum herum, alles in doppelter Anzahl zu kaufen.

Was Sie auf jeden Fall doppelt anschaffen müssen, ist Spielzeug. Zwar plädieren manche Pädagoginnen und Pädagogen und sogar Eltern dafür, dass Zwillinge frühzeitig lernen müssen, zu teilen, doch vor Erreichen des Kindergartenalters ist das etwas viel verlangt. Ihre Zwillinge werden sich wie die meisten Ein- bis Dreijährigen erbittert um Spielzeug streiten, das nur einmal vorhanden ist. Und warum eigentlich sollen Zwillinge immer alles teilen?

gebrauchte Sachen heranzukommen, ist heute im Zeitalter von Ebay ja gar kein Problem mehr. Und das Wiederverkaufen eigentlich auch nicht.

Einige Eltern, deren Zwillinge altersmäßig ein paar Jahre auseinander sind, schließen sich zusammen und geben Spielsachen und Kleidungsstücke an die Familien mit jüngeren Zwillingen weiter. Sichern Sie sich gleich Abnehmer für alles, was Sie mit der Zeit wieder loswerden wollen, und suchen Sie sich wiederum Zwillingseltern, von denen Sie mit abgelegten Dingen versorgt werden.

Aber Vorsicht: Nehmen Sie nicht unüberlegt eine vermeintliche Gelegenheit wahr, kaufen Sie Gebrauchtes nicht zu schnell zu teuer. Überlegen Sie genau, ob Sie das wirklich alles brauchen. Gelegenheiten kommen immer wieder. So sollten Sie beim Erwerb gebrauchter Autositze ebenfalls vor Ort testen, ob diese sich überhaupt in Ihrem Auto befestigen las-

So nähen Sie einen Doppeltragesack

Um mit ihren Zwillingen Jens und Klaus mobiler zu sein, hat Sabine N. aus Marktoberdorf einen Doppeltragebeutel entworfen. Die Anleitung stellte sie freundlicherweise für dieses Buch zur Verfügung.

Material:
Fester Baumwollstoff, 2 m lang, 90 cm breit
»Zauberwatte« zum Polstern
2 große Karabinerhaken
1 Klickverschluss, mindestens 4 cm breit (wie an Skihosen)
2 Knöpfe zum Einschlagen
2 Hosenträgerschnallen zum Verstellen, mindestens 4,5 cm breit.

Zuschneideplan:
Vor dem Zuschneiden sollten Sie sich unbedingt den Klickverschluss, die Hosenträgerschnallen und die Karabinerhaken besorgen. Nach deren Breiten richten sich die Bänderbreiten. Je breiter die Bänder, desto bequemer lässt sich der Beutel tragen. Nahtzugabe: 2 cm.

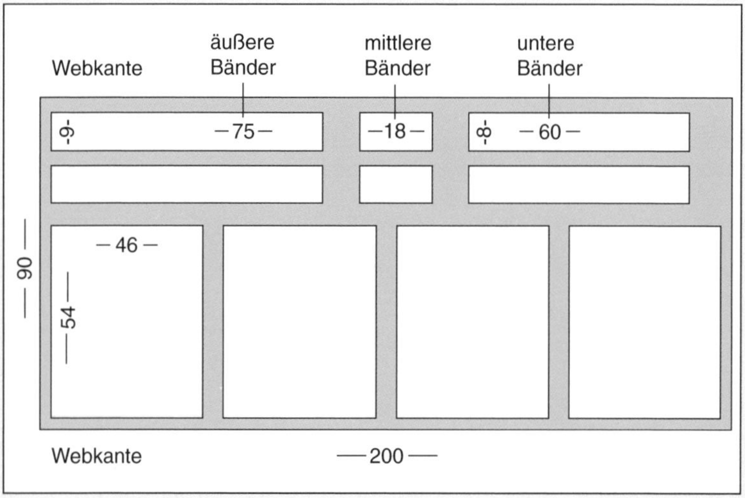

Je zwei Tuchteile (46 x 54 cm) ringsum miteinander verstürzen und schmal absteppen, dabei an der jeweiligen oberen Außenkante eine 5 cm lange Öffnung lassen (1). Nun noch einmal parallel zur Oberkante in 5 cm Abstand steppen (2). Je ein verstürztes, abgestepptes Mittelband (fertige Breite 4,5 cm, Länge 18 cm) an der mittleren Oberkante schräg über Kreuz feststeppen (3). Diese Bänder am anderen Ende nach innen einschlagen und Karabinerhaken unterheften (nach Anprobe festnähen) (4). Den jeweils entstandenen Tunnel am Tuchoberteil mit Zauberwatte fest ausstopfen (= Nackenstütze) und Öffnung zunähen (5).

Die Tuchunterkanten 5 cm nach innen umschlagen und festnähen (= Durchzug für die Bänder) (6). Beide Tuchteile an den Innenkanten übereinander legen und von der Oberkante her 16 cm weit zusammennähen (7). Nun die unteren Bänder verstürzen (fertige Breite 4 cm, Länge 60 cm) und absteppen. Je ein Band durch die Unterkante des Tuches ziehen, zwischen den Tüchern zusammenknoten (= Verstellmöglichkeit auf Taille) (8). Klickverschluss am anderen Ende anbringen (eventuell nach Anprobe festnähen) (9). Obere Bänder verstürzen (fertige Breite 4,5 cm, Länge 75 cm), dabei jeweils eine Schmalseite offenlassen. Nach circa 40 cm Bänder quersteppen. Durch die Öffnung der Schmalseite die Bänder jeweils 20 cm weit ausstopfen (= verstürzen) und danach nochmals quersteppen (10). Öffnung der Schmalseite schließen.

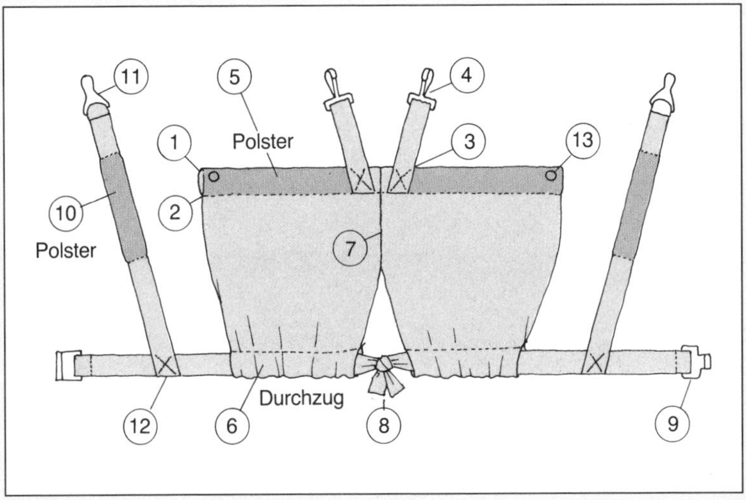

Am anderen Bänderende Hosenträgerschnallen anbringen (später eventuell festnähen) (11), das untere Bandende schräg an das Taillenband anheften (nach Anprobe über Kreuz festnähen) (12). An den oberen Außenecken Knöpfe einschlagen (1). Zwischen den Mittelbändern eventuell Wollschnur mit zwei Schnullern befestigen.

Gebrauchsanweisung:

1. Beide Tücher jeweils am unteren Rand windelförmig zusammenschieben.
2. Tücher auf einer Unterlage ausbreiten, Babys jeweils auf ein Tuch legen, gerafftes Tuch zwischen den Beinchen durchziehen.
3. Über die Babys beugen und Klickverschluss im Rücken schließen.
4. Träger im Rücken überkreuzen und Hosenträgerverschlüsse um die Knöpfe haken, Babys anheben.
5. Karabinerhaken ebenfalls in die Bügel der Hosenträgerverschlüsse haken.
6. Zuletzt Kinder durch »Wackeln« ausrichten, damit die Belastung gleichmäßig ist.

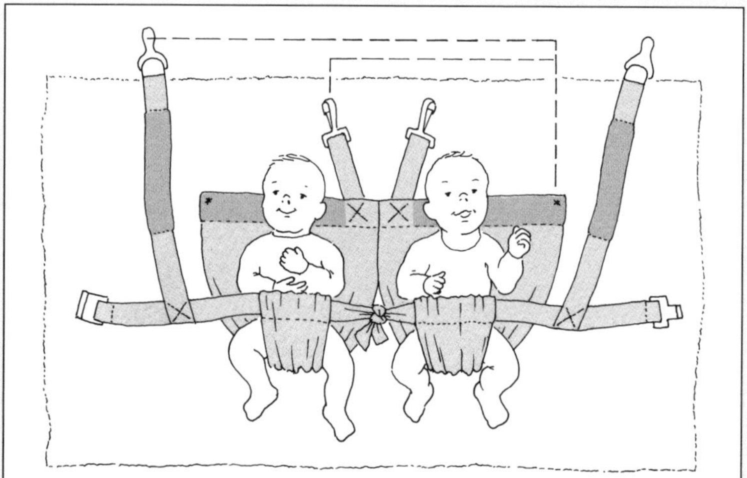

So sieht der selbstgenähte Doppeltragesack im Gebrauch aus.

sen. Bei Kinderwagen achten Sie darauf, dass das Zubehör möglichst komplett ist, da es oft nicht nachgekauft (neue Modelle!) werden kann. Am besten ist ein gebrauchtes Gefährt mit neuen (Ersatz-)Reifen. Lassen Sie sich vom Verkäufer sagen, in welchem Fachgeschäft der Wagen gekauft wurde (Kaufdatum/Originalrechnung). Denn im Falle einer Reklamation können Sie sich nur an dieses Fachgeschäft wenden.

Gebrauchtes finden Sie auch immer wieder in Second-hand-Läden; speziell für Zwillinge veranstalten auch zahlreiche Zwillingselterngruppen Basare (aktuelle Adressen und Termine werden in der monatlich erscheinenden Zeitschrift »Zwillinge« veröffentlicht).

Achtung, Unfallgefahr!

Die Sicherheit zu Hause ist natürlich kein zwillingstypisches Problem. Alle kleinen Kinder krabbeln auf Entdeckungsreise und stoßen so auf allerlei Gefahren. Doch die Tatsache, dass Sie zwei oder drei Krabbelkinder gleichzeitig im Auge behalten müssen, stellt Sie schon vor ein paar größere Probleme, als die Eltern eines Einzelkindes.

Neben selbstverständlichen Maßnahmen wie Kindersicherung in Steckdosen, Schutzgitter am Herd, abgerundeten Ecken, Schubladensperren, Fenstersicherungen, Tür- und Treppengittern, Putzmittel, Medikamente, Plastiktüten außer Reichweite und unter Verschluss sowie Babyphon müssen sich Zwillings- oder Drillingseltern einiges mehr einfallen lassen.

Sicherheitsmaßnahmen für Haus und Wohnung

- Zimmer, in denen sich die Zwillinge verletzen oder Schaden anrichten könnten, sperren Sie am besten ab. Beschriften Sie alle Schlüssel, hängen Sie sie (unerreichbar für die Zwillinge) weg – etwa an einen Nagel direkt neben der jeweiligen Tür.

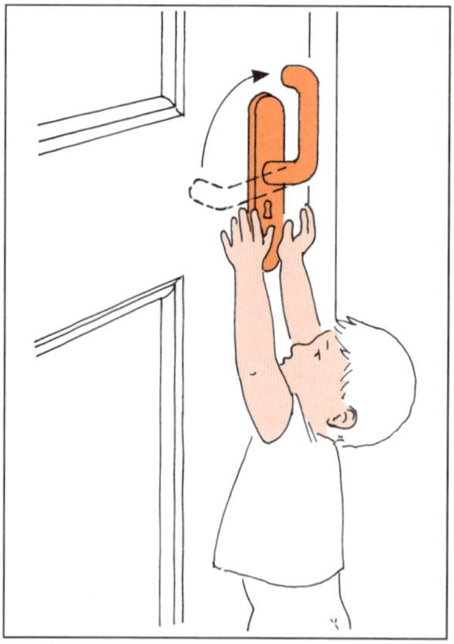

Mit einem einfachen Handgriff lassen sich Türklinken nach oben stellen, so dass sie für Kleinkinder ein unüberwindbares Hindernis darstellen.

- Wenn Sie die Zimmer nicht absperren wollen oder können, empfiehlt es sich, die Türklinken nach oben zu montieren. Das ist mit ein paar Handgriffen und etwas handwerklichem Geschick schnell getan.
- Lassen Sie Ihre lieben Kleinen vor allem in der Küche nicht allein. Wenn Sie den Herd gerade nicht benutzen, sollten Sie seine Sicherung ganz herausdrehen. Praktisch sind Herde, deren Schalter oben angebracht sind.
- Achten Sie darauf, dass giftige Zimmerpflanzen nicht in Reichweite Ihrer Kinder kommen. Um die Erde in den Pflanzenkübeln vor neugierigen Kinderhänden zu schützen, schneiden Sie aus Pappe runde Scheiben mit einem Loch in der Mitte und einem Einschnitt. Damit können Sie die Erde abdecken. Schneiden Sie den Kreis ruhig etwas größer zu, damit Sie diesen Deckel richtig festklemmen können. Man kann auch eine Damenstrumpfhose von unten über einen Blumentopf ziehen, oben zubinden und die Pflanze lässt sich trotzdem noch wässern.
- Treppen sollten Sie durch verstellbare Holzgitter sichern. Damit können Sie auch einzelne Zimmer absperren. Klemmen Sie dieses Gitter in den Türrahmen des Kinderzimmers, und schaffen Sie den Zwillingen so einen erweiterten Laufstall. Wenn die beiden noch klein sind, kann man auch einfach ein Brett vor die Tür montieren, über das die Großen drübersteigen und die Kleinen allenfalls drübergucken können.
- Polstern Sie Ecken und scharfe Kanten ab. Vor allem, wenn die Kinder anfangen, sich hochzuziehen oder zu laufen.

Hinweis

Keine Übervorsicht

Zu viel Absicherung verleitet zu Sorglosigkeit. Als beste Gefahrenabwehr gilt immer noch das wachsame Auge der Mutter oder des Vaters. Mit einem gewissen Maß an Gefahr sollten Kinder zurechtkommen können. Übervorsicht schafft überängstliche Kinder. Neues sollten Sie gemeinsam mit den Kindern ausprobieren. Dabei lernen sie, wie man vorsichtig, aber nicht ängstlich an die Dinge herangehen kann. Denken Sie in puncto Sicherheit immer einen Schritt voraus.

- Wenn Sie Laufställe nicht für Ihre Kinder nutzen, dann stellen Sie Stereoanlage, Fernsehgerät und andere teure Dinge darein, um sie so vor dem Zugriff der Kinder zu schützen. Stellen Sie die so genannte Spielinsel (Kunststofflaufstall) wie einen Zaun auf, um Sachen abzusichern. Wenn Sie selbst eine Art Wandhalterung konstruieren, schirmt dieser »Zaun« noch besser ab.
- Ihre Kinder müssen lernen, auf »nein« zu hören, das heißt, bei Steckdosen, auch gesicherten, müssen Sie immer »nein« sagen.
- Lassen Sie die Kinder nie beim Baden allein. Legen Sie eine rutschfeste Badematte in die große Badewanne, polstern Sie die Wasserhähne mit einem Handtuch. Stellen Sie zwei Plastikwäschekörbe in die Wanne. Darin sitzen die Kinder sicherer und können sich allein am Rand festhalten. Bei Babys benutzen Sie Daphné-Babysitze.
- Schnallen Sie Ihre Kinder im Hochstuhl an, damit sie nicht anfangen herumzuturnen und dabei umkippen oder herausfallen. Achten Sie darauf, dass sich die Kinder nicht vom Hochstuhl aus mit den Füßen vom Tisch abstoßen können. Stellen Sie Babywippen nie auf einen Tisch.
- Um Fingerklemmen an Türen zu vermeiden, können Sie ein Handtuch über die Türoberkante legen, so dass die Zimmertür nicht ganz zuschlagen kann.
- Damit die Zwillinge nicht unbemerkt die Wohnung oder das Haus verlassen können, sollten Sie Glöckchen an die Haustür hängen. Oder binden Sie den Zwillingen Glöckchen an die Kleidung.
- Wenn Sie plötzlich nichts mehr hören, es also verdächtig leise im Kinderzimmer oder der Wohnung ist, dann stimmt etwas nicht!

Hinweise für draußen

- Im eigenen Garten sollten Sie giftige Pflanzen entfernen oder wenigstens gut abschirmen. Leider sind auch immer wieder um Spielplätze herum oder in deren unmittelbarer Nähe giftige Pflanzen zu finden. Wenn es gar nicht anders geht: Meiden Sie diese Plätze einen Sommer und Herbst lang. Für alle Fälle sollten Sie sich die Giftpflanzentabelle und die Telefonnummern der Giftnotrufzentralen in Sichtweite zu Hause an die Wand pinnen.

- Wenn Sie draußen unterwegs sind und Ihre Zwillinge die ersten Schritte machen, laufen sie Ihnen vielleicht sogar weg – einer nach rechts, die andere nach links. Dann ist es besser, mit jemandem spazieren zu gehen, der Ihnen helfen kann. Schließen Sie sich mit einer Mutter eines Einzelkindes zusammen. Zwei Erwachsene, die auf drei Kinder aufpassen, sind immer noch besser als eine Mutter mit zwei Kindern.
- Meiden Sie unübersichtliches Terrain, und gehen Sie mit besonders lebhaften Kindern auf eine riesengroße Wiese.
- Ziehen Sie Ihre Zwillinge farbenfroh an, so dass Sie sie mit einem Blick sehen.
- Manche Mütter führen ihre Zwillinge im Ledergeschirr spazieren. Andere finden es vielleicht unmöglich, dass eine Mutter ihre Kinder wie Hunde ausführt. Doch allzu fern ist der Vergleich in manchen Situationen nicht.
- Ich kann auf den Fingern pfeifen und habe das oft benutzt, wenn Maxi und Conny auf eine gefährliche Situation zusteuerten. Auf Pfiff hörten sie ganz gut, sie hielten zumindest so lange inne, bis ich zur Stelle war, um Schlimmeres zu verhindern. Probieren Sie's mit einer Trillerpfeife, auch wenn Ihnen das bissige Kommentare einbringt. Schreien nützt bei manchen Kindern leider nichts (mehr).

Krankheiten und Kinderarztbesuche

Auch diese Themen sind an sich natürlich nicht zwillingstypisch. Aber waren Sie schon einmal mit zwei kleinen Kindern in einem vollbesetzten Wartezimmer? Da kann man ganz schön ins Schwitzen kommen …

Wenn die Zwillinge krank sind

Es ist geradezu hoffnungslos, ein Zwillingskind von seinem kranken Geschwisterchen fern halten zu wollen, um es so vor Ansteckung zu schützen. Wenn ein Zwilling erkältet ist, lässt auch der andere nicht lange auf den Schnupfen warten. Deshalb sollten Sie vor allem bei harmlosen Erkältungskrankheiten die beiden eher zusammenstecken, damit die Sache auf einmal erledigt ist.

Andere (nicht ansteckende) Krankheiten oder Wehwehchen müssen Zwillinge nicht unbedingt gleichzeitig haben (auch eineiige nicht), und oft ist sogar ausschließlich das eine Kind betroffen. Hat beispielsweise ein Zwilling empfindliche Haut und ist ständig wund, so kann das andere Kind trotzdem ein Pfirsichhäutchen haben. Selbst Anfälle von Pseudokrupp, die angeblich viel mit Luftverschmutzung zu tun haben, bleiben manchmal nur auf ein Kind beschränkt, obwohl beide die gleiche schlechte Luft geatmet haben.

- Legen Sie für jedes Kind ein eigenes Heft an, in das Sie alle Krankheiten und Besonderheiten eintragen.
- Spannen Sie das gesunde Kind zur Versorgung des kranken Zwillings ein. Damit umgehen Sie vielleicht auch ein paar Eifersuchtsprobleme, weil Sie sich »zu viel« um das kranke Kind kümmern.
- Ist nur ein Kind krank, besteht kein Grund, das andere nicht nach draußen zu lassen. Kindergartenkinder können ruhig auch einmal ohne »Zwillingsgeleitschutz« aus dem Haus gehen.

Besuche beim Kinderarzt

Auch für Besuche bei der Kinderärztin oder dem Kinderarzt – sei es zu Vorsorgeuntersuchungen oder im Krankheitsfall – gibt es ein paar Ideen, die es Zwillingseltern leichter machen:

- Lassen Sie sich den ersten Termin frühmorgens oder gleich nach der Mittagspause geben, damit Sie nicht lange warten müssen.
- Gehen Sie nicht mit beiden Kindern allein in die Praxis. Stellen Sie sich vor: Beide fangen im Warte- oder Sprechzimmer zu schreien an oder räumen das Regal im Arztzimmer aus.
- Etwas ältere Kinder haben vielleicht schon Angst vorm Arzt, und dann haben Sie alle Hände voll zu tun, die beiden festzuhalten, zu trösten und aus- und anzuziehen, weil das eben nur die Mami darf und nicht die Sprechstundenhilfe.
- Nehmen Sie unbedingt zwei frische Windeln, Teeflaschen, Schnuller und alles mit, was den Kleinen die Wartezeit oder die Angst überbrücken hilft.

- Vor allem am Anfang, wenn Sie noch unsicher sind, sollten Sie sich vorher eine Liste mit Fragen und Stichpunkten machen, damit Sie nichts vergessen.
- Liegt der Termin sehr früh morgens, dann sollten Sie Ihre Kinder schon am Abend vorher in der Kleidung zum Schlafen legen, in der Sie sie in die Praxis mitnehmen möchten. Manche Eltern legen ihre Kinder im Schlafsack hin und nehmen sie auch so verpackt morgens mit zum Termin.
- Die Kleidung für Arztbesuche sollte praktisch sein, also schnell aus- und angezogen werden können.
- Wenn Sie mit Ihrem Kinderarzt aus irgendeinem Grund nicht zufrieden sind, scheuen Sie sich nicht, diesen zu wechseln.
- Wenn Sie einen Termin mit Drillingen haben, brauchen Sie unbedingt eine erwachsene Hilfsperson. Fragen Sie auch nach der Möglichkeit von Hausbesuchen.

Kora sieht aus wie ein Streuselkuchen – Zwillingsschwester Kim hat die Windpocken schon hinter sich.

Die neue Lebensphase erfordert neue Maßnahmen

Wie verändern sich durch die Neugeborenen die Beziehungen in Ihrer Familie und zur Außenwelt? Wie erleben Alleinerziehende diese neue Lebenssituation? Und wie sind Berufstätigkeit und Zwillinge zu vereinbaren?

Mit Zwillingen mobil bleiben

Ob auf dem Spaziergang, beim Fahrradfahren oder Einkaufen – alle Unternehmungen sind jetzt für Sie mit erheblichem Aufwand verbunden. Auch öffentliche Verkehrsmittel sind nicht gerade das, was man »zwillingsfreundlich« nennen würde. Wie Sie solche Situationen meistern können, verraten Ihnen folgende Kapitel.

»Ruf doch mal an ...«

Besonders hart trifft junge Mütter oft die plötzliche Isolation, in die sie geraten, wenn das Baby erst einmal da ist. Die Kolleginnen und Kollegen von früher rufen nicht mehr an, der ganze Tagesrhythmus muss sich nach dem Baby richten, »schnell mal ein Stadtbummel« ist einfach nicht mehr drin, die Freundinnen wohnen relativ weit weg oder haben selbst (noch) keine Kinder, und schließlich ist das Baby über einen langen Tag hinweg auch kein adäquater Gesprächspartner. Als junge Zwillings- oder gar Drillingsmutter haben Sie, bis die Kinder einigermaßen laufen können und auch schon verständig sind, noch erheblich größere Probleme, unter Menschen zu kommen. Erst recht trifft das auf Sie zu, wenn Sie außer den Zwillingen weitere kleine Kinder haben.

Allein schon der Start mit zwei kleinen Kindern ist ein Problem. Es vergeht immer einige Zeit, bis beide angezogen sind (siehe auch Praxistipps für einen schnellen Start auf Seite 193). Den schweren Zwillingswagen können Sie vielleicht gar nicht allein über die Kellertreppe wuchten, und Autofahren mit zwei kleinen Kindern trauen Sie sich womöglich (noch) nicht zu. Kaffee trinken bei einer Freundin – kein Gedanke daran mit zwei quirligen Kindern, die eigentlich je eine erwachsene Begleitperson brauchten. Besuche empfangen Sie vielleicht auch nicht so gern, da sie letzten Endes mehr Arbeit machen, als sie Zeitvertreib bringen. Besuch kommt vielleicht auch gar nicht gern, weil alle fürchten, Sie könnten sich gestört fühlen.

Empfehlung

Rechtzeitig Kontakte knüpfen!

Vielleicht geht es Ihnen wie mir, und Sie leben erst auf, wenn Ihr Partner nach Hause kommt? Ich habe mich im ersten Jahr oft richtig vor diesen Stunden ohne Mann, ohne Hilfe, ja sogar vor meinen eigenen Kindern gefürchtet. Soweit sollten Sie es nicht kommen lassen. Knüpfen Sie rechtzeitig Kontakte zu Zwillingsmüttern (oder auch Müttern von einzelnen Kindern) in gleicher Situation. Wenn Sie sich dann wieder einmal so richtig alleingelassen fühlen, so bleibt Ihnen doch der Griff zum Telefon.

Die letzte Rettung: der Spaziergang

Für viele Zwillingsmütter ist der tägliche Spaziergang die beste Möglichkeit, um sich einmal eine Ruhepause zu verschaffen. Ob sie nun schreiende Babys in ruhigen Schlaf wiegen oder durch die Anerkennung der Umwelt neue Kraft tanken – die meisten Mütter schwören auf den Spaziergang.

Doch Zwillinge, die schon selbst laufen können, sind nach meiner Erfahrung vor allem in den ersten Wochen nach dem ersten Schritt ein echtes Problem. Wenn die Leute mir sagten: »Warten Sie's ab, dann rennt einer nach rechts, der andere nach links«, lachte ich nur und wollte solchen »Unsinn« nicht glauben. Doch als Maxi und Conny selbständig liefen, gab es Zeiten, in denen ich nicht wagen konnte, ohne zweite »Aufsichtsperson« spazieren zu gehen oder zum Spielplatz. Doch auch dieses »Weglaufen« ist nur eine jener Phasen, die schließlich ganz von selbst wieder verschwinden, als hätte es sie nie gegeben.

Die beste Beschäftigungstherapie für Zwillinge ab anderthalb Jahren ist und bleibt der Spaziergang, wobei Sie aufs »Gehen« und »Vorwärtskommen« nicht allzu viel Wert legen sollten. Die Kinder beschäftigen sich in der Regel sehr gut mit allem, was so herumliegt: Steinchen, Stöckchen, Blätter. Wenn Sie jedoch vorankommen möchten, nehmen Sie einen Ball (wenn es Streit gibt, zwei Bälle) mit, den Sie mit dem Fuß immer weiter nach vorn kicken. Dann laufen die Kinder gern einmal ein Stückchen hinter dem rollenden Ball her.

- Achten Sie beim Kauf des Kinderwagens auf robuste Ausführung und praktisches (wetterfestes) Zubehör. Der Kinderwagen – egal welcher Art – ist Ihr wichtigstes Hilfsmittel, um nicht zu Hause allein zu vereinsamen!
- Bitten Sie jemanden, Ihnen beim Anziehen und Fertigmachen der Zwillinge zu helfen, damit Sie nicht schon vor dem Abmarsch fix und fertig sind.
- Wenn die Zwillinge laufen können, lassen Sie sie laufen – das beschäftigt die Kinder und macht sie müde.
- Gehen Sie vormittags zum Spielplatz. Da sind die Plätze oft menschenleer, und Sie können Ihre Kinder besser im Auge behalten.
- Wenn die Kleinen weglaufen und Sie nicht mehr wissen, wen Sie zuerst aus einer drohenden Gefahr retten sollen, verzichten Sie für eine Weile auf den täglichen Spaziergang, solange Sie niemand begleiten kann (siehe auch Sicherheitstipps auf Seite 176 f.).
- In dieser problematischen Zeit ging ich mit meinen Kindern zu einer öffentlichen Sportanlage. Dort konnten sie relativ gefahrlos herumlaufen, das Gelände war eingezäunt und Hunde mussten draußen bleiben.
- Meiden Sie in dieser Zeit Spielplätze mit (gefährlichen) Turn- und Spielgeräten.
- Eine Münchner Zwillingsmutter band ihren Kindern Luftballons an die Hosen, wenn sie sich mit Bekannten im weitläufigen Biergarten traf. So verlor sie die Kinder nie ganz aus den Augen.
- Ziehen Sie Ihre Zwillinge betont unterschiedlich an, damit Sie nicht immer gleich als Zwillingsmutter erkannt werden, denn Sie haben nicht immer den Nerv, neugierigen Leuten alles zu erklären, was sie wissen möchten … (»Sind das Zwillinge?« »Ein- oder zweieiig?« »Ein Pärchen?«)
- Nehmen Sie ein Kind im Einzelbuggy, das andere in der Kraxe mit. Vorsicht beim Vornüberbeugen! Sichern Sie das Kind in der Rückentrage mit Sitzgurt, und gehen Sie in die Knie, wenn Sie sich bücken müssen.
- Sind Ihre Zwillinge noch klein, können Sie ein Kind im Einzelkinder-

wagen ausfahren, das andere in einem Tragesack oder -tuch um den Bauch binden.

- Bei einigen Einzelbuggys kann man zwischen die Lenkstangen ein Sitzbrett montieren, etwa mit Schrauben durch das Gestänge. Vorsicht: Den Buggy dann nie loslassen, bevor das Kind, das auf dem Sitzbrett saß, abgestiegen ist. (Solche Tipps wenden Sie immer nur auf eigene Gefahr an!)
- Marion D. praktizierte Folgendes, wenn es einmal schnell gehen musste: Sie hängte eine Nyloneinkaufstasche über das Lenkgestänge ihres Einzelbuggys – einen Henkel rechts, den anderen links über den Griff. Da hinein kauerte sich je eines der Zwillingsmädchen – alle 5 Minuten wurde gewechselt. Vorsicht: den Schiebegriff nie loslassen!
- Montieren Sie eine Fahrradklingel an den Wagen, dann haben Sie es leichter, auf schmalen Wegen vorbeigelassen zu werden.
- Oft müssen wir Zwillingseltern mit unseren Kindern auf die Straße ausweichen, weil Autos rücksichtslos auf den Gehwegen geparkt werden oder so ungünstig stehen, dass wir die Straßen nicht überqueren können. In diesem Fall verteilte die Frankfurter Zwillingsrunde Handzettel, die darauf hinweisen, wie gefährlich diese Situation für uns werden kann.

Mit dem Fahrrad unterwegs

Zum Mobil-Bleiben mit Zwillingen gehört im Sommer unbedingt das Fahrradfahren. Dabei können Sie sich, solange die Kinder noch relativ klein sind, eins in die Rückentrage packen (und festschnallen), das andere sitzt im Fahrradsitz vorne. Sind die Zwillinge für die Kraxe zu schwer (etwa ab 18 Monaten), können Sie einen zweiten Fahrradsitz auf dem Gepäckträger montieren. Das Fahren mit einem so bepackten Rad ist Übungssache. Nach etwas Training ist es gar nicht mehr so schwer, das

Praxistipps

- Auch auf ein Dreirad (für Erwachsene) lassen sich zwei Schalenkindersitze montieren.
- Fürs Auf- und Absteigen ist jetzt ein stabiler Fahrradständer wichtig.

- Unterwegs können Sie Ihr Fahrrad an eine Parkbank lehnen und mit einem Pedal auf der Bank festklemmen.
- Am vorderen Fahrradsitz können Sie einen Beutel mit Spielzeug, Keksen oder Fläschchen befestigen.
- Gudrun Sch. rät, immer das lebhaftere Kind zuerst aufs Fahrrad zu setzen und zuletzt absteigen zu lassen. Sie hatte den Schock ihres Lebens, als das eine Kind auf die Straße zulief und das andere noch auf dem Fahrrad saß, das sie nirgendwo abstellen konnte.
- Das weniger lebhafte Kind können Sie sich zwischen die Beine klemmen, während das andere auf- oder absteigt.
- Nicht mehr wegzudenken sind Fahrradanhänger, von denen es viele Modelle zur Auswahl gibt (siehe auch Seite 167).

Gleichgewicht zu halten. Probleme gibt's eigentlich nur mit der Sitzverteilung: Der Vordersitz wird immer der beliebtere sein.

Einkaufen: der Horror schlechthin!

Der Alptraum einer jeden Mutter: das Kind im Supermarkt mit all den Süßigkeiten in greifbarer Nähe, während sie an der Kasse anstehen muss. Mit Zwillingen sind solche Einkäufe noch einmal so nervenaufreibend, zumal wenn die lieben Kleinen anfangen, sämtliche Regale auszuräumen oder wenn sie in den langen Gängen Verstecken spielen.

Empfehlung

Ohne Kinder in den Supermarkt!

Schicken Sie Ihren Mann allein zum Einkaufen oder, wenn er Ihnen das nicht abnehmen möchte, gehen Sie nur zum Einkaufen, wenn jemand anderes währenddessen zu Hause auf die Zwillinge aufpasst.

Wenn es sich gar nicht vermeiden lässt, die Kinder zum Einkauf mitzunehmen, dann tun Sie sich leichter, wenn Sie nur einen einzelnen Buggy mitnehmen. Das andere Kind können Sie im Tragebeutel und später in der Rückentrage transportieren. So sind Sie schmal genug, um beide Kinder direkt in den Laden mitzunehmen. Natürlich sind so nur kleine Einkäufe möglich.

Sind die Zwillinge etwas älter, können Sie sie im Supermarkt bequem im Einkaufswagen transportieren. Viele Einkaufswagen haben vorne eine Sitzmöglichkeit für ein Kind. Das andere bleibt in der Rückentrage, oder Sie setzen beide in den Einkaufswagen. Inzwischen gibt es auch hierzulande Einkaufswagen mit Doppelsitzen. Manche Supermarktleiter bestellen solche Wagen extra bei ihrer Zentrale, wenn man sie darum bittet.

Ein Rat zu Rolltreppen: Zwillingswagen und -buggys passen knapp auf die Rolltreppe, doch sie sind dort wegen ihres Gewichts schlecht zu handhaben. Wenn Sie's umgehen können, meiden Sie Rolltreppen, vor allem, wenn Sie allein unterwegs sind.

Als ideale Einkaufstasche für kleinere Besorgungen hat sich bei uns ein Rucksack bewährt. Zwillingswagen mit großen Körben unter den Sitzen verleiten dazu, sie als Einkaufswagen zu missbrauchen. Achten Sie auf das zulässige Gesamtgewicht (meist beträgt das zulässige Zuladegewicht 36 kg – inklusive Gewicht der Zwillinge!).

Öffentliche Verkehrsmittel

Fahrten mit öffentlichen Verkehrsmitteln sind für Zwillingseltern das reinste Hindernisrennen. Am besten wagt man sich da mit den Kindern nur zu zweit hinein. Denn oft sind Stufen, Absätze oder Ähnliches zu überwinden, und zu zweit sind Sie wenigstens nicht auf fremde Hilfe angewiesen. Viele Busse oder Straßenbahnen sind für Zwillingswagen überhaupt nicht zugänglich: sie haben mitten in den Einstiegstüren eine Haltestange. Da hilft nur eins: Laufen oder Taxifahren.

Wenn Sie wirklich einmal allein mit Bus oder Bahn unterwegs sind, packen Sie sich ein Kind in eine Rückentrage oder einen Bauchtragesack, das andere in einen Einzelbuggy, oder besorgen Sie sich einen Einlingssportwagen mit Zusatzsitz. Ganz toll ist der französische Wagen Twin Club, eigentlich von Anfang an nutzbar, der unserer Erfahrung nach nur selten von deutschen Eltern genutzt wird. Auf das Grundgestell des Wagens passen zwei Babyautositze (vom gleichen Hersteller, Bebéconfort), später zwei Sportwagenaufsätze, und ganz zum Schluss montieren sie nur noch einen Sportwagenaufsatz auf das variable Gestell; das zweite Kind steht auf einer eingearbeiteten Plattform. Der Vorteil: Sie haben dann nur noch einen »Einlingswagen«, kommen überall super durch und fallen nicht mehr auf – es sei denn, die Passanten bestaunen den pfiffigen Wagen. Schade, dass er hierzulande nicht mehr Freunde hat.

Die Familienkutsche

Wenn sich Zwillinge anmelden, sollten Sie überlegen, ob Sie in Zukunft vielleicht mit einer »Familienkutsche« besser beraten wären (Kombi, Mini-Van oder Bus). Wir glaubten damals, »kleine Zwillinge« passen in »kleine Autos«. Doch eher das Gegenteil ist der Fall. Je älter die Zwillinge, um so weniger Platz brauchen Sie für Zwillingskinderwagen, Sportkarre oder Buggy.

Als wir »nur« Zwillinge hatten, schafften wir uns einen Kombi mit großer Ladefläche an. Als unser drittes Kind geboren wurde, war uns auch dieser Kombi bald zu eng. Damals gab es eigentlich nur einen Mini-Van von Renault. Seither sind wir sehr zufrieden mit diesem Fahrzeug, das trotz seiner Größe ein Auto ist, kein Bus, und das sich deshalb auch so fährt, also von den Ausmaßen her gut zu übersehen ist und auch beim Überholen genug Power hat, um sicher zu sein.

Heute gibt es von fast allen Herstellern und in unterschiedlichen Preisklassen diese Mini-Vans. Doch auch Eltern, die sich nicht gleich ein neues Auto anschaffen können oder wollen, kommen zurecht. Mit den passenden Autositzen (ausprobieren!) und einem Kinderwagen, der nicht zu sperrig ist (ebenfalls ausprobieren!), kann auch ein normaler Mittelklassewagen für eine Zwillingsfamilie reichen.

Die schönsten Wochen im Jahr

Wenn Sie mit kleinen Zwillingen in Urlaub fahren, haben Sie auf jeden Fall eine Menge Gepäck und, wenn Sie Pech haben, auch noch Probleme mit zwei Kindern, die völlig aus dem Rhythmus gekommen sind, nachts nicht mehr (allein) schlafen und tagsüber quengelig sind. Hier ein paar Tipps anderer Zwillingseltern:

- Flugreisen sind für kleine, aber schon recht mobile Kinder nicht unbedingt zu empfehlen, da Platz zum Herumlaufen fehlt.
- Wenn Sie sich dennoch entschließen: Geben Sie den Kindern während Start und Landung etwas zu trinken. Das nimmt den Druck von den Ohren.
- In Spanien hatten die Eltern von Sven und Daniel einen sehr hügeligen Urlaubsort gewählt, und deshalb konnte die Familie kaum größere Spaziergänge mit den Buggys unternehmen. Also empfiehlt es sich, darauf zu achten, ob das Ziel »baby- oder kleinkinderfreundlich« ist.
- Viele Eltern haben gute Erfahrungen mit längeren Nacht-Autofahrten gemacht. Mit etwas Glück schlafen die Kinder im Auto weiter. Wenn Sie in den frühen Morgenstunden los wollen, sollten Sie Ihre Zwillinge abends fast fertig angezogen ins Bett legen.

Lesetipp

Kindgerechter Urlaub

Ein Buch mit vielen guten Reisetipps für Familien mit Babys und Kleinkindern gibt es im Trias Verlag: Reise-Fieber von Marion von Gratkowski und Ariane Nägele. Darin geht es um die beste Planung eines kindgerechten Urlaubs und auch um das Kranksein auf Reisen. Dieses Buch wird nur noch über den Buchshop der Zeitschrift ZWILLINGE vertrieben.

- Nehmen Sie etwas Vertrautes (Wolldecke, Schmusetier etc.) von zu Hause mit, was den Kindern den Aufenthalt, vor allem aber das Schlafen in fremder Umgebung erleichtert.
- Nehmen Sie Spielzeug mit. Und zwar neue Dinge, um Langeweile zu vermeiden, und ein paar vertraute Dinge, um Heimweh entgegenzu-

Urlaub mit Zwillingen macht mehr Spaß, wenn die Kinder schon etwas größer sind. Tapetenwechsel soll ja nicht nur Stress machen.

wirken. Trotzdem sollten Sie nur das Allernötigste mitnehmen. Machen Sie sich vor dem Start eine Liste.

- Auf jeden Fall gehören ein paar feuchte Waschlappen (im Plastikbeutel) ins Reisegepäck, damit ist dann jederzeit eine kleine »Schnellwäsche« möglich. Noch besser: »feuchte Tücher«, die man kaufen kann.
- Haben Sie Krankenscheine für das Ausland eingepackt? In ungewohnter Umgebung mit ungewohntem Klima werden Kinder leichter einmal krank.
- Bringen Sie einen Sonnenschutz an den Seitenfenstern des Autos an, damit die Sonne den Kleinen nicht so direkt ins Gesicht fällt. Notfalls reicht auch ein T-Shirt oder eine Stoffwindel, die Sie ins Fenster klemmen.
- Auf die Kindersitze sollten Sie vor allem im Sommer immer ein Handtuch legen, dann schwitzen die Kinder nicht so.
- Als Urlaubsquartier für Zwillingsfamilien empfiehlt sich ein Appartement, ein Bungalow oder Häuschen, auf jeden Fall etwas, wo Sie sich selbst verpflegen können.
- Urlaub für Familien vermitteln die Caritas, Kolping-Verbände, der Deutsche Paritätische Wohlfahrtsverband, Vereine für Familienferien und der ADAC.

Der schnelle Start mit Zwillingen

Viele Zwillingsmütter bestätigen, dass es viel Mühe macht, zwei kleine Kinder anzuziehen. Besonders schlimm wird es, wenn sich die Zwillinge der lästigen Prozedur durch Weglaufen entziehen, dann ist manchmal schon »Gewaltanwendung« nötig, damit die Kleinen startklar werden. Im Folgenden einige Tipps, wie Sie sich diese Aufgabe erleichtern können.

- Wählen Sie die Kleidung für draußen auch unter diesem Gesichtspunkt aus: Wenig Knöpfe und wenn, dann an der richtigen Stelle, lange Reißverschlüsse an Overalls, Schuhe mit Klettverschlüssen, Reißverschluss oder einfach nur zum Reinschlüpfen, einteilige Schneeanzüge statt zweiteilige, das geht schneller bzw. vermittelt den Kindern wenigstens den Eindruck, es sei nur ein Teil anzuziehen.

- Packen Sie erst in Ruhe Dinge ein, die Sie unterwegs brauchen, dann die Kinder. Einen kleinen Beutel mit der »Grundausstattung« können Sie ja schon griffbereit aufbewahren.
- Besonders quirlige Kinder können Sie zum Anziehen einen Moment in den Hochstuhl setzen. Handschuhe und Mützen brauchen auch erst angezogen zu werden, wenn die Kinder schon im Wagen sitzen, also anderweitig abgelenkt sind.
- Wenn Sie die Kinder nicht gleichzeitig (einen rechts, den anderen links) tragen können, lassen Sie das Kind, das warten muss, nur an einem sicheren Ort zurück. Das im Buggy wartende Kind sollten Sie auch nur gesichert, also angeschnallt, zurücklassen.
- Ziehen Sie sich selbst zuletzt an, sonst sind Sie im dicken Mantel durchgeschwitzt, während Sie Ihre Zwillinge immer noch nicht angezogen haben.
- Legen Sie sich am Abend vorher alle Anziehsachen zurecht. Wenn Sie sehr früh morgens einen Termin haben, zu dem Sie pünktlich sein müssen, ziehen Sie den Kindern schon zum Schlafen das T-Shirt, das Sweatshirt an, das sie anderntags tragen sollen. So sind die Zwillinge wenigstens oben herum schon fast fertig angezogen. Oder nehmen Sie die Kinder gleich im Schlafsack mit.
- Verstauen Sie alles, was Sie unterwegs brauchen – Kinderwagen, Windeln – schon am Abend vorher im Auto.

Stress, lass nach!

Bei (fast) allen Zwillings- und Drillingseltern kommt der Zeitpunkt, wo sie sich einfach überfordert fühlen. Das kann schon ganz zu Beginn sein, wenn schlaflose Nächte und unruhige Tage überhand nehmen, oder später, wenn die Zwillinge anfangen, ihren Willen durchzusetzen oder sie sich von morgens früh bis abends spät streiten. Meist leiden die Mütter stärker unter dieser Überforderung, sie sind es in der Regel, die tagaus, tagein mit ihren Kindern zusammen sind. Diese Überforderung äußert sich in Klagen wie »Ich dachte schon, ich wäre reif für die Klapsmühle« oder »Ich wollte schon zum Psychiater gehen« bis zu tatsächlichen Zusammenbrüchen.

»Manchmal bin ich so erschöpft, wie ich noch nie vorher in meinem Leben gewesen bin. Andere brauchen für so eine Lebenserfahrung die Besteigung eines Fünftausenders oder einen Ultra-Triathlon, Zwillingsmütter mit unruhigen Kindern kriegen das gratis. Normalerweise wird man immer erschöpfter, und irgendwann fängt sich der Körper wieder, eine neue Kraftreserve wird angebrochen. Bei mir gibt es keine Kraftreserven mehr. Ich habe das Gefühl, gleich umfallen zu müssen.« (Marion B.)

Oft ist diese Überforderung nur ein sehr subjektiv empfundener Zustand, in den man sich zusätzlich hineinsteigern kann. Sätze wie »Ich kann nicht mehr«, »So will ich nicht mehr leben« oder Ähnliches sollten Sie gar nicht im Repertoire haben. Denken Sie lieber »Jetzt erst recht!«, ballen Sie die Fäuste, wenn Ihnen alles über den Kopf zu wachsen droht.

Viele Mütter fühlen sich gar nicht so sehr von der (doppelten?) Arbeit überfordert, sondern eher davon, dass nicht alles so glatt läuft, wie sie sich das vorgestellt haben. Die Ansprüche, die sie an sich selbst stellen, sind oft einfach zu hoch. Supermütter mit ewig freundlichem Zahnpastalächeln gibt es nicht. Es ist völlig normal, dass auch Mütter einmal einen schlechten Tag haben. Und das sollten Sie auch zugeben. Und Kinder brauchen die Konfrontation mit den »Großen«, sie müssen ihre Grenzen abstecken. Suchen Sie deshalb nicht den Fehler zuerst bei sich und Ihren »falschen« Erziehungsmethoden, wenn es von morgens bis abends nur mit Schreien geht.

Auch der Vater muss ran

Zwillings- und Drillingsväter können sich kaum entziehen: Wenn ein Baby schreit und die Mutter gerade das andere versorgt, bleibt ihnen nichts anderes übrig, als mit anzupacken. Zum Glück für heutige Mehrlingsmütter hat sich die traditionelle Vaterrolle etwas gewandelt. Viele junge Väter besuchen heute gemeinsam mit ihren Frauen Geburtsvorbereitungskurse, sind bei der Geburt ihrer Kinder dabei und scheuen sich auch nicht, Babys aus vollen Windeln zu befreien. Der Unterschied zwischen einem »Einlings«-Vater und einem Mehrlingsvater ist allerdings, dass der eine mithelfen *kann*, das Baby zu versorgen, der andere *muss* helfen, die Babys zu füttern, zu wickeln und zu hätscheln. Und dieser Umstand lässt auch manche Zwillingsväter der neuen Generation verzweifeln.

In den meisten Zwillingsfamilien übernimmt die Mutter mit Rücksicht auf die Berufstätigkeit des Mannes die Nachtfütterungen wochentags allein. An Wochenenden oder im Urlaub teilen sich beide die Babyversorgung, und manche Väter übernehmen auch schon einmal eine ganze Nachtfütterung allein, damit die Mutter mal sechs Stunden am Stück schlafen kann. Bei Drillingen wird sich's nicht vermeiden lassen: Väter sind rund um die Uhr gefragt.

Zwillingsväter sind in ihrer ungewohnten Vaterrolle auch manchmal überfordert. Ob sie nun einen anstrengenden Arbeitstag hinter sich haben oder nicht, wenn sie nach Hause kommen, wird ihnen ein Säugling in die Arme gedrückt. Aber Sie sollten Ihrem Mann schon klar zu verstehen geben, dass Sie seine Hilfe brauchen. Machen Sie sich nicht unentbehrlich, nur um Ihrem Partner zu beweisen, was für eine Supermutter Sie doch sind!

Wenn aus Frau und Mann Eltern werden

Wenn Frau und Mann »Eltern« werden, müssen sie sich plötzlich mit einer total veränderten Situation auseinander setzen. Auch wenn sie sich vorher noch so sehr auf das Baby gefreut haben und sicher waren, »wir meistern das schon«, sieht die Realität nicht selten anders aus, wenn das Baby erst einmal da ist. Diese Umstellung trifft Sie mit Zwillingen und Drillingen möglicherweise doppelt. Wenn Sie schon ältere Kinder haben, verändert sich Ihre Beziehung als Paar vielleicht auch gar nicht durch die Geburt der Zwillinge.

Viele Ehen sind nach der Geburt der Kinder erst einmal reine »Zweckgemeinschaften«. Zeit füreinander bleibt vor allem anfangs kaum noch. Wer gegen 22 Uhr müde ins Bett sinkt, um vielleicht um 2 Uhr morgens wieder aufstehen zu müssen, hat ganz einfach keine Lust mehr auf Zärtlichkeiten. Das bringt natürlich Konflikte mit sich, denn nicht alle Väter wollen einsehen, dass die eheliche Gemeinschaft für eine Zeit zurückstehen muss.

Von Seiten der Mütter kann es ebenso zu Konflikten kommen, etwa wenn sie von ihrem Mann (zu viel?) Hilfe erwarten und dann enttäuscht sind, weil er sie »im Stich lässt«. Wenn Ihrem Mann der Umgang mit Babys nicht so liegt, kann er Ihnen ja in anderen Bereichen Arbeit abnehmen. Auf jeden Fall wird durch die neuen, ungewohnten Anforderungen die Reizschwelle deutlich gesenkt, und bei manchen Partnerschaften genügt dann schon der kleinste Anlass, um handfesten Krach zu bekommen. Viele Zwillingseltern bestätigen aber auch, dass sich ihre Ehe durch die Geburt nicht verschlechtert hätte und finden sogar, dass die Vertrautheit wächst und die gegenseitige Hilfsbereitschaft steigt. Andere stellen fest, dass eher eine Art gegenseitiger Abhängigkeit zunimmt.

Die neue Situation zusammen meistern

Sie brauchen nicht tatenlos zuzusehen, wie Ihre Partnerschaft immer schlechter wird und die Zwillinge immer größer. Es gibt ein paar Kleinigkeiten, mit denen man eine Beziehung wieder auf das rechte Gleis bringen kann.

- Das Wichtigste ist jetzt Offenheit. Sprechen Sie mit Ihrem Partner über all das, was Sie bewegt. Das gilt auch und gerade für sexuelle Probleme nach der Geburt Ihrer Zwillinge.
- Dieser Mangel an Lust auf Sex ist meist nur von begrenzter Dauer. Je unverkrampfter Sie an dieses Problem herangehen, desto eher spielt sich alles wieder ein. Suchen Sie sich für sexuelle Aktivitäten einen wirklich ruhigen Moment des Tages aus, zu dem Sie beide nicht zu müde sind und Sie nicht jederzeit befürchten müssen, dass eines der Kinder aufwacht.
- Wenn Sie sich selbst nach der Geburt Ihrer Zwillinge nicht so recht leiden können, weil Sie Ihre frühere Figur noch nicht wieder haben, lassen Sie sich nicht zusätzlich gehen. Kaufen Sie Kleidung, die Ihnen passt. Darin wirken Sie schmaler als in zu weiter Umstandsgarderobe oder in den engen Kleidungsstücken aus der Zeit vor Ihrer Schwangerschaft.
- Veranstalten Sie ab und zu ein festliches Essen für Sie beide, das ruhig einfach zubereitet sein kann. Bei Kerzenlicht stört selbst ein Zwillingspaar auf dem Schoß weniger.

- Wenn Sie es einrichten können, finden Sie jemanden fürs Babysitting, damit Sie mindestens einmal im Monat zu zweit etwas unternehmen können. Es genügen schon ein paar Stunden, um abzuschalten und Kraft zu tanken. Gewöhnen Sie Ihre Kinder schon sehr früh an einen Babysitter. Noch besser erholen Sie sich, wenn Sie ein- oder zweimal im Jahr etwa drei Tage allein Urlaub machen können.
- Wenn Sie selbst anfangs nur wenig unternehmen können, laden Sie doch einfach Freundinnen und Freunde zu sich nach Hause ein. Das Essen kann ja einfach sein, oder bitten Sie Ihre Gäste, etwas mitzubringen.

Praxistipps

Wenn Sie mal nicht gut drauf sind

Wenn Sie sich überfordert fühlen, müssen Sie sich etwas einfallen lassen, wie Sie dieses Tief überwinden können.

- Körperliche Aktivität wirkt manchmal Wunder. Laufen Sie das Treppenhaus mehrmals rauf und runter oder ein paarmal »um den Block«.
- Lassen Sie Ihren Frust an einem Knetteig aus. Prügeln Sie regelrecht darauf ein.
- Stehlen Sie sich jeden Tag etwas Zeit nur für sich – geben Sie die Zwillinge in dieser Stunde dem Vater.
- Hängen Sie sich wie Leni B. ein Foto mit Fünflingen in die Küche. Wenn Ihnen alles über den Kopf zu wachsen droht: Schauen Sie sich das Foto an, holen Sie tief Luft, und weiter geht's.
- Setzen Sie sich Kopfhörer auf, und stellen Sie Ihre Stereoanlage einmal so richtig laut. Ein paar Minuten so abzuschalten kann auch entspannen.
- Heulen Sie nach Herzenslust. Ein paar Tränen tun ja so gut!
- Rufen Sie bei einer Zwillingsmutter an, der es ähnlich ergeht oder die diese Erfahrungen auch einmal durchgemacht hat.
- Und vor allem: Fressen Sie nichts in sich hinein. Auch Kinder müssen lernen, dass ihre Mutter keine Supermutter sein kann. Und machen Sie sich bitte kein schlechtes Gewissen, weil Sie mal nicht so gut drauf sind.

- Wenn Ihr Mann Ihnen hilft, sollten Sie ihn nicht zu viel kritisieren. Denn so vergeht ihm die Lust noch schneller. Die meisten Zwillingsväter sind ohnehin (zwangsweise) recht fit im Umgang mit Babys.
- Wenn Sie, der Vater, nach Hause kommen, denken Sie daran, dass Ihre Frau einen harten Tag mit den Zwillingen hinter sich hat. Vielleicht war ihr Tag anstrengender als der Ihre. Sie waren ja immerhin unter Menschen, während Ihre Frau vielleicht nicht einmal spazieren gehen konnte, weil eben alles so kompliziert mit Zwillingen ist. Bringen Sie Ihrer Frau eine kleine Aufmerksamkeit mit, lassen Sie sie ab und zu spüren, dass Sie nicht nur Mutter ist.
- Gönnen Sie auch Ihrer Frau ein paar unbeschwerte Stunden, zum Beispiel für einen Stadtbummel, einen Abend mit einer Freundin etc. Schicken Sie sie bewusst einmal ein paar Stunden »in Urlaub«. Wenn Sie die Kinder nicht versorgen, entlasten Sie wenigstens Ihre Frau im Haushalt.

Verschaffen Sie sich Freiräume

Urlaub von den Kindern können sich die wenigsten Eltern »leisten«. Zwillingseltern noch viel weniger, denn wem will man schon zwei kleine Kinder (oder gar Säuglinge) anvertrauen? Wem, außer sich selbst, kann man so viel Stress zumuten? Doch ein wenig Freiraum, etwas Zeit für sich, braucht jeder Mensch. Oft genügt schon eine Stunde pro Tag, die nur Ihnen allein oder Ihnen beiden allein gehört, und Sie haben wieder Kraft. Wie lassen sich solche »Freiräume« für Zwillingseltern schaffen?

- Nutzen Sie die Zeit, in der beide Babys tagsüber schlafen, für etwas, das Sie gerne tun. Später gibt Ihnen der Mittagsschlaf der Kinder Gelegenheit, Luft zu holen.
- Wenn Sie niemanden haben, dem Sie Ihre Zwillinge anvertrauen können, wechseln Sie beide sich ab, um den nötigen Freiraum zu bekommen. Allein einmal etwas Abstand zu bekommen ist besser als gar nichts.
- Wenn Ihnen eine Lösung mit bezahltem Babysitting zu teuer ist, sollten Sie es ruhig mit einem Inserat »Oma gesucht« probieren.

Eltern brauchen auch mal Zeit für sich. Etwas Abstand vom Alltag schafft neue Nähe.

Hinweis

Ein wenig Distanz zahlt sich aus

Alles, was Sie tun, um ein wenig Abstand von Ihren Zwillingen (und weiteren Kindern) zu bekommen, wird Sie Ihren Kindern letztendlich wieder näher bringen, weil Sie gelassener auf sie eingehen können.

- Lassen Sie Ihren Mann seinen Hobbys nachgehen, jammern Sie ihm nichts vor. Und betreuen auch Sie, der Vater, freiwillig die Kinder, damit Ihre Frau einmal etwas für sich tun kann.
- Freiraum für die Zwillingsmutter kann auch in ein paar Stunden bezahlter Arbeit bestehen. Abgesehen vom finanziellen Aspekt kommen Sie am Arbeitsplatz wieder unter Menschen und werden als Arbeitskraft und nicht nur als Mutter akzeptiert.
- Engagieren Sie sich (»ehrenamtlich«) in einem Zwillingsclub. Diese Tätigkeit bringt sie mit vielen netten Leuten zusammen und vermittelt

Ihnen das Gefühl, dass Sie mehr können, als »nur« zwei oder mehr Kinder zu versorgen.

- Wenn Sie körperlich total erschöpft sind, hilft vielleicht eine Kur, wobei diese ohne Kinder sicherlich nützlicher ist, um neue Kraft zu schöpfen. Die Sorge, dass die Kinder die Trennung von der Mutter nicht verkraften, ist unbegründet und sollte kein Hinderungsgrund sein. Eine Haushaltshilfe kann von der Krankenkasse bezahlt werden. Es gibt allerdings auch Mutter-Kind(er)-Kuren, die man tunlichst erst antreten sollte, wenn die Kinder über 3 Jahre alt sind und problemlos im Kurkindergarten abgegeben werden können. Über Kuren kann man sich bei der Krankenkasse, aber auch bei Beratungsstellen der Caritas etc. informieren. Eine neue Kontaktadresse, die über Kuren informiert, finden Sie im Anhang (Seite 255).

Hilfe von außen

Viele Zwillingsmütter haben es gar nicht so gern, wenn ihnen Mutter oder Schwiegermutter zur Hand gehen. Sie können es ihnen nicht recht machen, fragen zu viel, wickeln »falsch«, verhätscheln die Kinder und stören das Eheleben. Doch eigentlich sollten Sie jede angebotene Hilfe annehmen. Stellen Sie nicht zu hohe Ansprüche an diejenigen, die Ihnen helfen. Wichtig ist, dass Ihre Kinder gut versorgt sind, da spielt ein Fleck mehr oder weniger durch die Ungeschicklichkeit einer Oma keine Rolle.

Wenn Sie sich durch manche »Besserwisserei« gestört fühlen, hören Sie doch einfach gar nicht hin, und freuen Sie sich, dass Ihnen Menschen freiwillig helfen. Leider sind die freiwilligen Hilfsangebote der eigenen Verwandtschaft dünn gesät. Oft bieten sich Freundinnen oder Nachbarinnen eher einmal an. Nutzen Sie das, um schwierige Dinge zu erledigen, z. B. die Zwillinge zu baden, mit dem Löffel zu füttern oder für einen Spaziergang anzuziehen. Seien Sie nicht zu stolz, und lehnen Sie Hilfe nicht aus falscher Scham ab. Sie müssen niemandem beweisen, dass Sie spielend mit Ihren Zwillingen zurechtkommen. Es ist keine Schande zuzugeben, dass Ihnen Hilfe gut tut. Machen Sie sich einen Plan, wie Sie regelmäßige Hilfskräfte vernünftig einsetzen können.

Wenn Sie ungestört bleiben möchten und sicher vor überraschendem Besuch, hängen Sie ein Schild an die Haustür »Zwillinge schlafen«, oder schalten Sie die Klingel aus (eventuell ein Handtuch um die Glocke wickeln). Das Telefon stöpseln Sie am besten aus, wenn Sie Ruhe haben möchten. Oder besorgen Sie sich einen Anrufbeantworter, den Sie nett besprechen. Erzählen Sie aber nicht, dass Sie zurückrufen – dafür wird Ihnen sicher die Zeit fehlen. Wer dringend mit Ihnen Kontakt aufnehmen möchte, meldet sich selbst wieder!

Leisten Sie sich eine bezahlte Hilfe. Vor allem auf dem Land gibt es immer wieder junge Mädchen, die Ihnen gern als Haushaltshilfen zur Hand gehen. Bemühen Sie sich um eine Haushaltspraktikantin (Hauswirtschaftsschulen anrufen, Inserat aufgeben), sie kommen tageweise, manchmal über einen längeren Zeitraum hinweg täglich, manche kostenlos oder gegen ein geringes Entgelt. Wundern Sie sich nicht, wenn Ihnen fremde Menschen auf der Straße (etwa beim Einsteigen in den Bus) nicht helfen. Oft möchten Passantinnen und Passanten ihre Hilfe nicht aufdrängen. Dann bitten Sie sie doch einfach freundlich darum.

»Bei uns in der Nähe gibt es eine Berufsfachschule mit der Fachrichtung Kinderpflege. Dort habe ich mich um eine Praktikantin beworben, und wir sind als Idealfamilie aufgenommen worden. Wir bekamen auf meinen Wunsch zwei Mädchen zugewiesen, die alle im Haushalt anfallenden Arbeiten mitmachen.« (Sabine M.)

Wenn die älteren Geschwister eifersüchtig sind

Auch ältere Geschwister können durch Zwillinge, erst recht durch Drillinge, überfordert sein. Obwohl Sie Ihr älteres Kind schonend auf die »doppelte Invasion« vorbereitet haben (siehe Seite 36), kommt vielleicht Eifersucht auf. Wie können Sie ihm helfen?

- Sorgen Sie dafür, dass Besucherinnen und Besucher sich auch mit diesem Kind beschäftigen, loben Sie deutlich dessen Vorzüge.
- Bitten Sie die Besucher, auch für das ältere Kind ein kleines Geschenk mitzubringen. Für den Notfall sollten Sie einige Kleinigkeiten parat halten, die Sie in solchen Situationen einsetzen können. Lassen Sie

»den Großen« oder »die Große« die Geschenke auspacken, die für die Zwillinge gedacht sind.

- Erlauben Sie Ihrem älteren Kind, auch selbst (kleine) Freundinnen und Freunde einzuladen, die die Babys besichtigen dürfen.
- Wenn Sie auf Spaziergängen oder beim Einkaufen auf die Zwillinge angesprochen werden, sollten Sie die Fremden auch auf Ihr älteres Kind hinweisen.
- Beteiligen Sie Ihr Ältestes an der Babypflege. Werden Sie dabei nicht ungeduldig.
- Spannen Sie die Älteren dabei ein, die Babys zu unterhalten, aber nur, wenn sie diese Aufgabe gern übernehmen.
- Schaffen Sie dem älteren Kind »Freiraum« im wahrsten Sinne des Wortes. Sorgen Sie dafür, dass es einen ruhigen Platz zum Spielen hat.
- Lassen Sie den Papi etwas mit dem oder der Großen unternehmen. Geben Sie älteren Kinder gewisse »Freiheiten«, Privilegien, die Sie den kleineren nicht geben können.
- Radikale Änderungen für das ältere Kind sollten Sie vor der Heimkehr der Zwillinge aus der Klinik durchführen. Sei es, dass Sie das Babybettchen des älteren Kindes brauchen oder eine neue Zimmerverteilung durchführen müssen. Das Gleiche gilt vor allem auch für geplante Kindergartenbesuche.
- Lassen Sie sich von Ihrem älteren Kind noch in der Entbindungsklinik besuchen, halten Sie aber auf jeden Fall während Ihres Aufenthaltes im Krankenhaus telefonisch Kontakt zu ihm.
- Sind Sie erst wieder zu Hause, so versuchen Sie trotz der ungewohnten Anforderungen, täglich etwas Zeit nur für Ihr erstgeborenes Kind zu erübrigen.
- Während Sie stillen, können Sie eine Geschichte erzählen, und wenn es besser mit dem Anlegen klappt, haben Sie vielleicht auch eine Hand frei, um gemeinsam zu malen oder ein Buch anzusehen. Wenn Sie wegen des Stillens überhaupt keine Zeit mehr für das ältere Kind haben, dann sollten Sie sich vielleicht doch gegen das Stillen und für Ihr Kind entscheiden.
- Wenn Sie Ihre Zwillinge fotografieren, vergessen sie auch Ihr älteres Kind nicht. Fotografieren Sie es mit den neuen Geschwistern, aber

auch einmal allein. Kramen Sie auch die Babyfotos Ihrer Großen hervor und gucken Sie sie gemeinsam an.

- Betonen Sie anderen gegenüber nicht, wie sehr Sie doch wegen der Zwillinge in Ihren Aktivitäten beschränkt seien. Vor allem vor Ihrem älteren Kind sollten Sie nicht klagen, denn dann könnte es erst recht verärgert sein, dass es nun wegen dieser untauglichen Spielkameraden nicht mehr zum Spielplatz, zum Baden oder in den Tierpark kommt.
- Bitten Sie befreundete Mütter, Ihr »Sorgenkind« einmal mitzunehmen. Bitten Sie Omas und Tanten, dass das ältere Kind ein Wochenende zu Gast sein darf, vorausgesetzt, es fühlt sich dadurch nicht abgeschoben.
- Werfen Sie dem eifersüchtigen Kind nicht vor, es sei »böse«. Eifersucht ist eine ganz normale Reaktion. Ermutigen Sie es, sich mit Worten abzureagieren und die Aggressionen lieber nicht durch Taten abzubauen.
- Erinnern Sie Ihr Kind stets daran, dass Sie wenigstens noch zuhören können und sich für seine Probleme interessieren.
- Sprechen Sie über Ihre Gefühle. Selbst kleine Kinder können begreifen, dass die Mutter manchmal einfach überfordert ist.
- Denken Sie daran, dass die Eifersucht auf Zwillinge länger anhalten kann als »normal«. Selbst wenn die Zwillinge dem niedlichen Babyalter entwachsen sind, so bleiben sie doch eine »Attraktion«.

Nach den Zwillingen noch ein Kind?

Nach Zwillingen noch mal Kinder? Viele werden stöhnen: Nein, danke! Wir selbst haben fast sechs Jahre nach unseren Zwillingen noch einen kleinen Nicolai bekommen. Das Fazit: Sehr empfehlenswert! Ein einzelnes Kind ist für zwillingserprobte Eltern eine Erholung. Endlich kann man ein Kind einmal richtig genießen. Wichtig ist aber, dass der »Abstand« stimmt. Die älteren Zwillinge sollten schon verständig – meiner Meinung nach mindestens 4 Jahre alt – sein.

Könnten es noch mal Zwillinge werden? Ja. Bei Müttern zweieiiger Zwillinge ist die »Gefahr«, noch einmal Zwillinge zu bekommen, höher als in der Gesamtbevölkerung. Ein Trost: Auch diese zweiten Zwillinge sind längst nicht so stressig wie das erste Paar.

»Einerseits bin ich froh, noch einen Einling »genießen« zu können, andererseits macht es mich auch oft »wütend«, da ich jetzt weiß, wie es ist, wenn man eben »normal« Kinder hat – kein Vergleich! Es entsteht nie auch nur eine annähernd gleiche Stresssituation wie mit Zwillingen!« (Manuela B.)

Tipps fürs Haushaltsmanagement

Auch wenn Sie keine Superhausfrau sind, der jedes noch so kleine Krümelchen ein Dorn im Auge ist, Arbeit gibt's trotzdem genug. Mit Zwillingen oder Drillingen fällt es Ihnen vielleicht doppelt schwer, alles unter einen Hut zu bringen. Ein paar Tricks helfen, die Hausarbeit auf ein Minimum zu reduzieren oder wenigstens die Nerven zu schonen.

Haushaltstipps

- Sparen Sie nicht am falschen Fleck. Wenn Sie sich's leisten können, rüsten Sie Ihren Haushalt mit allen modernen Geräten aus. Besonders wichtig ist ein Wäschetrockner. Sie sparen damit enorm Zeit, da Sie kein Wäschestück mehr aufzuhängen oder abzunehmen brauchen. Und das Meiste kommt so glatt aus dem Trockner, dass nur noch wenige Stücke zu bügeln sind.
- Auch auf eine Geschirrspülmaschine sollten Sie – wenn möglich – nicht verzichten. Darin können Sie benutztes Geschirr stets sofort verstauen. Das schafft Ihnen zusätzliche Erleichterung, denn Ihre Küche sieht dann aufgeräumt aus.
- Im Schnellkochtopf oder Dampfgarer wird das Essen nicht nur schneller, sondern auch vitaminschonender zubereitet. Wenn Sie einmal etwas mehr Zeit haben, sollten Sie gleich einen Topf voll kochen und anschließend kleine Portionen einfrieren. Davon zehren Sie dann in Zeiten, in denen Ihnen die Zwillinge nicht einmal Ruhe (oder Lust) zum Kochen lassen.
- Verbannen Sie komplizierte Gerichte von der Speisekarte, solange Sie sich durch Ihre Zwillinge voll beansprucht fühlen. Kochen Sie lieber einmal Pell- statt Salzkartoffeln. Kochen Sie Gerichte, die sich mehr-

mals aufwärmen lassen. Im Mikrowellenherd ist das im Nu getan. Wenn Sie nicht gerne aus der Dose leben, schaffen Sie sich vielleicht eine Tiefkühltruhe an.

- Wer rationell im Haushalt wirtschaften will, muss eine durchdachte Vorratshaltung praktizieren. Buchführung gehört dazu. Notieren Sie auf einer Einkaufsliste immer gleich, was fehlt. Dann können Sie auch jemand anderem diese Liste schnell einmal in die Hand drücken und zum Einkaufen schicken. So passiert es Ihnen auch nicht, dass ganz plötzlich etwas Lebenswichtiges wie beispielsweise Milchpulver fehlt. Es gibt nämlich Situationen, in denen Sie nicht schnell für Nachschub sorgen können.
- Komplizierte Hausarbeiten, etwa Bügeln, das auch nicht gerade ungefährlich ist, sollten Sie dann erledigen, wenn die Zwillinge schlafen oder mit einer guten Seele auf einem Spaziergang sind.
- Stellen Sie nicht zu hohe Ansprüche an sich. Ihr Haushalt muss nicht immer tipptopp sein. Bei anderen Zwillingsmüttern sieht es auch nicht immer »wie geleckt« aus.
- Manchmal haben Sie das Gefühl, dass Ihre Zwillinge immer alles »zerstören«, was Sie gerade mühevoll aufgeräumt haben. Das kann eine Mutter so stressen, dass sie das Gefühl bekommt, immer nur auf der Stelle zu treten. Wenn Ihre Kinder das frisch gemachte Bett wieder verwursteln, schimpfen Sie nicht, lassen Sie den Verhau lieber, wie er ist, und schließen Sie die Tür. Gehen Sie mit den Kleinen eine Stunde spazieren.
- Setzen Sie bei der Hausarbeit Prioritäten. Wenn Sie nicht zu viel auf einmal erledigen, behalten Sie besser die Übersicht, und kleinere Zwischenfälle wie etwa »Stecknadeln-Verstreuen« oder »Wändestreichen mit der nassen Toilettenbürste« bringen Sie nicht so sehr aus der Fassung. Stellen Sie einen Wochenplan auf: montags waschen, dienstags bügeln, mittwochs Bad putzen usw. Das verteilt lästige Hausarbeit über die ganze Woche.
- Wenn Sie einmal ganz große Dinge im Haushalt planen, etwa eine General-Teppichreinigung oder einen Umzug: Schaffen Sie kleinere Kinder aus dem Weg.

- Stört Sie die Unordnung im »Kinderzimmer«, das sich erfahrungsgemäß bald über die ganze Wohnung erstreckt, räumen Sie sinnvollerweise erst abends auf. Am besten eine Kiste auf Rollen hinter sich herziehen und schnell das ganze Spielzeug reinschmeißen.
- Sie machen es sich leichter, wenn Sie in Ihrem Haushalt nicht allzu viel Verbotenes in Griffnähe aufbewahren. Dieses ständige Ermahnen, (»Tu dies nicht, tu das nicht«), das anscheinend immer überhört wird, macht einen viel mürber, als ein paar untere Regalfächer oder Schubladen, die die Kinder nach Herzenslust ausräumen dürfen.
- Gehen Sie nie mit leeren Händen durch Ihre Wohnung oder Ihr Haus. Es gibt ja immer eine Menge zum Aufräumen, und das erledigt sich leichter nebenbei, als wenn die Unordnung schon zu einem riesigen Berg angewachsen ist. Andererseits müssen Sie aber auch alles im Auge behalten, wenn Sie gleichzeitig mehrere Dinge erledigen. Vergessen Sie beispielsweise nicht die Flaschen, die Sie zum Auskochen aufgestellt haben.
- Überlegen Sie, welche Dinge unbedingt aufgeräumt werden müssen, damit Ihre Wohnung insgesamt einen sauberen Eindruck macht. Wenn dann unangemeldet Besuch kommt, genügen ein paar Handgriffe, um Ordnung zu schaffen.

Allein erziehende und Zwillinge

Eines der größten Probleme allein erziehender Mütter und Väter ist wohl, dass sie die Verantwortung für das Kind (oder die Kinder), aber auch die Freuden mit niemandem teilen können. Das fängt damit an, dass man sich mit niemandem beraten kann, ob das Kind nun so schwer erkrankt ist, dass man besser eine Ärztin oder einen Arzt ruft, und geht bis zu der Frage, ob nun diese oder jene Erziehungsmaßnahme richtig ist. Wenn Sie Ihre Zwillinge allein »erziehen« müssen, fühlen Sie diese Verantwortung vielleicht doppelt auf Ihren Schultern lasten. Aber auch schon ganz banale, alltägliche Dinge lassen sich nur schlecht ohne Partner oder Partnerin erledigen. »Gestern wollte ich die Zwillinge baden, da war wieder keiner da, der mithelfen konnte«, klagt eine Mutter. Zwillinge sind eigentlich eine Aufgabe für zwei.

Sehr schwierig ist oft auch die finanzielle Situation einer »halben« Zwillingsfamilie. Wenn die Mutter arbeiten gehen muss, ist sie zusätzlich belastet. »Ich habe es nach einem halben Jahr wieder probiert«, sagte eine Allein erziehende. »Doch ich bin fast durchgedreht. Jetzt sind die Kinder anderthalb Jahre alt, da geht es besser.«

Möchten Sie sich vom Partner (Zwillingsvater) erst nach der Geburt trennen, weil Sie sich nicht mehr verstehen (oder aus welchem Grund auch immer), fällt Ihnen die Entscheidung sicher schwerer als mit nur einem Kind. Sprechen Sie mit anderen Frauen in gleicher Situation, die diesen Schritt schon getan haben (Kontakte über die Zwillingselternvereine).

Auf keinen Fall sollten die Zwillinge ein Hinderungsgrund für eine Trennung sein, wenn die Ehe nicht mehr zu retten ist. Die Sorge, mit Zwillingen nur noch sehr schwer einen neuen Partner zu finden, ist unbegründet. Es ist mit nur einem Kind genauso schwer oder genauso leicht. Vielmehr kommt es darauf an, welche Einstellung der »Neue« generell zu Kindern hat.

»Da ist einfach keiner, der einem zuhört, dem man sich anvertrauen kann oder mag, und es bleibt de facto kein bisschen Raum für mich. Ich habe zwar nie Langeweile und dadurch auch fast keine Zeit zum Frust-Schieben, aber ich merke, wie meine Akkus so langsam, aber sicher auf Null fahren und ich fühle ein tiefes, schwarzes Loch, das mich zu verschlingen droht.« (Kerstin H.)

Der besonderen Sorgen und Nöte allein erziehender Mütter und Väter haben sich ein Verband und zahlreiche örtliche Selbsthilfegruppen angenommen (Verbandsadresse im Anhang). Ganz wichtig sind aber immer auch Kontakte in Zwillingselternvereinen.

Berufstätig bleiben mit Zwillingen

Mit einem Kind macht es normalerweise kaum Probleme, nach Mutterschutzfrist und Erziehungsurlaub wieder teilweise ins Berufsleben einzusteigen. Mit Zwillingen ist es schwieriger, aber unmöglich ist es nicht.

Nicht immer »nur« Mutter sein bringt Anerkennung, die den Alltag wieder attraktiver macht.

Nicht »nur« Mutter sein

Woran Sie bei Ihrer Entscheidung für oder gegen die Berufstätigkeit denken sollten:

- Bevor Sie vorschnell kündigen, informieren Sie sich, welche Möglichkeiten für eine Weiterbeschäftigung bestehen. Besprechen Sie sich mit mehreren Personen, um verschiedene Meinungen in Ihre Entscheidung einfließen zu lassen, notfalls sprechen Sie auch mit einer Rechtsanwältin oder einem Rechtsanwalt, die/der sich mit Arbeitsrecht auskennt.
- Denken Sie nicht, dass Ihre Kinder Sie voll ausfüllen werden. Sie werden Sie voll beschäftigt halten, doch vielleicht nicht voll befriedigen.

- Wenn Sie im Berufsleben stehen, sind Sie wieder »mehr« als »nur« Mutter. Manche Frauen brauchen diese Bestätigung. Aber: nichts gegen Nur-Hausfrauen und Nur-Mütter. Denn das sind sehr anspruchsvolle Aufgaben, und Hut ab vor den Frauen, die diese Anforderungen gerne meistern und nichts dabei vermissen.
- Machen Sie sich kein schlechtes Gewissen, weil Sie Ihre Kinder (mit oder ohne finanzielles Muss) in fremde Obhut geben, um arbeiten zu können. Die Kinder haben mehr von einer entspannten, ausgeglichenen Mutter als von einer, die auf Selbstverwirklichung im Beruf verzichtet, weil sie glaubt, dieses »Opfer« bringen zu müssen. Manche Frauen sind nun einmal nicht der Typ fürs Zu-Hause-Bleiben.

Empfehlung

Tapetenwechsel tut gut

Ein paar Stunden wöchentlicher »Tapetenwechsel«, verbunden mit Anerkennung für geleistete Arbeit, tun ja so gut und lassen den Alltag mit Zwillingen wieder mehr genießen.

- Wenn Sie sich durch Ihre Arbeitszeit überfordert fühlen, sollten Sie mit Ihrem Arbeitgeber sprechen, ob Sie auch weniger als halbtags arbeiten können, bis die Kinder vielleicht im Kindergarten untergebracht werden.
- Für manche Frauen ist es ideal, wenn sie zu Hause arbeiten können. Allerdings gibt es Phasen, da halten Sie Ihre Kinder von jeglicher Arbeit ab, die Konzentration erfordert.
- Wenn Sie halbtags arbeiten, kann es für Sie günstiger sein, statt fünf halbe Tage nur in ganzen Tagen zu arbeiten. Wenn Ihr Anfahrtsweg weit ist, lohnt sich diese Regelung besonders. Sprechen Sie mit Ihrem Arbeitgeber.
- Glauben Sie nicht, für Sie gäbe es keine Arbeit. Fragen Sie ungeniert in den Personalbüros großer Kaufhäuser, großer Firmen überhaupt, bei Behörden oder bei Versicherungen nach. Und sei es, dass man Ihnen dort nur eine Aushilfstätigkeit anbieten kann, die später vielleicht doch in ein festes Angestelltenverhältnis mündet.

- Damit Sie Beruf und Kinder miteinander vereinbaren können und auch im Haushalt alles klappt, müssen natürlich Kompromisse gemacht werden. Klären Sie mit Ihrem Partner vor Beginn Ihrer Arbeit, ob er bereit ist, tatkräftig mit anzupacken, wenn »Not am Mann« ist.

Wer betreut die Kinder?

Das größte Problem für eine berufstätige Mutter ist immer die Frage, wo sie die Kinder während ihrer Abwesenheit unterbringen kann. Hier einige erprobte Vorschläge:

Die guten Omas

Wenn Ihre Mutter oder Schwiegermutter einspringt, so sollten Sie dieses Glück ehrlich zu schätzen wissen und nicht mit Argusaugen kontrollieren, ob die Oma schon wieder etwas »falsch« gemacht hat. Um Streitigkeiten zu vermeiden, sollten Sie vorher genau besprechen, was Sie von ihr erwarten. Sprechen Sie darüber, wie Sie es mit der Erziehung zur Individualität halten und wie Sie es von anderen erhoffen. Das gilt für Omas, aber auch für familienfremde Personen.

Eine bezahlte Tagesmutter kommt ins Haus

Tagesmuttertarife sind nicht unbedingt billig, vor allem, wenn zwei Kinder zu betreuen sind. Für eine Halbtagsbetreuung zahlen Sie je nach Wohnort zwischen 150 und 300 Euro, wohlgemerkt für ein Kind. In Großstädten ist es teuer, auf dem Land kosten Tagesmütter weniger. Offizielle Tagesmütter müssen vom Jugendamt zugelassen sein. Doch vieles läuft auf privater Basis über Kleinanzeigen. Um nicht reinzufallen, lohnt es sich, die Tagesmutter nicht nur zu sich nach Hause einzuladen, sondern auch einmal einen Gegenbesuch zu machen, ehe sie sich endgültig entscheiden.

Klären Sie vor einer festen Zusage, ob Sie für die Anfahrt einen Fahrtkostenzuschuss bezahlen müssen, wie es mit der Verpflegung aussieht, wann die Tagesmutter Urlaub eingeplant hat und ob Sie sie weiterbezahlen müssen, wenn Sie Urlaub haben und die Zwillinge selbst betreuen. Einen Modellvertrag für Ihre Abmachungen können Sie bei der Interessengemeinschaft Tagesmütter e.V. in Hannover bekommen (Adresse im Anhang).

Machen Sie eine Liste, was Sie mit einer Betreuungsperson, die zu Ihnen ins Haus kommt, besprechen wollen. Führen Sie sie in Ihren Haushalt ein, weisen Sie sie auf Unfallgefahren hin, zeigen sie ihr, wo sich Kinderkleidung, Kinderpflegemittel, -nahrungsmittel und die Hausapotheke befinden. Notieren Sie, wo Sie und Ihr Mann zu erreichen sind, aber auch die Telefonnummer Ihres Kinderarztes. Stellen Sie die Betreuungsperson in der unmittelbaren Nachbarschaft vor.

Eine Tagesmutter, zu der Sie Ihre Kinder bringen

Diese Lösung ist etwas umständlicher. Klären Sie in diesem Fall, wer die Kosten der Verpflegung übernimmt, ob Sie Gemüsegläschen oder Windeln mitbringen müssen.

Praxistipp

Eine Ersatzbetreuung für den Notfall

Ganz wichtig ist, dass Sie für den Krankheitsfall Vorsorge treffen. Egal, ob Ihre Kinder, die Kinder der Tagesmutter oder die Betreuungsperson selbst krank sind oder die Kinderkrippe wegen Ansteckungsgefahr geschlossen bleibt. Sie brauchen jemanden, der/die einspringen kann, damit Sie Ihren Arbeitsvertrag weiterhin reibungslos erfüllen können. Allerdings steht Ihnen Sonderurlaub zu, wenn Sie niemanden für die Betreuung Ihrer kranken Kinder haben.

Au-pair-Mädchen/-Junge

Wenn Sie einen großen Haushalt haben, gibt es auch diese Möglichkeit der Kinderbetreuung. Die aktuellen Kosten und weitere Informationen erhalten Sie bei den Au-pair-Vermittlungen (Adressen im Anhang).

Gegenseitige Kinderbetreuung mit anderen Eltern

Eine kostengünstige Lösung ist auch, sich mit anderen Müttern oder Vätern zur gegenseitigen Kinderbetreuung zusammenzuschließen. Der

Nachteil: Sie als Zwillingsmutter dürften es schwer haben, eine genügend nervenstarke Tauschpartnerin zu finden. Außerdem sind vielleicht auch Ihnen an Ihrem »arbeitsfreien« Betreuungstag mehr als zwei kleine Kinder zu viel.

Staatliche Kinderkrippen

Auch das ist eine kostengünstige Unterbringungsmöglichkeit, die sie unbedingt in Betracht ziehen sollten. Das richtige Alter für den Krippenstart ist anderthalb Jahre.

»Thomas und Stefan haben in der Krippe sehr viel gelernt, an Sozialverhalten, aber auch im Umgang mit Gegenständen, beispielsweise dürfen sie unter Aufsicht der Erzieherin mit der Schere schneiden.« (Elisabeth T.)

Der Zwillingsvater nimmt Erziehungsurlaub

Was müssen Väter beachten, wenn sie Erziehungsurlaub nehmen?

- Anspruch auf Erziehungsurlaub haben Väter, die verheiratet sind, deren Ehefrauen berufstätig sind und die in der Bundesrepublik Deutschland wohnen.
- Auch in einem befristeten Arbeitsverhältnis können Väter Erziehungsurlaub nehmen, dadurch verlängert sich der Arbeitsvertrag jedoch nicht.
- Erziehungsurlaub wird nicht auf die Ausbildungszeit angerechnet, falls der Vater noch in der Ausbildung steckt.
- Erziehungsurlaub für Väter gibt es erst nach der Mutterschutzfrist von 12 Wochen (für Mehrlingsmütter).
- Der Erziehungsurlaub muss spätestens 4 Wochen vor Antritt beim Arbeitgeber angemeldet werden, und der Vater muss verbindlich erklären, wie lange der Erziehungsurlaub dauern soll. Er kann in dieser Zeit bis zu 19 Stunden pro Woche beim bisherigen Arbeitgeber weiterbeschäftigt werden, wenn sonst die Gefahr bestünde, dass er den Anschluss in seinem Beruf verliert.

Erfahrung

»Wie schaffen Sie das als Mann?«

Monika N.-T. und ihr Mann, Beamter im öffentlichen Dienst, haben sich entschlossen, die herkömmlichen Rollen zu tauschen. Sie arbeitet weiterhin als politische Gewerkschaftssekretärin, und er betreut die Zwillinge Florian und Benjamin, seit sie 6 Monate alt sind. Jörg T. beschreibt seine Situation als »Familienmann« und »Zwillingsvater«:

»Von Anfang an stand fest, dass ich für einige Jahre meinen Beruf unterbreche und die Kinderbetreuung und -erziehung übernehme. Auch die Tatsache, dass Zwillinge kamen, hat an dieser Entscheidung nichts geändert. Ich denke, dass Väter und Mütter sehr viel dazu beitragen können, alte Rollenklischees zu durchbrechen. Für Väter kann Kindererziehung eine ganz neue Erfahrung sein, und eine voll berufstätige Mutter ist sicherlich deshalb keine schlechte Mutter. Kinder brauchen Zuneigung, Verständnis und das Gefühl, dass jemand für sie da ist. Diese Eigenschaften besitzen Väter ebenso, wenn sie ihre Rolle als Familienmänner akzeptieren und bejahen lernen.« (…)

»Meine Freunde und Kollegen haben meine Entscheidung akzeptiert, wenngleich auch einige skeptisch oder bewundernd reagiert haben. Kritischer betrachten Frauen die Rolle des Familienmannes. Die Frage ›Wie schaffen Sie als Mann diese Arbeit mit Zwillingen?‹ höre ich oft von ihnen oder auch ›Mein Mann könnte das gar nicht‹. Isoliert komme ich mir keineswegs vor, weil ich versuche, an meiner derzeitigen Situation auch positive Seiten zu sehen. Ich habe die Möglichkeit, mit den Kindern so viele Dinge zu unternehmen, die ich während meiner Berufstätigkeit nicht machen konnte. Wichtig ist es vor allem, mit anderen gemeinsam etwas zu unternehmen. Mit meinen Söhnen gehe ich viel spazieren, zum Schwimmen, in die Krabbelrunde, zum Einkaufen und, soweit möglich, erledigen wir auch zu Hause viel gemeinsam.«

Monika N.-T. beschreibt die Situation aus ihrer Sicht:

»Die Beziehung meines Mannes zu den Kindern ist sehr intensiv. Alle drei hängen sehr aneinander und sind nicht selten ein richtig eingespieltes Team. Trotzdem benötigt mein Mann am Abend, wenn ich nach Hause komme, seine Freiräume für seine Interessen. Ich bin natürlich glücklich darüber, dass ich meinen Beruf weiter

ausüben kann. Tagsüber denke ich aber auch oft an die Kinder und vermisse sie. Aber im Grunde genommen weiß ich, dass sie sehr gut aufgehoben sind.« (…)

»Seit der Geburt der Kinder haben wir versucht, einige organisatorische Dinge im Haushalt zweckmäßiger zu gestalten, beispielsweise durch die Anschaffung eines Wäschetrockners, einer Spülmaschine und einer Gefriertruhe. Auch ist die stundenweise Übernahme von Hausarbeit durch eine Reinigungshilfe eine sehr große Entlastung, sofern es finanziell für die Familie tragbar ist. Florian und Benjamin schlafen tagsüber noch ungefähr 2 Stunden. In dieser Zeit erledigt mein Mann Hausarbeiten und bereitet das Essen vor. Das Wichtigste aber scheint mir, dass die Kinder glücklich und gesund und der Vater und die Mutter mit ihren Rollen zufrieden und ausgeglichen sind.«

»Seit einiger Zeit darf ich meine Kinder morgens wecken, mit ihnen kuscheln, sie anziehen und in die Kita begleiten. Ich bin arbeitslos und – so verrückt es sich vielleicht auch anhören mag: glücklich über diesen Umstand.« (Dirk K.)

Finanzielle Fragen

Beim Thema Zwillinge und Drillinge fallen einem neben viel Arbeit und ähnlichem Aussehen meist auch die finanziellen Belastungen ein. Doch sind Zwillinge wirklich so teuer, wie alle glauben und auch viele Zwillingseltern stöhnen? Wie kann gespart werden, und welche staatliche Unterstützung gibt es?

Was schlägt besonders zu Buche?

Das Erziehungs- und Kindergeld orientiert sich an Familien mit »Normalbelastung« durch einzeln geborene Kinder. Welche Posten sind außerdem speziell für Zwillings- oder Drillingseltern zu berücksichtigen?

- Spezielle Transportmittel wie Zwillingskinderwagen, -sportwagen und -buggy kosten viel und lassen sich, wenigstens in dieser Familie, meist nur einmal verwenden.
- Alle wesentlichen Ausrüstungsgegenstände müssen doppelt angeschafft werden.
- Manche Dinge müssen überhaupt nur angeschafft werden, weil zwei kleine Kinder auf einmal kommen: etwa der Laufstall, den Sie zur Beaufsichtigung eines Kindes vielleicht gar nicht benötigt hätten.
- Hohe Kosten verursachen auch Fertigwindeln und Gläschenkost, die Zwillingseltern gern benutzen, weil sie viel Arbeit und Zeit sparen.
- Die meisten Familien müssen sich ein neues (größeres) Auto kaufen. Manche müssen auch in eine größere Wohnung umziehen.
- Auch Kleidung ist eine teure Angelegenheit, denn sie kann nur in den seltensten Fällen zwischen beiden Kindern weitergegeben werden, weil die meisten die gleiche Größe haben. Natürlich können Sie Kleidung von älteren Geschwistern oder geliehene Stücke verwenden, wo-

bei Sie dann allerdings Ihre Zwillinge nicht gleich anziehen können, was aber aus vielerlei Gründen sowieso nicht unbedingt vorteilhaft ist!

- Vieles, was Sie nach Gebrauch weiterverkaufen können, bringt leider nur noch einen Bruchteil dessen, was es neu gekostet hat. Besser sind Sie dran, wenn Sie selbst gebraucht kaufen und anschließend weiterverkaufen.
- Da Zwillingseltern öffentliche Verkehrsmittel nur schlecht oder gar nicht benutzen können und gezwungen sind, zu laufen oder mit dem Taxi zu fahren, kommt eine ganz erhebliche Belastung des Familienbudgets zustande, die über das »normale« Maß hinausgeht.

Was kosten Zwillinge im ersten Lebensjahr?

Eine Zwillingsmutter aus Norddeutschland hat Buch darüber geführt, was sie im ersten Lebensjahr für ihre Zwillinge ausgegeben hat. 52 Dosen Milchpulver (knapp 400 €), 290 Gemüse- und Obstgläschen (237 €), 25 Dosen Brei (136 €), 78 Packungen Windeleinlagen à 50 Stück (93 €), Pflegemittel (circa 460 €), Bekleidung (870 €) und sonstiges summierten sich schließlich auf knapp 5 625 €. Das ergab eine monatliche Belastung von etwa 468 €. Multiplizieren Sie die Mengenangaben mit aktuellen Preisen, so dürfte der Betrag noch höher ausfallen.

Allerdings sollten Sie berücksichtigen, dass Sie gerade zur Geburt von Zwillingen Unmengen an Kleidungsstücken und Spielzeug geschenkt bekommen. Bewährt hat sich deshalb eine Geschenkliste, die Sie herumgeben können, damit Sie am Ende nicht 24 Strampler in Größe 68 haben, dafür aber kein einziges Höschen in Größe 80.

Wo und wie kann man sparen?

Damit Ihr Familienbudget nicht gesprengt wird, können Sie sich mit einigen Ideen behelfen:

- Schaffen Sie nur Sachen an, die Sie wirklich brauchen; informieren Sie sich deshalb bei anderen Eltern, welche Dinge unentbehrlich sind.
- Eine Reihe von Ausrüstungsgegenständen können Sie nur ein paar Wochen lang benutzen. Leihen Sie sich solche Dinge, oder kaufen Sie sie gebraucht.

- Manche Kinder-Second-hand-Läden verleihen Ausrüstungsgegenstände, fragen Sie aber auch in Ihrer Kirchengemeinde nach.
- Leihen Sie sich Babykleidung. Es gibt immer wieder Freundinnen, die gerne etwas verleihen. Um Verwechslungen zu vermeiden, können Sie die geliehene Wäsche mit gestickten (verschiedenfarbigen) Kreuzen kennzeichnen.
- Wenn Sie Kleidung kaufen, nehmen Sie sie immer ein bis zwei Nummern zu groß. Die Kinder wachsen schnell hinein.
- Kaufen Sie im Sommer- und Winterschlussverkauf. Keine Angst vor Wühltischen!
- Immer wieder gibt es Sonderangebote in Super- und Verbrauchermärkten. Kaufen Sie Höschenwindeln und Gläschenkost nur dann und auf Vorrat. Manche Geschäfte geben auch Rabatte. In der Regel sind das jedoch die ohnehin teureren Läden.
- Für Drillingsfamilien übernehmen große Babyartikelfirmen gern Patenschaften und versorgen Sie vielleicht mit Windeln, Pflegepräparaten und Milchpulver.
- Auch Zwillingsfamilien sollten einschlägige Hersteller anschreiben, ein nettes Foto ihrer Zwillinge beilegen und um Unterstützung bitten. Die Zeitschrift »Zwillinge« veröffentlicht dazu immer wieder eine aktuelle Adressenübersicht.
- Sparen Sie nicht am falschen Ende. Alles, was Ihnen Arbeit erspart, erleichtert das Leben mit Zwillingen und hilft Ihnen, entspannter mit den Kindern umzugehen. Das betrifft vor allem eine bezahlte Hilfe.

»Als meine Mädchen fünf Monate alt waren, begann ich, Firmen anzuschreiben, die Babyprodukte herstellen. Nach circa vier Wochen hatte ich 37 nette Briefe (mit Foto der Zwillinge) geschrieben und um Proben gebeten. Nach zwei Monaten hatte ich von neun Firmen noch keine Antwort erhalten, vier Firmen schrieben, dass sie grundsätzlich keine Proben verschickten und von den anderen Firmen erhielt ich Proben im Wert von 400 €.« (Sabine H.)

Staatliche Beihilfen

Gewöhnen Sie sich an den Gedanken, dass Ihnen nichts »extra« zusteht. Immerhin wird wenigstens das Erziehungsgeld seit dem 1.7.1989 mehrfach bezahlt. Es gibt auch staatliche Stiftungen, die bei Bedürftigkeit finanziell helfen. Ob es in einzelnen Bundesländern oder Gemeinden Beihilfen gibt, erfragen Sie am besten bei Ihrem Sozialamt, beim Jugendamt, bei einer Pro-Familia-Beratungsstelle oder beim zuständigen Sozialministerium.

Praxistipps

Finanzielle Ansprüche abklären

Wenn Ihr Einkommen sehr gering ist, kann eventuell eine Beihilfe zur Erstlingsausstattung gewährt werden. Wichtig: Diese Beihilfe muss vor der Geburt (zum Beispiel über die Caritas) beantragt und die Verwendung nachher anhand von Kassenzetteln und Quittungen belegt werden. Erkundigen Sie sich beim zuständigen Sozialamt. Viele Familien haben auch zusätzlich Anspruch auf Wohngeld, obwohl sie glauben, ihr Einkommen sei zu hoch. Scheuen Sie sich auch in diesem Fall nicht, bei der zuständigen Wohngeldstelle Ihrer Stadtverwaltung eine Auskunft einzuholen.

Auch Drillings- und sogar Vierlingsfamilien steht in der Regel keine vom Staat finanzierte Hilfskraft zu. Allerdings übernehmen die Krankenkassen in Notsituationen die Kosten für eine Haushaltshilfe, wenn eine Bescheinigung Ihrer Ärztin oder Ihres Arztes vorliegt. Die entsprechenden Gesetze dafür sind geregelt im SGB V, § 38 Absatz 1 und im § 199 RVO. Kosten für eine Haushaltshilfe, die Sie selbst bezahlen, können Sie derzeit noch steuerlich absetzen, sofern sie sozialversicherungspflichtig beschäftigt ist.

Die Zwillinge

Die Hauptpersonen treten erst am Ende des Buches auf, werden Sie vielleicht denken. Doch im Vordergrund meiner Arbeit stehen Sie, die Zwillingseltern, und Ihnen soll dieses Buch helfen, mit zwillingstypischen Problemen fertig zu werden. Dieses Kapitel soll Sie mit den Entwicklungsprozessen Ihrer Zwillinge vertraut machen. Außerdem geht es um die besonderen Erziehungsprobleme, mit denen Sie vielleicht bald konfrontiert werden.

Ähnlichkeiten und Entwicklungsschritte

Das nachfolgende Kapitel ist nicht das Ergebnis einer wissenschaftlichen Studie aus der Zwillingsforschung, sondern die Beschreibung der Zwillingskinder, wie sie mir von etwa 35 Müttern gegeben wurde.

»Ist das nun Jana oder Nina?«

Nur etwa ein Viertel bis ein Drittel aller Zwillinge sind »echt«, das heißt eineiig. Sie sind einander sehr ähnlich, doch völlig identisch sind sie nicht. Drillinge sind hier nicht extra berücksichtigt. Es lassen sich auch nicht alle Erkenntnisse auf sie übertragen.

Auch wenn sie für Außenstehende kaum zu unterscheiden sind, Zwillingseltern finden bald irgendein körperliches Merkmal, einen Leberfleck, ein etwas anders geformtes Ohr, anhand dessen sie die Zwillinge auseinander halten können. Manche eineiigen Zwillinge unterscheiden sich in Körpergröße und Figur sogar sehr, weil sie im Mutterleib so unterschiedlich versorgt wurden, dass der schwächere Zwilling den Vorsprung nicht mehr aufholen kann. Eltern von sehr ähnlichen Zwillingen tun sich schwer, die Kinder zu unterscheiden, wenn sie nicht nebeneinander stehen, oder wenn sie sie nur von hinten sehen. Andere Verwandte lernen es vielleicht nie, und auch Fremde werden die Zwillinge immer wieder verwechseln.

Unter gleichgeschlechtlichen zweieiigen Zwillingen gibt es einander sehr ähnliche Zwillinge, aber auch Kinder, die grundverschieden sind und nicht einmal jene sprichwörtliche »Familienähnlichkeit« aufweisen. Bei verschiedengeschlechtlichen Zwillingen verstehen sich sichtbare Unterschiede von selbst.

Mit dem Wesen der Kinder verhält es sich wie mit der äußeren Erscheinung. Es gibt solche und solche. Zwar dominiert bei den eineiigen eher eine gewisse Wesensähnlichkeit, doch können auch sie vom Temperament her sehr verschieden sein. Überhaupt neigen Zwillingseltern dazu, ihre Kinder ständig miteinander zu vergleichen und ihnen bestimmte Eigenschaften anzuheften. Bei zweieiigen Zwillingen gibt es Kinder mit

Maximilian und Constantin von Gratkowski (hier 13 Jahre) sind so verschieden, dass sie als Zwillinge nicht mehr erkannt werden.

ähnlichem Temperament, die harmonieren, Kinder, deren Wesen sich wunderbar ergänzt, oder auch solche, deren Temperament sie ständig miteinander streiten lässt. In ihren Fähigkeiten, Interessen und bezüglich ihrer Intelligenz können sich Zwillinge unterscheiden oder auch nicht. Dass sie sich unterscheiden, ist bei zweieiigen Zwillingen immer wahrscheinlicher als bei eineiigen.

Überdurchschnittlich viele Zwillingskinder sind Linkshänder/innen. Der Anteil linkshändiger Menschen in der Gesamtbevölkerung liegt zwischen 7 und 10%. Der Anteil der Linkshänder/innen bei Mehrlingskindern beträgt das Doppelte, also bis zu 20%. Bei eineiigen Zwillingen ist die Quote mit 14% erstaunlicherweise niedriger als bei zweieiigen Zwillingen mit 25%.

Das Entwicklungstempo

Die körperliche und geistige Entwicklung von Zwillingen kann parallel verlaufen, wie das sehr häufig bei eineiigen Zwillingen der Fall ist, die im Abstand von wenigen Stunden krabbeln und laufen lernen oder den ersten Zahn bekommen. Doch auch wenn nicht immer beide gleichzeitig einen Meilenstein in ihrer Entwicklung erreichen, braucht Sie das nicht zu beunruhigen. Auch eineiige Zwillinge können sich mit unterschiedlichem Tempo entwickeln.

Bei zweieiigen Zwillingen sind sogar krasse Unterschiede im Entwicklungstempo an der Tagesordnung. Zwischen dem ersten Schritt des einen und des anderen Kindes können Monate liegen. Sie sollten sich also in keiner Weise beunruhigen, wenn ein Kind noch nicht soweit ist. Zur Sicherheit können Sie ja Ihre Kinderärztin oder Ihren Kinderarzt fragen, ob alles in Ordnung ist. Bei Zwillingen unterschiedlichen Geschlechts sind die Mädchen meist die fixeren. Sie lernen schneller sprechen, werden früher sauber und beherrschen die Feinmotorik besser.

Empfehlung

Die Selbständigkeit der Kleinen

Als Eltern von Zwillingen werden Sie die Entwicklung Ihrer Kinder vielleicht besonders aufmerksam verfolgen. Denn jeder Schritt, zu mehr Selbständigkeit bringt Erleichterung für Sie. Vielleicht sind Sie deshalb auch manchmal beunruhigt, weil etwas nicht so schnell klappt, wie Sie sich das vorgestellt haben. Sprechen Sie mit der Kinderärztin oder dem Kinderarzt, ob sich Ihre Zwillinge altersgemäß entwickeln. In den meisten Fällen wird Sie dieses Gespräch beruhigen.

Zwillingskinder spornen sich auch in ihrer Entwicklung an, und das eine lernt vom anderen. Das wird sowohl bei der körperlichen Entwicklung (das eine läuft, das andere wird auch mutiger) als auch beim Sauberwerden deutlich. Auch stellen viele Eltern fest, dass das Entwicklungstempo wechselt. Mal ist das eine vorne, dann wieder das andere einen Schritt voraus.

Entwickeln sich Zwillingskinder langsamer oder anders als Einzelkinder? Auch bei einzeln geborenen Kindern kann es große Unterschiede in der Entwicklung geben. Manche Kinder laufen schon im Alter von 10 Monaten, andere lernen es erst mit 16 Monaten. In der körperlichen Entwicklung gibt es mithin keine Entwicklungsunterschiede zwischen Einzelkindern und Zwillingen, es sei denn, die Zwillinge wären wesentlich zu früh geboren und hätten noch aufholen müssen oder man berücksichtigt, dass sich die Mutter eines einzelnen Kindes sehr viel intensiver mit diesem Kind beschäftigen kann und es deshalb größere Entwicklungsfortschritte macht.

Allerdings haben Forschungen ergeben, dass der Intelligenzquotient von Zwillingskindern beim Schuleintritt geringfügig niedriger ist als der von Einzelkindern. Eine Ursache dafür ist sicherlich die Sprachentwicklung bei Zwillingen, die langsamer verlaufen kann als bei einzeln geborenen Kindern.

Sprachentwicklung

Zwillinge können in ihrer Sprachentwicklung »Einlingen« hinterherhinken. Oft entwickeln sie auch ihre eigene Sprache, die aus einem Gemisch von Lauten und Gesten zu bestehen scheint. In manchen Fällen verstehen Mütter und Geschwister die Zwillingssprache. Für andere bleibt sie fremd, hört sich oft auch wie eine Fremdsprache oder eine Verkürzung der »Normalsprache« an. Zwillinge erfinden aber auch eigene, neue Wörter für Alltagsdinge.

»Daniel und Bastian verständigten sich noch Ende des zweiten Lebensjahres mit ihrem eigenen Babygeplapper, das keiner verstand, mit dem sie sich untereinander jedoch bestens verständigen konnten. Als die beiden vier Jahre alt waren, begann ihre »Karriere« bei einer Logopädin. Wir verschlissen in den folgenden drei Jahren zwei von ihnen, letztendlich ohne sichtbaren Erfolg.« (Marion S.)

Nicht alle Zwillinge entwickeln einen geheimen Kommunikationscode. Eineiige neigen eher dazu als zweieiige. Normalerweise verliert sich diese eigene Sprache von selbst, wenn die Kinder zwischen 4 und 5 Jahre alt sind.

Praxistipps

Wie kann man die Sprachentwicklung fördern?

- Wenn Sie unsicher sind, ob die Sprachentwicklung Ihrer Zwillinge »normal« verläuft, holen Sie sich ärztlichen Rat.
- Testen Sie, ob ein Gehörschaden vorliegt.
- Sprechen Sie mit Ihren Kindern nicht in der »Babysprache«, und bitten Sie auch andere darum.
- Wiederholen Sie keine falsch ausgesprochenen Wörter, sondern sprechen Sie immer korrekt.
- Machen Sie sich nie lustig über missglückte Sprechversuche.
- Bestehen Sie darauf, dass jedes Zwillingskind für sich selbst spricht und nicht die Kommunikation stets dem anderen überlässt.
- Sprechen Sie viel mit den Zwillingen, und überlassen Sie sie nicht aus Bequemlichkeit sich selbst.
- Bringen Sie sie mit anderen Kindern zusammen.
- Machen Sie Sprachspiele, lesen Sie Geschichten vor.
- Gucken Sie sich gemeinsam im Spiegel an, wenn Sie miteinander sprechen. Dabei sieht das Kind die korrekten Mundbewegungen.

Wie gehen Zwillinge miteinander um?

Die Beziehung eineiiger Zwillinge ist in der Regel intensiver als die zwischen zweieiigen. Ersteren unterstellt man eine Art Seelenverwandtschaft, oft weiß der eine, was der andere denkt, bevor der es überhaupt ausspricht. Am stärksten und dauerhaftesten ist die Beziehung zwischen eineiigen Mädchen ausgeprägt.

Alle Zwillinge streiten sich wie andere Kinder auch – je nach Temperament mal mehr, mal weniger. Dass sie sich überhaupt nicht miteinander verstehen, ist eher die Ausnahme und tritt auch meist erst mit dem Erwachsenwerden zutage. Eifersucht untereinander kommt auch seltener vor, als man glauben möchte. Zwillinge bemuttern sich gern gegenseitig, trösten sich, wenn einer bestraft wird oder hinfällt, und sie sind überwiegend gerne bereit, miteinander zu teilen.

Muss Liebe schön sein?! Wenn Hardy und Ronja sich umarmen, entschädigt das all' die Mühen, die Eltern mit Zwillingen haben.

Bei vielen Zwillingspaaren gibt es keinen durchgehend stärkeren und durchgehend schwächeren. Sehr oft tauschen Zwillinge ihre Rollen von einem auf den anderen Tag. Viele (ähnliche) Zwillinge bezeichnen zunächst ihr Spiegelbild mit dem Namen des jeweils anderen.

Wie ist ihr Verhältnis zu anderen?

Manche Zwillinge tun sich sehr schwer, eine Beziehung zu anderen anzuknüpfen. Sie sind sich selbst genug und brauchen keine fremden Spielkameradinnen und -kameraden. Begünstigt wird dieses Verhalten oft noch dadurch, dass es den Eltern ganz gelegen kommt, dass sich die beiden so schön miteinander beschäftigen. Die Mehrzahl der Zwillinge aber spielt nicht anders als andere Geschwisterkinder – zusammen und auch mit anderen.

Bei vielen Zwillingspaaren übernimmt auch hier einer die Führung, das heißt, einem Kind fällt es leichter, Kontakte zu Dritten herzustellen, das andere verhält sich zögernder. In den ersten Jahren ist das ganz praktisch für den schüchternen Zwilling. Er/sie profitiert von Bruder/Schwester, der/die genügend Kinder zum Spielen heranschafft. Zum Problem könnte es werden, wenn das zurückhaltende Kind plötzlich auf sich allein gestellt wäre. Doch unter diesen Umständen blüht auch mancher schüchterne Zwilling regelrecht auf, weil er sich endlich – unkontrolliert von Bruder oder Schwester – entfalten kann.

Eine eigenartige Entdeckung machte Gisela S., als Johanna und Katja in den Kindergarten kamen. Sie weinten dort oft still vor sich hin, und um der Ursache auf den Grund zu kommen, setzte sich die Mutter einige Nachmittage zu den Kindern. »Ich bemerkte, dass sie mit den Kindergärtnerinnen prima zurechtkamen, aber sobald ein anderes Kind eine von beiden ansprach (gleichzeitig wurden sie von anderen Kindern nie angesprochen), ›Willst du mit mir Puzzle spielen?‹, fingen die Tränen schon wieder an zu fließen, und beide sprangen auf meinen Schoß. Irgendwie war es mir auch klar, dass sie durch meine Anwesenheit bei der Kontaktaufnahme zu anderen Kindern gehemmt waren, und ich glaube, dass sie diese hemmende Beobachterfunktion auch untereinander ausübten, wenn ich nicht dabei war. So etwa: ›Die Katja sieht mir jetzt zu, wie ich mit dem Mädchen rede oder spiele‹, und so konnten sie wohl nie spontanen Spielkontakt aufnehmen.« Dagegen waren Kontakte, die sich auf der Straße mit den Nachbarskindern ergaben, völlig unverkrampft.

Hinweis

Gegenseitige Fixierung

Von den 35 von mir befragten Müttern beobachtete keine eine zu starke Fixierung der Zwillinge aufeinander. Wenn es solche Phasen gegeben hatte, waren sie meist schnell vergessen, sobald die Zwillinge Gelegenheit hatten, mit anderen Kindern zu spielen. Auch in meiner 16-jährigen Laufbahn als Herausgeberin der Zeitschrift »Zwillinge« gab es nur sehr wenige (Problem-)Fälle einer zu starken gegenseitigen Fixierung.

Bei Zwillingen gibt es aber noch ein anderes Problem, nämlich wechselnde Freundschaften. Andere Kinder spielen mit dem Zwilling, der gerade da ist – die beiden sind irgendwie austauschbar. Oder aber sie spielen die Zwillinge bewusst gegeneinander aus: »Heute bin ich nur deine Freundin.«

Ute B. hat noch ein anderes Phänomen beobachtet: »Kommt nur ein Kind zu Besuch, wird es von den Zwillingen nur geärgert und veralbert, es sei denn, es ist ein besonders beliebter Spielgefährte. Es ist schwer, dagegen anzugehen, und die Einzelkinder wissen eigentlich nie so richtig, was los ist. Sie freuen sich, dass sie endlich ein anderes Kind zum Spielen haben, und verstehen die Zwillinge nicht.« Überhaupt verbünden sich Zwillinge gerne gegen andere. Sie können untereinander die schlimmsten Streithähne sein, sobald es gilt, sich gegen fremde Kinder zu wehren, halten sie zusammen wie Pech und Schwefel.

Elisabeth T. stellte auch fest, dass andere Kinder »auf diese Verdoppelung anscheinend verwirrt und dadurch aggressiv reagieren«. Kleinen Spielkameraden fällt es offensichtlich schwer, (sehr ähnliche) Zwillinge auseinander zu halten. Sie sprechen dann von »Thomas und dem anderen Thomas«.

Persönlichkeitsentwicklung

Wenn sich Zwillinge nur als Hälfte eines Ganzen fühlen, dann ist irgend etwas in ihrer Entwicklung schief gelaufen. Die besonderen Umstände ihrer Entstehung rechtfertigen nicht, dass erwachsene Zwillinge auf ein eigenes Leben und individuelles Glück verzichten. Die Weichen für eine zu starke Bindung aneinander oder für die Entwicklung zweier unabhängiger Persönlichkeiten, die sich dennoch sehr gut verstehen können, werden schon in frühester Kindheit gestellt. Sie, die Eltern, können dazu beitragen, dass Ihre Kinder mit der Sondersituation, die das Zwillingsdasein mit sich bringt, fertig werden. Das folgende Kapitel soll Ihnen Anregungen geben, aber Sie müssen selbst herausfinden, was für Sie praktikabel ist.

Ein allgemein gültiges Rezept zu geben ist sehr schwierig. Ich war eigentlich immer der Meinung, dass man automatisch richtig erzieht, wenn man situationsbedingt und möglichst spontan handelt. Ich selbst habe keine Notwendigkeit gesehen, meine Zwillinge in irgendeiner Form zu mehr oder weniger Gemeinsamkeiten zu erziehen, da Maximilian und Constantin sehr unterschiedlich sind und beide heftig abstreiten, überhaupt »Zwillinge« zu sein. Doch aufgrund meiner Recherchen bin ich zu dem Schluss gekommen, dass es durchaus sinnvoll ist, Zwillingseltern einige Vorschläge zum Thema »Persönlichkeitsentwicklung« zu machen.

Zwillinge hängen aneinander

Neben all den Vorteilen, immer jemanden zum Spielen zu haben, gemeinsam stark gegen andere auftreten zu können, nie allein sein zu müssen, hat das Zwillingsdasein auch ganz erhebliche Nachteile. Es heißt nämlich auch, immer teilen zu müssen, sich nie allein durchsetzen zu müssen und später zu können und schlimmstenfalls immer nur unvollständige Hälfte eines Ganzen, der Einheit »Zwilling«, zu sein.

Wenn solche Zwillinge eines Tages doch getrennte Wege gehen müssen, fällt ihnen das schwer, denn sie haben ja nie gelernt, dass sie auch ohne ihre »bessere Hälfte« auskommen können. Studien haben ergeben, dass Zwillinge sich sehr schwer tun, einen (Ehe-)Partner fürs Leben zu finden. Bei meinen Recherchen zu diesem Buch stieß ich auf den Fall von Zwillingsschwestern, die immer noch zusammenlebten, obwohl die eine inzwischen geheiratet hatte und aus dieser Ehe ein Kind existierte. Die unverheiratete Schwester hatte fest versprochen, selbst nie zu heiraten, da sie sich nicht von ihrer Zwillingsschwester trennen wolle.

Als Mutter von gänzlich verschiedenen zweieiigen Zwillingen ist so eine Situation für mich absurd, doch Mütter von sehr ähnlichen oder eineiigen Zwillingen konnten sich diese starke Bindung unter den Schwestern sehr wohl vorstellen. Dennoch ist diese Situation nicht unbedingt typisch und keinesfalls wünschenswert. Natürlich sind Zwillinge von Anfang an aneinander gewöhnt, doch dass diese Gewöhnung im »normalen« Rahmen bleibt, dafür können Sie, die Eltern, etwas tun.

Zwillinge und das »eigene Ich«

Unterschiedliche Kleidung

Die meisten von mir befragten Eltern kleiden ihre Zwillinge gleich. Zum einen bekommt man vieles in doppelter Ausführung geschenkt, zum anderen sieht es »halt so nett« aus. Doch Erzieherinnen warnen immer wieder davor, die Gleichheit von eineiigen oder sehr ähnlichen Zwillingen durch die Kleidung zusätzlich hervorzuheben oder sehr unterschiedliche zweieiige Zwillingskinder durch gleiche Kleidung in ein gemeinsames Schema pressen zu wollen.

Wie macht man es nun richtig? Im ersten Lebensjahr dürfte die Persönlichkeitsentwicklung von Zwillingen wohl kaum Schaden nehmen, wenn Sie sie gleich kleiden. Eineiige Zwillinge ziehen Sie vielleicht von Anfang an unterschiedlich an, so verwechseln auch Sie sie nicht. Wenn die Kinder älter werden und anfangen, ihr »eigenes Ich« zu entdecken, sollten Sie sehr ähnliche Zwillinge auf jeden Fall unterschiedlich oder mindestens verschiedenfarbig kleiden. So geben Sie anderen Menschen die Chance, sie auseinander zu halten und jedes Kind direkt mit seinem Namen anzusprechen.

»Meine Jungs sehen sich überhaupt nicht ähnlich, und ich sehe nicht ein, warum ich eine Ähnlichkeit betonen soll, die nicht vorhanden ist. Die Meinung der Leute ist natürlich: ›Zwillinge sind lieb, weil sie gleich sind. Alles doppelt! Das ist doch soooo süß!‹« (Heidi P.)

Spätestens ab dem Kindergartenalter werden Ihnen Ihre Kinder sowieso selbst sagen, was sie anziehen möchten. Das führt dann aber auch dazu, dass sie sich nicht nur unterschiedliche Garderobe aussuchen, weil sie partout nicht wie der andere aussehen wollen, sondern dass sie sich auch ganz bewusst identisch kleiden wollen. Nicht selten möchten Zwillinge wie Zwillinge aussehen. Dann gibt es aber auch so kuriose Situationen, dass das eine Kind wie das andere aussehen möchte, das andere sich aber gerade an diesem Tag auf jeden Fall vom Geschwisterchen unterscheiden will.

Ver-»gleiche«

Mehr als bei Geschwistern unterschiedlichen Alters neigt man dazu, Zwillingskinder ständig miteinander zu vergleichen. Man schreibt ihnen gern feste, oft gegensätzliche Eigenschaften zu: der eine ist lebhaft, der andere mehr in sich gekehrt, die eine in der körperlichen Entwicklung vorne, die andere sprachlich weiter.

Solche Eigenschaften sollten Sie Ihren Kindern jedoch nicht zu fest aufdrücken, sondern offen bleiben für neue Entwicklungen. Vor allem sollten Sie Ihre Zwillinge nicht hören lassen, wie Sie sie ständig miteinander vergleichen. Wenn immer einer hören muss, der andere sei geistig einfach fixer, ist er deprimiert und glaubt schließlich selbst, er sei weniger wert. Wenn eine immer wieder merkt, dass andere (auch die eigenen Eltern) ihre Schwester vorziehen, weil sie ein aufgeschlosseneres Wesen hat, freundlicher wirkt, wird sie sich bald weniger beliebt vorkommen, bloß weil sie eben nicht so unbefangen auf andere zugeht.

Wer ständig Eigenschaften zugeschrieben bekommt, wird dadurch blockiert und kann sich nur schwer in eine andere Richtung weiterentwickeln. Das kann bis hin zur Schul- und Berufsausbildung gehen: Der/die angeblich langsamere (immer im Vergleich mit dem Bruder/der Schwester schlechter abschneidende) bekommt vielleicht von vornherein keine Chance zu zeigen, was wirklich in ihm/ihr steckt. Andererseits sollten Sie auch nicht versuchen, stets nur gleiche Fähigkeiten oder Eigenschaften zu entdecken.

Öfter mal getrennte Wege

Es kann nicht schaden, wenn Sie Ihre Zwillinge schon früh auch einmal ans »Getrenntsein« gewöhnen. Denn es kann immer Situationen geben, die für sehr aneinander gewöhnte Zwillinge schwierig werden, zum Beispiel wenn ein Kind für eine längere Zeit ins Krankenhaus muss.

Die Gelegenheit für getrennte Wege gibt es immer wieder mal. Etwa wenn ein Kind krank ist, das andere aber mit dem Vater spazieren gehen könnte. Oder wenn Sie mit einem Kind zum Arzt müssen, lassen Sie das andere in der Obhut einer Oma zu Hause. Sie sollten vielleicht auch einmal daran denken, getrennte Unternehmungen zu planen. Machen Sie etwa mit einem Kind einen Stadtbummel (mit nur einem Kind ist das leichter), und schicken Sie Ihren Mann mit dem anderen Zwilling auf den Spielplatz (auch für ihn ist es leichter, nur auf ein Kind aufpassen zu müssen). Wenn die Kinder erste eigene Freundschaften schließen, etwa ab dem Kindergartenalter, können Sie auch einmal für einen Zwilling eine Übernachtung außer Haus arrangieren. Das andere Zwillingskind kann sich ja für die gleiche Nacht einen Freund oder eine Freundin nach Hause einladen. Oder eine Oma behält nur ein Kind bei sich über Nacht, das andere kommt beim nächsten Mal dran.

Empfehlung

Unterschiede nicht blockieren

Zwillinge sind nun einmal zwei verschiedene Menschen, trotz aller äußerlichen Ähnlichkeiten. Blockieren Sie unterschiedliche Interessen Ihrer Kinder nicht, nur weil Sie annehmen, Zwillinge hätten nun einmal gleich zu sein, sondern fördern Sie sie. Sagen Sie nicht: »Entweder beide oder keiner.« Lassen Sie sie so oft wie möglich getrennte Wege gehen!

Diese kurze Trennung hilft nicht nur den Zwillingen auf dem Weg zur Eigenständigkeit, sie entlastet auch die Eltern. Denn Zwillingskinder sind direkt eine Erholung, wenn sie einmal nicht gemeinsam auftreten. Die Kinder fragen zwar immer danach, wo denn der Bruder oder die Schwester sei, doch meist geben sie sich mit einer Erklärung zufrieden und genießen die ungeteilte Aufmerksamkeit. Es gibt aber auch Fälle, da stehen die Telefone nicht mehr still, und die Zwillinge beschließen, sich nicht noch einmal zu trennen.

Zwillinge unterschiedlichen Geschlechts

Ein Viertel aller zweieiigen Zwillinge sind laut Statistik unterschiedlichen Geschlechts. Fällt es diesen Kindern leichter, eine eigenständige Persönlichkeit zu entwickeln? Zwillingseltern bestätigen das. Auch wenn sie ihren Kindern keine althergebrachten geschlechtsspezifischen Rollen vermitteln wollen (»Ein Junge spielt nicht mit Puppen«), so fangen die meisten Mädchen doch irgendwann an, sich »wie Mädchen« anziehen zu wollen (und zu verhalten). Zwillingseltern haben auch festgestellt, dass Jungen in der Regel wilder spielen als Mädchen. Rita Haberkorn beschreibt so eine Situation in ihrem Buch *Zwillinge*: »Da Hannah einen bekommen hatte, wollte auch Jonathan einen Puppenwagen … Er benutzte ihn aber weniger zum Puppenspiel, als dass er damit durch die Wohnung und den Park raste.«

Trotz körperlicher Überlegenheit ihrer Brüder dominieren bei »Pärchenzwillingen« die Mädchen. Sie sind in der Entwicklung früher dran, bemuttern ihre Brüder gerne, ja bevormunden sie nicht selten. Die Situation kann sich jedoch ganz schnell ändern, wenn sich der Junge »emanzipiert«.

Praxistipps

So unterstützen Sie die Persönlichkeitsentwicklung

- Kleiden Sie Ihre Zwillinge nicht nur gleich, sondern ab einem Alter von 18 Monaten häufiger verschieden. Gleiche Kleidungsstücke in unterschiedlichen Farben oder mit verschiedenen Mustern sind auch eine Lösung. Lassen Sie Ihre Zwillinge frühzeitig selbst entscheiden, was sie anziehen möchten.
- Machen Sie Ihren Zwillingen unterschiedliche Frisuren.
- Wenn die Kinder älter sind und man an ihre Vernunft appellieren kann, beschenken Sie sie auch mal unterschiedlich. Sie können dann ihre Spielsachen austauschen.
- Entdecken Sie unterschiedliche Fähigkeiten, und fördern Sie sie. »Entweder beide oder keiner« sollten Sie in dem Zusammenhang nicht äußern.
- Wenn es aus Platzgründen oder weil die Zwillinge es nicht wollen unmöglich ist, ihnen getrennte Zimmer zu geben, richten Sie jedem Kind im gemeinsamen Zimmer eine eigene Ecke ein, etwa ein Regal oder eine Kommode für eigene Sachen. Lassen Sie »Eigentum« zu, und zwingen Sie Ihre Kinder nicht, alles zu teilen, bloß weil es Zwillinge sind. Jeder muss aber auch für seinen Besitz allein verantwortlich sein.

- Sprechen Sie die Kinder direkt mit ihrem Namen an. Verlangen Sie das auch von anderen.
- Erzählen Sie anderen im Beisein Ihrer Kinder nicht dauernd, dass Sie die Zwillinge auch nur schwer auseinander halten können. Wie würden Sie sich fühlen, wenn Ihre eigene Mutter nicht wüsste, wer Sie sind?
- Lassen Sie getrennte Aktivitäten (Fußball für den einen, Eishockey für den anderen, Tennis für Tochter I, Handball für Tochter II) zu, und fördern Sie eigene Freundschaften.
- Lassen Sie Ihre Kinder öfter getrennte Wege gehen.
- Verlangen Sie stets, dass jedes Kind für sich selbst spricht und nicht eins immer für beide das Kommando übernimmt.
- Wenn es im Kindergarten Ihrer Wahl zwei unterschiedliche Gruppen gibt, sollten Sie überlegen, jedes Kind in eine andere Gruppe zu geben.

Und wie ist das bei Drillingen?

Drillinge sind eine kleine Gruppe, in der die Kinder – im Gegensatz zu Zwillingen – nicht unbedingt so sehr miteinander verbunden sind. Mal stecken die zwei zusammen, mal die anderen zwei, es wechselt sich ab. Drillingsmütter berichten, dass nicht mehr gestritten wird als anderswo auch. Zwillingstypische Probleme können da auftauchen, wo zwei eineiige Drillingskinder sehr zusammenhängen und das dritte, zweieiige Kind von den anderen beiden ausgeschlossen wird.

Besondere Erziehungsprobleme

Die Probleme bei der Erziehung von Zwillingen sind natürlich nicht doppelt so groß wie bei »Einlings«kindern, aber es gibt Themen, mit denen sich insbesondere Zwillingseltern auseinander setzen müssen. Das fängt bei der Frage an, wie man beiden mit der eigenen Zuneigung gerecht werden kann, und endet bei der besonderen »Streitkultur« von Zwillingen, mit denen sich die Eltern konfrontiert sehen.

Wie können wir beiden Kindern gerecht werden?

Ob Sie zwei Kindern gleichermaßen gerecht werden können, hat Sie vielleicht schon während der Schwangerschaft beschäftigt. Schließlich mussten Sie sich plötzlich mit einem zweiten Baby anfreunden, nachdem Sie sich gerade an das erste in Ihrem Bauch gewöhnt hatten. Kann man diese Kinder gleichermaßen lieben, oder machen Eltern Unterschiede, obwohl doch beide Kinder zur gleichen Zeit gezeugt, in einem Mutterleib ausgetragen und kurz hintereinander geboren wurden?

Man kann sehr wohl jedem Zwillingskind gerecht werden – nur eben jedem auf seine Weise. Sie haben ganz gewiss genug Liebe für zwei Kinder, auch wenn diese zwei »auf einmal« geboren wurden und der »normale« Altersabstand fehlt. Sie werden vielleicht einem Kind in einer Phase, in der es Sie mehr braucht als das andere, mehr zugetan sein oder beim einen die, beim anderen jene Eigenschaft schätzen. Doch insgesamt gesehen haben Sie beide gleich lieb.

Empfehlung

Überlegen Sie nicht zu viel, ob und wie Sie beiden Kindern gerecht werden können. Handeln Sie spontan – ein genau abgezählter Kuss ist nur halb soviel wert wie einer, der aus einem Gefühl heraus gegeben wird –, handeln Sie situationsbedingt, und geben Sie Ihrem Gefühl nach. Das wird automatisch »Halt« sagen, wenn Sie ein Kind mit Aufmerksamkeit und Zuneigung überhäufen und das Geschwisterchen nur scheinbar bedürfnislos daneben steht.

Nutzen Sie die Zeiten, in denen Sie nur ein Zwillingskind um sich haben, und genießen Sie diese seltenen Augenblicke. In diesen Minuten können Sie vieles wettmachen, wenn Sie das Gefühl haben, dieses Kind sei in der Hektik der letzten Zeit wohl doch etwas zu kurz gekommen. Versuchen Sie nicht, beide Kinder völlig gleich zu behandeln. Manche Kinder brauchen tatsächlich weniger Streicheleinheiten, ihr Bedürfnis nach Zärtlichkeit ist geringer als das der Schwester oder des Bruders. Bei aller Ähnlichkeit sind Ihre Zwillinge zwei verschiedene Menschen, denen Sie nur auf unterschiedliche Art und Weise gerecht werden können.

Bei vielen Zwillingspaaren gibt es ein Kind, das dominiert, das auch von Ihnen mehr fordert und meist auch bekommt. Doch diese Führungsrolle wechselt bei vielen Zwillingen oft von einem zum anderen Tag und Kind.

Wenn zwei sich streiten

Manche Zwillinge sind buchstäblich »ein Herz und eine Seele« und andere streiten sich wie »Hund und Katz«. Und dann gibt es auch noch welche, da können Eltern weder überdurchschnittlich viel Streit, noch überdurchschnittliche Verträglichkeit im Vergleich zu anderen Geschwistern feststellen.

Unsere Zwillinge hatten und haben sehr lang anhaltende Streitphasen. Plötzlich sind dann diese besonders aggressiven Zeiten wieder vorbei. Zwar gibt es dann nach wie vor Streit, doch im »normalen« Rahmen. Es wird nicht mehr um alles und jedes gekämpft, gute Worte und Einsicht helfen auch schon manchmal weiter. Heute – mit gut 19 Jahren – sind Maximilian und Constantin eher gute Freunde, die nicht immer alles zusammen unternehmen und deshalb genügend Abstand voneinander haben. Constantin ist mit 16 Jahren bereits in eine eigene Wohnung gezogen, da er eine Lehrstelle (als Koch) in einem 70 Kilometer entfernten Ort angefangen hatte. Streit gibt's nur noch, wenn er mal wieder sämtliche Socken und Unterhosen von Max mit nach Murnau genommen hat …

Es ist wohl eine Temperamentsfrage, wie Zwillinge miteinander umgehen. Mädchen sind, so die Erfahrungen der meisten Eltern, weniger streitsüchtig als Jungen. Und es ist eine Frage des Alters. Solange sich die

Kinder noch nicht ausreichend mit Worten mitteilen können, äußern sie sich durch Beißen, Hauen und Haare-Ziehen. Soziales Verhalten (dazu gehört auch das Teilen) müssen Kinder erst lernen. Gerade Zwillinge, die sowieso vieles von Anfang an teilen müssen, wollen manchmal eben etwas ganz für sich haben.

Es ist also eine Frage der Entwicklung, eine Frage der Zeit, dass die Streitigkeiten abnehmen, wenn auch nicht ganz verschwinden. Doch ein wenig Streit ist normal, für Zwillinge sogar wichtig, denn dieser hilft ihnen, sich voneinander abzugrenzen. Streit hilft ihnen bei der Persönlichkeitsfindung. Nur wer denken kann, »der Ball gehört *mir, ich* will den Ball haben«, kann um diesen Ball kämpfen.

Praxistipps

Wie können Eltern mit streitenden Zwillingen umgehen?

- Lassen Sie Streit unter Zwillingen in Maßen zu. Bloß weil Ihre Kinder Zwillinge sind, müssen sie nicht friedfertiger als andere Kinder sein. Verhindern Sie allerdings, dass sich die Kinder gegenseitig verletzen.
- Ergreifen Sie nicht Partei. Ermutigen Sie Ihre Kinder, ihren Streit unter sich auszumachen. Bitten Sie die Streithähne, ihren Kampf woanders als ausgerechnet zu Ihren Füßen auszutragen.
- Ermuntern Sie Ihre Kinder immer wieder, zu sprechen, statt gleich zuzuschlagen.
- Gehen Sie mit den Zankäpfeln nach draußen. Beim Spaziergang oder Ballspielen auf der Wiese können sich die Kinder besser austoben.
- Wenn es unterschiedliche Dinge (Geschenke, Mitbringsel) zu verteilen gibt, können Sie das schüchterne Kind zuerst wählen lassen, die Geschenke hinterm Rücken halten und fragen, wer will rechts und wer will links, oder bei eingepackten Dingen die Wahl dem Zufall überlassen.

Folgende vier Ratschläge sind für Eltern gedacht, deren Nerven die andauernden Streits nicht aushalten. Nur dann nämlich sollten Sie so massiv ins Streitgeschehen eingreifen:

1. Trennen Sie die beiden Wütenden, und schicken Sie sie einige Zeit in die Verbannung, aber in getrennte Zimmer.
2. Streiten sich beide um ein Spielzeug, dann nehmen Sie es ihnen weg. Wenn es nicht im Guten geht, bekommt es keiner, vor allem wenn es ein Gegenstand ist, mit dem sich die Kinder im Streit verletzen könnten.
3. Überlassen Sie das Streitobjekt dem Kind, das es zuerst hatte. Setzen Sie eine Zeit fest, die es das betreffende Spielzeug haben darf. Dann muss gewechselt werden.
4. Wenn es nicht reicht, zu sagen: »Jetzt hat es Nina, und danach bekommt es Julia«, dann stellen Sie einen Wecker oder eine Küchenuhr auf zwei Minuten ein.

Denken Sie immer daran: Diese nervenzermürbenden Streitigkeiten sind nur eine Phase – das geht vorüber. Zwillinge brauchen eine Portion Auseinandersetzung, vor allem wenn sie anfangen, ihr »eigenes Ich« zu entdecken. Das hilft, sich gegenüber dem Geschwisterchen abzugrenzen.

Gemeinsam gegen den Rest der Welt

Zwillingsmütter berichten immer wieder über ein Phänomen, das es beinahe unmöglich macht, die Kinder erfolgreich zu bestrafen. Diese fühlen so miteinander, dass sie es fast nicht ertragen können, wenn der Bruder oder die Schwester ausgeschimpft, aufs Zimmer geschickt wird oder sogar einen Klaps hinten drauf bekommt. Sie drängen sich dann zwischen Mutter und Missetäter und beschützen ihr Geschwisterchen. Schlimmstenfalls hauen sie die Mutter, um das andere Zwillingskind zu verteidigen, obwohl sie vielleicht selbst noch kurz vorher vom Bruder oder der Schwester verhauen wurden und dieser Streit der eigentliche Anlass für die Strafe ist. Gegen so viel Zusammenhalt ist manche Erziehungsmaßnahme machtlos.

Zwillinge trösten sich aber auch gegenseitig. »Wenn ich über ein Kind verärgert bin und es bewusst einmal links liegen lasse, springt die andere sofort als ›liebe Mutti‹ ein und tröstet ihre Schwester«, stellt Ute B. immer wieder fest, wie schwer es ist, Zwillingskinder »erfolgreich« zu bestrafen. Wurden andererseits beide zur Strafe ins Kinderzimmer geschickt, dann waren die Zwillinge immer froh, die lästige Aufpasserin, die Mutter, los zu sein. Mit einer guten Portion Humor meistern Sie solche erfolglosen Erziehungsversuche, zeigen sie doch nur den besonderen Zusammenhalt Ihrer Kinder. Gegenüber Außenstehenden hat dieses »Sich-Verbünden« eher Vorteile.

»Ich habe eine ganz besondere Variante entdeckt: Max und Conny beschuldigten sich so lange gegenseitig, etwas angestellt zu haben, bis ich darauf verzichtete, den (welchen?) Missetäter zu bestrafen.« (Marion v. G.)

In guten wie in schlechten Taten

So viele Hände hat man gar nicht, Dummheiten zu verhindern, wie die beiden Ideen haben! Zwillinge stiften sich gegenseitig zu allerlei Blödsinn an, wenn sie gemeinsam auf Entdeckungstour gehen. Was dem einen nicht einfällt, da kommt garantiert der andere drauf, sagen viele Mütter. Zwillinge arbeiten Hand in Hand, wenn es darum geht, Stühle auf Tische zu stellen und oben drauf zu klettern.

Zwillinge erziehen sich aber auch gegenseitig. Bei uns wacht jeder ganz genau darüber, ob der andere auch nichts tut, was »verboten« ist. Es ist manchmal ziemlich anstrengend, von zwei »Gesetzeshütern« umgeben zu sein, die dann auch noch die eigene Mutter zur Ordnung rufen.

Zwillinge im Kindergarten

Vielleicht stellt sich Ihnen die Frage gar nicht, ob Sie Ihre Zwillinge in getrennte Kindergartengruppen geben sollen, denn nicht immer werden zwei Parallelgruppen angeboten.

Welche Vorteile können getrennte Gruppen haben?

- Die Kinder können sich getrennt individueller entfalten.
- Beide können lernen, sich allein zu behaupten.
- Das Kind, das immer ein wenig hinter seinem Bruder oder seiner Schwester zurückstand, wird so gezwungen, mehr aus sich herauszugehen.
- Jedes Kind hat eine eigene Bezugsperson, eine ganz neue Erfahrung.

Marcel, Tobias und Janina besuchen eine gemeinsame Schulklasse.

- Beide können unterschiedliche Freundschaften eingehen.
- Beide machen verschiedene Erfahrungen, die sie austauschen können.
- Beide können ihren Geburtstag einmal ganz allein mit den anderen Kindern ihrer Gruppe feiern und stehen dabei allein im Mittelpunkt.

Was gilt es bei der Entscheidung für gemeinsame oder getrennte Gruppen zu bedenken?

- Die Trennung von der Mutter – von der vertrauten Umgebung – und vom Geschwisterchen auf einmal könnte eine Überforderung sein.
- Wenn Sie sie zunächst in eine Gruppe geben und später trennen möchten, welchem wollen Sie den Schritt in eine neue, unbekannte Gruppe mit einer anderen Erzieherin zumuten?
- Umgekehrt – zunächst getrennt, dann gemeinsame Gruppen, weil es gar nicht klappt – ist es leichter.
- Haben die Erzieherinnen »Zwillingserfahrung« – wie wurde die Betreuung von Zwillingen bisher gehandhabt?
- Gibt es die Möglichkeit, dass sich Zwillinge, die in getrennten Gruppen untergebracht sind, während freier Spielstunden »besuchen« und miteinander spielen können?

Leider ist es nicht immer möglich, selbst und zum Wohle der Kinder zu entscheiden. Immer wieder hören wir von Eltern, wie starr Erzieherinnen ihre Meinung vertreten, obwohl sie meist nur wenig Zwillingserfahrung haben.

»Wir sind immer noch enttäuscht und verständnislos über das Verhalten der Erzieherinnen, die scheinbar erwartet hatten, dass alle Erziehung in ihre Hände gelegt wird. Für sie geht der Alltag jetzt weiter und wir haben ihretwegen keine Kindergartenplätze!«, schrieb eine Mutter, die in wochenlangen Gesprächen vergeblich versucht hatte, die Erzieherinnen davon zu überzeugen, dass ihre Zwillingsmädchen besser in zwei getrennten Gruppen aufgehoben wären.

Wie immer Sie sich entscheiden – jetzt ist der rechte Augenblick, sie unterschiedlich zu kleiden, damit Erzieherinnen und andere Kinder sie auseinander halten können. Unterstützen Sie diese Maßnahmen durch unterschiedliche Frisuren.

Lesetipps

Kindergarten und Schule

Umfassender können Sie sich über dieses Thema im Sonderheft »Zwillinge – Kindergarten und Schule« informieren, das Rita Haberkorn für die Zeitschrift »Zwillinge« zusammengestellt und 1998 überarbeitet und ergänzt hat. Viele Erziehungstipps zum Umgang mit Zwillingen stehen auch im Buch *Erziehungstipps für Zwillingseltern* von Marion von Gratkowski.

Die Zwillings-eltern

Jetzt geht's noch einmal ganz speziell um Sie: Wie sieht's mit Ihren Außenkontakten und den Freundschaften von früher aus? Was können Zwillingsclubs und Selbsthilfegruppen in diesem Zusammenhang leisten? Neben persönlichen Stellungnahmen von Zwillingseltern gibt's in diesem Kapitel viele Adressen und praktische Hinweise.

Kontakte für Zwillings- und Drillingseltern

Vielleicht haben Sie diese Erfahrung auch gemacht: Nachdem Sie glückliche Eltern Ihrer Zwillinge geworden waren, blieben die spontanen Besuche Ihrer Freundinnen und Freunde auf einmal aus. Selber die Besuchsinitiative zu ergreifen, scheint bei der Belastung unvorstellbar. Sind Zwillingsclubs und Selbsthilfegruppen eine gute Möglichkeit, neue Kontakte zu knüpfen?

Außenkontakte kosten doppelte Kraft

Zwillinge und Drillinge sind sich selbst genug. In gewisser Weise stimmt diese Aussage, denn diese Kinder haben immer Spielkameradinnen und -kameraden im passenden Alter. Andererseits ist es auch gerade für Zwillings- und Drillingskinder ganz wichtig, mit anderen Kindern zusammenzukommen, damit sie nicht zu sehr aufeinander fixiert bleiben. Auch Zwillingsfamilien, also Kinder plus Eltern, sind sich irgendwie selbst genug. Jeder Ausgang zu viert (wenn noch mehr Kinder da sind, zu fünft oder sechst) ist eine riesige Aktion, setzt genaue Planung und vollen Einsatz aller Beteiligten voraus, vor allem, wenn die Zwillinge noch klein sind. Deshalb bleiben Sie vielleicht lieber unter sich, zumindest in der ersten Zeit.

Doch gerade für Zwillinge, Drillinge und deren Eltern lohnen sich Kontakte zur Außenwelt. Das bringt Sie, die Mehrlingseltern, auf andere Gedanken. Sie genießen vielleicht die Bewunderung durch die Umwelt, oder Ihnen helfen vor allem Kontakte zu anderen Mehrlingseltern weiter (»Es gibt ja noch andere, denen es genauso geht!«).

Die Freundschaften von früher

Wenn Menschen Eltern werden, machen sie oft eine seltsame Erfahrung: Sie sind für die früheren Freundinnen und Freunde (ohne Kinder) scheinbar nicht mehr interessant genug. Ein Vorwurf an frisch gebackene Eltern lautet immer: Unterhaltungen kommen kaum über den eingeschränkten »Windelhorizont« hinaus. Kein Wunder: Das Wichtigste in Ihrem Leben ist das Kind, in diesem Fall sogar die Kinder. Wenn sich frühere Bekannte zurückhalten, dann beruht das aber auch oft auf einem Missverständnis. Sie glauben, ihr Besuch würde stören. Sie vermuten, Sie hätten zu viel mit Ihren Zwillingen zu tun – was ja in gewisser Weise auch stimmt.

Natürlich sind Sie vor allem in der ersten Zeit mit den beiden Babys wenig mobil. Lassen Sie Ihre kinderlosen Freundinnen und Freunde (auch die, deren Kinder schon wesentlich älter sind) trotzdem wissen, dass Sie gerne Kontakt halten möchten. Laden Sie sie ein, betonen Sie aber, dass Sie keine Zeit haben, große Vorbereitungen zu treffen. Die meisten werden den Wink mit dem Zaunpfahl verstehen und selbst einen Kuchen mitbringen. Nehmen Sie sich das abgekühlte Verhältnis zu Ihren Bekannten nicht so zu Herzen. Wenn Kinder da sind, sind die Interessen einfach verschieden, und beste Freunde teilen sich in unterschiedliche Gruppen: Eltern und Nicht-Eltern! Das geht den meisten Einzelkindeltern ebenso.

Wahrscheinlich kommen Sie sich wieder näher, wenn die anderen auch Kinder haben oder wenn Ihre Kinder weniger anstrengend sind und zu mancher Aktivität schon mitgenommen werden können. Vielleicht sollten Sie aber auch versuchen, Ihren Freundeskreis zu erweitern. Kontakte ergeben sich durch Kinder beinahe automatisch. Ob im Wartezimmer oder am Spielplatz: Eltern kommen miteinander ins Gespräch.

Zwillingsclubs und Selbsthilfegruppen

Alle Zwillingseltern, die an meiner Fragebogenaktion teilgenommen haben, sind überzeugt, dass ihnen Kontakte zu anderen Zwillingseltern weitergeholfen haben. Die Zwillingsrunde e.V., Frankfurt, beispielsweise wurde 1984 von Marion Dörflinger gegründet. Allein durch Mund-zu-Mund-Propaganda wuchs der kleine Kreis auf über 100 Mitgliedsfamilien. Bedauerlicherweise wurde die Runde inzwischen aufgelöst, da immer nur einige wenige ihre Arbeit einbrachten, alle anderen nur davon profitieren wollten.

In Stuttgart formierte sich Anfang 1986 ein Club um die Zwillingsmutter Monika Attermeyer. Das »Clübchen II e.V.« trifft sich heute noch regelmäßig. In Nürnberg ist der sehr aktive Verein »Engelchen und Bengelchen e. V.« ansässig. Auch in Köln, Darmstadt und in einigen anderen Städten existieren sehr rührige Vereine. Darüber hinaus gibt es praktisch im ganzen Bundesgebiet private Gruppen, die sich zwanglos treffen. Auch in Österreich und in der Schweiz haben sich Zwillingseltern zusammengeschlossen. Wir haben im Anhang nur einige größere Vereine angegeben, da sich die vielen kleineren Gruppen immer wieder neu formieren oder auch mangels Interesse wieder auflösen. Aktuelle Termine stehen ohnehin in jeder Ausgabe der Zeitschrift »Zwillinge«.

Für Eltern von Drillingen, Vier-, Fünf- und Sechslingen hat Helga Grützner vor mehr als zehn Jahren ihren »ABC-Club e. V.« ins Leben gerufen. Die Mutter von heute erwachsenen Drillingen verfügt auch über gute Kontakte zu Clubs in Amerika und ins nichtdeutschsprachige Ausland.

Empfehlung

Geteiltes Leid ist halbes Leid

Wenn Sie Probleme – gleich welcher Art – haben, wenden Sie sich an einen solchen Club oder an eine private Gesprächsrunde. Diese Mütter/Eltern kennen Ihr Problem aus eigener Erfahrung und haben es vielleicht selbst schon gemeistert. Scheuen Sie sich nicht, dort einfach mal anzurufen. Oft hilft schon bloßes »darüber Reden«.

Wenn es keine Zwillingsinitiative in Ihrer Nähe gibt, dann rufen Sie doch selbst eine ins Leben. Sprechen Sie Zwillingseltern an, machen Sie einen Aushang bei Ihrer Frauenärztin und beim Kinderarzt, oder inserieren Sie »Zwillingseltern treffen sich«. Als Treffpunkt bietet sich ein Pfarrheim (gleich welcher Konfession) an oder eine Gaststätte mit Nebenraum. Wenn Sie nicht gleich einen Verein daraus machen, ist mit lockeren Treffen gar nicht so viel Organisation verbunden. Dennoch: Bevor Sie mit Ihrem Aufruf starten, überlegen Sie sich gut, ob Sie Zeit dafür haben. Suchen Sie sich eine Zwillingsmutter, die Ihnen dabei hilft.

Zwillingseltern ziehen ein persönliches Fazit

Als ich den Frauen der Frankfurter Zwillingsrunde vortrug, dass ein Fazit aller an der Fragebogenaktion beteiligten Eltern den Schlusspunkt dieses Buches setzen sollte, lachten sie. Nachdem ich all die Probleme aufgezeigt hätte, wolle ich wohl zum Schluss die Leserinnen und Leser etwas aufmuntern. Genau das soll dieses Kapitel tun: Es soll Ihnen als werdenden Zwillingseltern Mut machen, und es soll auch Ihnen, den Eltern, deren Zwillinge schon geboren sind, ein positives Gefühl vermitteln.

»Das Glück kann man schlechter beschreiben als die Problematik, die man mit Zwillingen hat. Es gibt immer wieder Tage, da denke ich, ich schaffe es nicht. Und doch geht jeder Tag vorbei und es gibt auch immer wieder schöne Momente. Etwa, wenn sich beide Kinder um eine Mutter streiten, das erfüllt mich schon mit Glück. Oder wenn zwei Anderthalbjährige Hand in Hand spazieren gehen, das ist ein Bild für die Götter.« (Monika A.)

»Für mich und meinen Mann ist es das größte Glück, Zwillinge zu haben. Es gibt so viel Spaß und Freude, das wiegt alles andere auf. Am schönsten ist für mich immer wieder, wie die beiden miteinander umgehen, wie sie zusammen spielen, sich gegenseitig trösten. Ich habe mich auch nie mit dem Haushalt verrückt gemacht, es muss ja nicht immer alles blitzblank sein. Ich würde meine Zwillinge für nichts auf der Welt hergeben.« (Irene W.)

»Wir leben mit unseren Zwillingen sehr glücklich. Es müsste die Regel sein, als Zwilling geboren zu werden. Unser Rat: keine Panik, kein überzogenes Gefühl von Besonderheit oder Überlastung bei Eltern oder Kindern.« (Sonja von L.)

»Machen Sie sich nicht allzu viele Gedanken im voraus. Probleme kommen noch früh genug, und wenn man nicht zu stark vorbelastet ist, geht es leichter. Wichtig ist der Kontakt zu anderen Zwillingseltern. Es erleichtert, wenn wir feststellen können, dass wir alle im selben Boot sitzen.« (Vreny V.)

»Mein Rat: Unbedingt eine Oma, Ersatzoma oder einen Babysitter engagieren, um ab und zu persönliche Bedürfnisse zu befriedigen; außerdem Kontakt zu anderen Zwillingseltern schaffen. Das ›doppelte Glück‹ genieße ich natürlich! Den Kindern

kann nichts Besseres passieren, als mit einem Bruder oder einer Schwester aufzuwachsen, davon hat jedes Kind nur Vorteile.« (Gabriele S.)

»Wenn die Väter einspringen, ist es nicht so schwer. Mit Zwillingen ist man auch davor behütet, allzu verrückt und nachsichtig mit seinen Lieblingen zu sein. Mit zweien muss man halt immer konsequenter und vernünftiger sein, und das kommt ganz bestimmt den Kindern zugute.« (Ute B.)

»Wenn ich die Zeit zurückdrehen könnte und die Wahl hätte zwischen einem Kind und Zwillingen, würde ich mich für Zwillinge entscheiden. Mein Rat: Angebotene Hilfe von Freunden, Verwandten und Eltern annehmen, auch wenn man meint, es wäre (noch) nicht unbedingt nötig. Denn Kraftreserven sind sehr wichtig. Den Partner einspannen, darüber ihn aber nicht vergessen. Er ist nicht nur Vater, sondern auch Mann, und Sie sind Frau.« (Melitta K.)

»Obwohl ich durch meine beiden älteren Söhne, bei denen der Altersunterschied nur anderthalb Jahre beträgt, im Umgang mit kleinen Kindern in Übung gekommen bin, ist die Erziehung und Betreuung von Zwillingen eine enorme Mehrbelastung. Bestätigt wurde ich in dieser Erfahrung in dem Buch Zwillinge von Rita Haberkorn, da schreibt eine Zwillingsmutter: ›Bis zu einem bestimmten Alter kann man bei keinem der beiden an die Vernunft appellieren. Immer kommt der Druck doppelt. Das wird einem von anderen Eltern oft nicht abgenommen. In anderen Familien sind die Geschwister ein Jahr und mehr auseinander. Das ist ein großer Unterschied.‹« (Gudrun Sch.)

»Wichtig ist, dass man mit einer gesunden Grundeinstellung zu Kindern überhaupt an die Sache herangeht. Ich lasse oft einmal etwas liegen, um mich mit meinen Kindern zu beschäftigen. Diese Einstellung musste ich erst mühsam lernen. Immer wenn ich unbedingt etwas machen wollte, was ich mir vorgenommen hatte, klappte es garantiert nicht. Heute kann ich das besser akzeptieren. Ich tue oft auch Dinge für mich, obwohl noch ein riesiger Berg Arbeit vor mir liegt. Das tut mir gut, letztlich aber auch den Kindern. Dadurch geht es uns allen gut. Ich bin ausgeglichen und meine Kinder auch.« (Angela B.)

»Man sollte sich unbedingt während der Schwangerschaft die Zeit nehmen, die man nachher nicht mehr hat. Trödeln Sie, und gönnen Sie sich etwas. Sie haben nachher

lange keine Gelegenheit dazu! Obwohl die erste Zeit sehr, sehr hart ist, sind doch immer kleine Momente da, die alles aufwiegen!« (Karin K.)

»Heute sehe ich die Tatsache, Zwillinge zu haben, überwiegend positiv. Obwohl meine Kinder viel gestritten haben, hatten sie doch einander. Ihr kleiner Bruder Nicolai vermisst solch einen Spielgefährten und ist meist allein zu Hause. Ein kleiner »Wermutstropfen« ist bei unseren Zwillingen allerdings auch dabei. Zeitweise war Constantin Maximilian in vielen Dingen unterlegen. Dann hat er mir immer leid getan, und ich hatte kaum eine Chance, ausgleichend zu wirken. Heute, die beiden sind 19 Jahre alt, weiß ich, dass meine Sorge unbegründet war. Constantin ist seinen eigenen Weg gegangen. Er hat in diesen Tagen seine Gesellenprüfung als Koch bestanden und er ist ein sehr talentierter Koch. Er wirkt erwachsener als Max, der nächstes Jahr Abitur machen wird. Beide haben sich wirklich sehr zu ihrem Vorteil entwickelt – und das hat sicher damit zu tun, dass wir jeden unterstützt und keinen zu irgendetwas gezwungen haben.« (Marion v. G.)

Wie sollen die Kinder heißen?

Wie viel Mühe haben Eltern oft, sich auf einen Namen für ein Kind zu einigen. Wie viel schwieriger kann es werden, wenn Zwillinge kommen. Hier eine Auswahl von Namen, die die 35 befragten Zwillingseltern für ihre Kinder ausgesucht haben:

Zwillingsnamen

Maximilian und Constantin
Florian und Benjamin
Alexander und Philipp
Jessica und Jennifer
David-Tobias und Daniel-Frederic
Stefanie und Patricia
Simon und David
Jan und Jens
Jens und Klaus
Marina und Nadine
Sonja und Jennifer
Stefanie und Susanne
Johanna und Katja
Anja und Sonja
Nadine und Nicole
Julian und Clemens
Johannes und Christine
Nina und Nadine
Thomas und Michael
Caroline und Christine
Sarah und Benjamin
Sven und Daniel
Björn und Anne
Dominik und Marylin
Annika und Alexandra
Christoph und Lukas
Christian und Reinhard

Auch bei der Namensgebung gilt: Lieber nicht so ähnlich, um Verwechslungen zu vermeiden.

Wichtige Adressen für Zwillings- und Drillingseltern

Zwillingsclubs und Mehrlingselternvereine

In früheren Auflagen des Buches hatte ich alle Adressen veröffentlicht, die mir bekannt waren. Da sich jedoch viele Treffs sehr schnell wieder auflösen und andere ebenso schnell entstehen, sind diesmal nur die größeren Treffs angegeben. Wer nach einer Adresse in seiner Nähe sucht, kann eine Ausgabe der Zeitschrift »Zwillinge« bestellen, die stets die neuesten Termine enthält.

»Doppelpack e. V.«
c/o Sigrid Lühn
Am Scheidweg 24
50765 Köln
Tel. 02 21–590 68 39

Darmstädter Zwillingsrunde e. V.
c/o Rita Wehner (1. Vors.)
Tel. 0 61 51–31 37 13
E-Mail: rita.wehner@zwillingsrunde.de

»Max-und-Moritz-Club für Mehrlingsgeborene e. V.«
c/o Siegfried Richter
Mittlere Gasse 2
75382 Althengstett
Tel. 0 70 51–2 03 25

»Engelchen & Bengelchen e. V.«
c/o Ulrike Büttner-Germaschewski
Burgsalacher Str. 40
90449 Nürnberg
Tel. 09 11–68 68 77
E-Mail: germa@nefkom.net

ABC-Club e. V. (ab Drillinge)
Bethlehemstr. 8
30451 Hannover
Tel. 05 11–2 15 19 45
E-Mail: info@abc-club.de

Andere wichtige Adressen

Schwangerschaft und Geburt

Bund Deutscher Hebammen e. V.
Gartenstr. 26
76133 Karlsruhe
Tel. 07 21–98 18 90
E-Mail: Info@bdh.de

IRIS- Regenbogenzentrum
Kontakt- und Beratungsstelle
Initiative Natürlich Gebären –
Bewusst Eltern-Sein in IRIS e. V.
für Frauen und Familie
Schleiermacher Str. 39
06114 Halle
Tel. 03 45–5 21 12 32
E-Mail: irisfamilienzentrum@t-online.de

Treffpunkt Schwangere, Mütter, Väter, Babys
Nachbarschafts- und Selbsthilfezentrum (NUSZ) in der UFA-Fabrik
Viktoriastr. 13–18
12105 Berlin
Tel. 0 30–7 51 67 06

ISIS-Zentrum für Schwangerschaft, Geburt und Elternschaft e. V.
Groner-Tor-Str. 12
37073 Göttingen
Tel. 05 51–48 58 28
E-Mail: isis-goettingen@t-online.de

Zentrum für Geburtsvorbereitung und Elternschaft e. V.
Wasserstr. 25
59423 Unna
Tel. 0 23 03–1 26 30

Familie in Bewegung e. V.
Hebammenpraxis »Die weise Frau«
Dorfackerstr. 12
72074 Tübingen-Lustnau
Tel. 0 70 71–8 39 27

Beratungsstelle für Natürliche Geburt und Eltern sein e. V.
Häberlstr. 17 (Rückgebäude)
80337 München
Tel. 0 89–53 20 76
E-Mail: info@natuerliche-geburt.de

Gesellschaft für Geburtsvorbereitung (GfG) Bundesverband e. V.
Antwerpener Str. 43
13353 Berlin
Tel. 0 30–45 02 69 20
E-Mail: gfg@gfg-bv.de

Pro Familia Deutsche Gesellschaft für Familienplanung, Sexualitätspädagogik und Sexualberatung e. V.
Bundesverband
Stresemannallee 3
60596 Frankfurt
Tel. 0 69–63 90 02
E-Mail: info@profamilia.de

Bundeszentrale für Gesundheitliche Aufklärung
Ostmerheimer Str. 200
51109 Köln
Tel. 02 21–8 99 20
E-Mail: poststelle@bzga.de
(hier kann unter anderem auch der Familienferien-Katalog mit über 170 gemeinnützigen Familienferienstätten angefordert werden, der aber auch in jeder ADAC-Niederlassung ausliegt.)

Eltern werden – Eltern sein

Mütterzentren Bundesverband e. V.
Müggenkampstr. 30 A
20257 Hamburg
Tel. 0 40–40 17 06 06

Eltern werden – Eltern sein e. V.
Gießer Str. 17
45473 Mülheim/Ruhr
Tel. 02 08–75 66 33

Frauengesundheitszentrum Neuhofstraße e. V.
Neuhofstr. 32 RGB
60318 Frankfurt
Tel. 0 69–59 17 00

Notmütterdienst Familien- und Altenhilfe e. V.
Sophienstr. 28
60487 Frankfurt
Tel. 0 69–77 66 11 oder 77 90 81
E-Mail: info@nmd-ev.de
(vermittelt Ersatzmütter für die Zeit des Wochenbetts)

Wirbelwind – Agentur für Haushalts- & Familienhilfe
Cornette Deegener
Beussel Str. 87
10553 Berlin
Tel. 0 30–22 32 51 57
E-Mail: Cornette@gmx.de

PEKiP e. V.
Prager-Eltern-Kind-Programm
Heltorfer Str. 71
47269 Duisburg
Tel. 02 03–71 23 30
E-Mail: Info@pekip.de

Schatten & Licht – Krise nach der Geburt e. V.
c/o Sabine Surholt
Obere Weinbergstr. 3
86465 Welten
Tel. 0 82 93–46 58 64
Internet: www.schatten-und-licht.de

Tagesmütter Bundesverband für Kinderbetreuung in Tagespflege e. V.
Breite Str. 2
40670 Meerbusch
Tel. 0 21 59–13 77
E-Mail: tagesmuetterBV@t-online.de

Verband allein erziehender Mütter und Väter e. V. (VAMV)
Peggi Liebisch
Beethovenallee 7
53173 Bonn
Tel. 02 28–35 29 95; Fax 35 83 50

Kinder in besonderen Situationen

Arbeitsgemeinschaft Allergiekrankes Kind
Nassaustr. 32
35745 Herborn
Tel. 0 27 72–9 28 70

Allergie- und umweltkrankes Kind e. V.
Westerholter Str. 142
45892 Gelsenkirchen
Tel. 02 09–3 05 30
E-Mail: AUGKE@aol.com

Aktionskomitee Kind im Krankenhaus e. V.
Kirchstr. 34
61440 Oberursel
Tel. 0 61 72–30 36 00
E-Mail: info@akik-bundesverband.de

Bundesarbeitsgemeinschaft Hilfe für Behinderte e. V.
Kirchfeldstr. 149
40215 Düsseldorf
Tel. 02 11–31 00 60

Kindernetzwerk e. V. für kranke und behinderte Kinder und Jugendliche in der Gesellschaft
Hanauer Str. 15
63739 Aschaffenburg
Tel. 0 60 21–1 20 30
Internet: www.kindernetzwerk.de

Bundesverband »das frühgeborene Kind e. V.«
Eva Vonderlin
Von-der-Tann-Str. 7
69126 Heidelberg
Tel. 0 62 21–31 50 65

Das Frühchen e. V.
Im Neuenheimer Feld 153
69120 Heidelberg
Tel. 0 62 21–41 15 56

Förderverein für Früh- und Risikogeborene e. V.
c/o Kinderoberarzt Dr. Friedrich Porz
Kinderklinikum am Zentralklinikum Augsburg
Stenglinstraße
86156 Augsburg
Tel. 08 21–40 00-1

»Trostreich«, Selbstinitiative für Familien mit Schrei-Babys,
Jutta Riedel-Henck
Schulstr. 10
27446 Deinstedt
Tel. 0 42 84–3 95 (Do. 10–12 Uhr)
E-Mail: verlag@kompost-verlag.de
Internet: www.kompost-verlag.de

Münchner Sprechstunde für Schreibabys
Kinderzentrum München
Heiglhofstr. 63
81377 München
Tel. 0 89–7 10 09-330

Mutter-Kind-Hilfswerke e. V.
Millberger Weg 1
94152 Neuhaus am Inn
Tel. 0 85 03–9 14 90
(vermittelt Mutter-Kind-Kuren)

Tod eines Zwillings/beider Zwillinge

Gesellschaft zur Erforschung des Plötzlichen Säuglingstods Deutschland e. V. (GEPS)
Rheinstr. 26
30519 Hannover
Tel. 05 11–8 38 62 02
E-Mail: geps-deutschland@t-onlinde.de

Initiative Regenbogen »Glücklose Schwangerschaft e. V.«
Hauptgeschäftsstelle:
Martina Severitt
In der Schweiz 9
72636 Frickenhausen
Tel. 0 55 65–9 11 91 13
E-Mail: BV@initiative-regenbogen.de

Bundesstelle »Verwaiste Eltern e. V.« und Verwaiste Eltern Hamburg e. V.«
c/o Institut für Trauerarbeit ITA
Esplanade 15
20354 Hamburg
Tel. 0 40–35 50 56-33 oder -44

Stillgruppen

La Leche Liga Deutschland e. V.
Dannenkamp 25
32479 Hille
Tel. 05 71–4 89 46
Infoline mit Angabe der regionalen Stillberaterin
Tel. 06851–25 24
E-Mail: mail@lalecheliga.de oder beratung@lalecheliga.de

Arbeitsgemeinschaften Freier Stillgruppen (AFS) Bundesverband e. V.
Rüngsdorfer Str. 17
53173 Bonn
Tel. 02 28–3 50 38 71
Stillhotline: Tel. 01 80–7 84 55 36
(vermittelt Kontakt zu regionalen Gruppen)
E-Mail: geschaeftsstelle@afs-stillen.de

Au-pair-Vermittlung

Verein für Internationale Jugendarbeit e. V.
Adenauer-Allee 47
53111 Bonn
Tel. 02 28–69 89 52

Zentralstelle für Arbeitsvermittlung
Feuerbachstr. 42
60325 Frankfurt
Tel. 0 69–7 11 10

Deutscher Verband katholischer Mädchensozialarbeit
Karlstr. 40
79104 Freiburg
Tel. 07 61–20 00

Urlaub für Zwillings- und Mehrlingseltern

Zentrale für den Landurlaub
Heerstr. 173
53111 Bonn
Tel. 02 28–96 30 20
Internet: www.bauernhofurlaub.com
www.verreisen.de
(Kataloge: »Ferien auf dem Lande« und »Zu Gast beim Winzer« mit über 3500 Adressen)

Deutsche Landwirtschaftsgesellschaft e. V. DLG
Eschborner Landstr. 122
60489 Frankfurt
Tel. 0 69–24 78 80
Internet: www.dlg.org
(stellt ca. 1500 Bauernhöfe vor, die das DLG-Gütezeichen haben)

Fremdenverkehrsverband Rheinland-Pfalz e. V.
Postfach 1420
56015 Koblenz
Tel. 02 61–91 52 00
(Verzeichnis »Ferien auf Bauern- und Winzerhöfen«)

Katholischer Arbeitskreis für Familienerholung
Hochkreuzallee 1
53175 Bonn
Tel. 02 28–9 59 17 14
Fax 02 28–9 59 17 20
(Verzeichnis von Familienferienstätten)

Paritätischer Arbeitskreis für Familienerholung
c/o Paritätischer Wohlfahrtsverband e. V.
Heinrich-Hoffmann-Str. 3
60528 Frankfurt
Tel. 0 69–6 70 60
Internet: www.paritaet.org

Deutscher Familien-Dienst Landesverband NW e. V.
Landgrafenstr. 37
53842 Troisdorf
Tel. 0 22 41–40 66 27
(Verzeichnis kinderfreundlicher Gastgeber gegen Schutzgebühr zu beziehen)

Deutscher Familiendienst
Deutsches Erholungswerk
Feriendörfer
Postfach 13 02 62
20102 Hamburg
Tel. 040–45 62 08
Internet: www.babynet.de

1000 Ferienhöfe in Bayern
Internet: www.bauernhof-urlaub.com

Kolping Familienhilfswerk
Kolpingplatz 5–11
50667 Köln
Tel. 02 21–20 70 10
E-Mail: Info@kolpingwerk.de
(Kolpingferien-Katalog)

Bezugsquellennachweis

Nähanleitung für den Doppeltragesack
Sabine Neumann
Keltenstr. 4
87616 Marktoberdorf
(Zusendung gegen frankierten Rückumschlag € 1,44)

TWINSHOP
(vormals Petzy's Zwillingsshop)
Bahnhofstr. 56 e
86916 Kaufering
Tel. 0 81 91–97 37 37
Fax 0 81 91–96 67 40
E-Mail: info@twinshop.de
(Zusendung des Prospektes über Zwillings-Kinderwagen, -Stillkissen und -Laufställe gegen Porto € 1,44 Briefmarke)

»Zwei plus zwei«
Bismarckstr. 56–62
50672 Köln
Tel. 02 21–9 51 47 00
Fax 02 21–95 1 47 0 20
E-Mail: info@zweipluzwei.de
(Marketinggesellschaft, die über Fahrradanhänger in allen Variationen informiert)

Medela Medizintechnik GmbH & Co. Handels KG
Postfach 11 48
85378 Eching
Tek. 0 89–3 19 75 90
E-Mail: info@medela.de
(vertreibt elektrische und andere Milchpumpen)

Adressen in Österreich, in der Schweiz und in Luxemburg

Österreich

Bundesministerium für Familie
Franz-Josefs-Kai 51
A-1010 Wien
Tel. 06 60–51 52 20
(Familienservice zum Ortstarif aus ganz Österreich)

Baby-Guide
Pillergasse 6/1
A-1150 Wien
Tel. 01–8 95 46 73
Fax 01–8 95 46 75
E-Mail: info@babyguide.at
(ausführlicher Wegweiser zum Thema Schwangerschaft, Geburt, Baby, Kinder)

NANAYA – Zentrum für Schwangerschaft, Geburt und Leben mit Kindern
Zollergasse 37
A-1070 Wien
Tel. 02 22–5 23 17 11
Fax: 02 22–5 23 17 64
E-Mail: nanaya@utanet.at
Internet: www.nanaya.at

Österreichisches Hebammengremium
Postfach 584
A-1061 Wien
Tel. 02 22–5 97 14 04
E-Mail: website@hebammen.at
Internet: www.hebammen.at

Österreichischer Dachverband für Vorbereitung auf Geburt und Elternschaft (DGE)
Sekretariat Eltern-Kind-Zentrum (EKIZ)
Gilgegasse 15
A-1090 Wien
Tel. 01–4 06 97 75

Verband der Still- und Laktationsberaterinnen Österreichs VSLÖ
Lindenstr. 20
A-2362 Biedermannsdorf
Tel. 0 22 36–7 23 36
E-Mail: info@stillen.at
Internet: www.stillen.at
www.stillbuch.at

La Leche Liga Österreich
Postfach
A-6240 Rattenberg
Tel. 06 62–43 97 12
D270Internet: www.lalecheliga.at
E-Mail: info@lalelcheliga.at

Initiative Regenbogen Verein für Hilfestellung bei Glückloser Schwangerschaft
Ulrike Kern
Zirkusgasse 28/9
A-1020 Wien
Tel. 01–2 14 72 34

Selbsthilfegruppe »Verwaiste Mütter, Väter, Geschwister«
c/o Elisabeth Maurer
Schererstr. 50/4/9
A-1210 Wien
Tel. 02 22–2 59 23 80 (abends und am Wochenende)

Verein zur Unterstützung von Mehrlingseltern
c/o Christine Unterkofler
Unterfeld 8 b
A-6973 Höchst
Tel. 0 55 78–7 43 00

Weitere Adressen, nach einzelnen Bundesländern gegliedert und sehr ausführlich, sind im »Baby Guide« enthalten, den viele Informationsstellen, aber auch Ärztinnen und Ärzte kostenlos bereithalten.

Schweiz

Pro Juventute
Seehofstr. 15
CH-8008 Zürich
Tel. 01–2 51 72 44
www.projuventute.ch
E-Mail: info@projuventute.ch
(Adressenliste Mütterberatungsstellen)

Schweizerischer Hebammenverband
Zentralsekretariat
Flurstr. 26
CH-3000 Bern 22
Tel. 0 31–3 32 63 40
Fax: 0 31–3 32 76 19
E-Mail: info@hebamme.ch
Internet: www.hebamme.ch

Marie-Meierhofer-Institut für das Kind
Schulhausstr. 64
CH-8002 Zürich
Tel. 01–2 02 17 60
(Mutter-Kind-Beratung)

SVM Schweizerischer Verein der Mütterberaterinnen
Asylstr. 90
Postfach
CH-8030 Zürich
Tel. 01–3 82 30 33 (Do + Fr 8–11 Uhr)
Fax: 01–3 82 30 35
E-Mail: svm@bluewin.ch
Internet: www.muetterberatung.ch

Dachverband Schweizerischer Mütterzentren
C(o Sandra Hofmann-Saccani
Wasserfurristr. 1
CH-8142 Wisendangen
Tel. 0 52–3 37 06 00
Fax: 01–6 25 12 20
E-Mail: info@muetterzentrum.ch
Internet: www.muetterzentrum.ch

La Leche Liga Schweiz
Postfach 197
CH-8093 Zürich
Tel. 01–9 43 33 00
E-Mail: info@stillberatung.ch
Internet: www.stillberatung.ch

REGENBOGEN Schweiz
Selbsthilfevereinigung von Eltern, die um ein verstorbenes Kind trauern
Krähenbergstr. 13
CH-2543 Lengnau bei Biel
Tel. 0 32–6 52 11 81

Luxemburg

Zwillingsmüttertreffen in Luxemburg
c/o Chantal Eisen-Wohl
4, Hauptstrasse
L-9186 Stegen
Tel. 80 20 41

La Leche Liga Louxembourg
29, rue Follereau
L-1529 Luxembourg

Initiative Liewensufank asbl.
B.P. 10 75
L-1010 Luxembourg
Tel. 0 03 52–36 05 98

Bücher zum Weiterlesen

Schwangerschaft und Geburt

Der große TRIAS-Ratgeber Schwangerschaft und Geburt. Mit großem Sonderteil: Die ersten 6 Monate mit Ihrem Baby. Balaskas, J., Gordon, Y.; TRIAS 2001

Ausgewogen essen während der Schwangerschaft. Was Sie und Ihr Baby jetzt brauchen. Kalorienbewusste Ernährung mit allen wichtigen Biostoffen. Viele gesunde Kochideen im farbigen Rezeptteil. Novotny, U.; TRIAS 1999

Die besten Hausmittel für eine unbeschwerte Schwangerschaft und Stillzeit. Die 37 häufigsten Beschwerden natürlich behandeln: So fühlen Sie sich wohl. Ohne Nebenwirkungen für Sie und Ihr Baby. Meyer-Rebentisch, K., Krüger, A.; TRIAS 1999

»Ich würde mich so gerne freuen!« Verstimmungen und Depressionen nach der Geburt. Hilfen für Mütter und Väter. Dunnewold, A., Sanford, D.G.; TRIAS 1996

Babys und Kinder

So ernähre ich mein Baby richtig und gesund. Der praktische Ratgeber für das 1. Jahr: die besten Tipps rund ums Stillen, Fläschchen und den ersten Brei. Dohmen, B.; TRIAS 2003

Wie Sie Ihr Baby mit sanfter Massage verwöhnen. Mit farbigem Poster fürs Kinderzimmer. Ahr, B.; TRIAS 1998

Baby-Gymnastik: So machen Sie es richtig. Wie Sie die gesunde Entwicklung fördern und Fehlhaltungen meiden. Extra: Vor- und Nachteile von Babygeräten. Zukunft-Huber, B.; TRIAS 2000

Die ungestörte Entwicklung Ihres Babys. Wie Sie die natürliche Bewegung unterstützen und Fehlhaltungen vermeiden. Zukunft-Huber, B.; TRIAS 1998

Kranke Kinder ganzheitlich behandeln. Nutzen Sie alle Möglichkeiten der Naturheilkunde, Homöopathie, Schul- und Alternativmedizin. Berger, H.-C., Berger, K.-M.; TRIAS 1998

Jedes Kind kann schlafen lernen. Vom Baby bis zum Schulkind: Wie Sie Schlafprobleme Ihres Kindes vermeiden und lösen können. Kast-Zahn, A., Morgenroth, H.; Oberstebrink-Verlag 1995

Von der Autorin des vorliegenden Buches:

Reise-Fieber. Mit Kindern in den Urlaub. Mehr Spaß durch richtige Vorbereitung. Verreisen ohne Langeweile und Erkrankungen. von Gratkowski, M., Nägele, A.; TRIAS 1996 – nur noch über Zeitschrift ZWILLINGE zu beziehen.

Sachverzeichnis

Abpumpen von Muttermilch 86 ff., 106, 108 ff.
Abstillen 109
– Gründe 100, 112 f.
– medikamentöses 111
Ähnlichkeit 62, 139, 222, 230 f.
Alkohol 30
Allein erziehende 207 ff.
Ängste in der Schwangerschaft 33 f.
Anlegen an die Brust 86 ff., 102 ff.
Anschaffungen
– doppelte 171, 216
– gebrauchte 170 f., 216 f.
Anwesenheit des Vaters beim Kaiserschnitt 60
Anziehen der Zwillinge/ausgehfertig machen 193 f.
Arbeitsfähigkeit in der Schwangerschaft 31
Atemtechnik 38, 54
Aufräumen 206 f.
Au-pair-Mädchen/-Junge 212
Aushilfstätigkeit (siehe Job)
Ausstattung 144 ff., 216
Autofahren
– in der Schwangerschaft 32
– mit Babys 168 ff.
Autositz für Babys/Kinder 168 f., 190

Babybadewanne (siehe auch Baden der Zwillinge) 148
Babybett 145 f.
Babybettwäsche 146
Babyhopser/Babyschaukel 118 f., 164
Babyschlafsack 146
Babysitter 197
– bezahlter (siehe auch Tagesmutter) 199, 212
– unbezahlter 211 f.
Baden der Zwillinge 138 ff., 148 f.
Bauchdeckenstraffung, operative 101
Bäuerchen 108
Behandlung von Schwangerschaftsbeschwerden
– medikamentöse 24 f., 28, 46 f.
– nichtmedikamentöse 24 ff., 28
Beihilfen, staatliche 216, 219
Beihilfe zur Erstlingsausstattung 219
Berufstätigkeit 200, 208 ff.
– besondere Regelungen 210
Beschäftigung der Zwillinge tagsüber 141 ff., 185 f.
Beschwerden nach der Geburt
– körperliche 71
– seelische 70 ff.
Besuch bekommen 99
Beziehung der Zwillinge untereinander 226 ff., 239 f.
– der Zwillinge zu anderen 227 ff.
Bilirubingehalt des Blutes 78, 81
Blasensprung siehe Fruchtblase
Blasen- und Darmprobleme (in der Schwangerschaft) 25
Blutdruckerhöhung, 21, 28
Bobath-Therapie 82 f.
Bodengymnastikübungen in der Schwangerschaft 31, 38
Brustwarzenpflege 104, 109
»Buchführung, doppelte« 139
Buggy, einzelner/zusätzlicher 153, 157 f., 162 f., 186 ff.

Cerclage (= Muttermundverschluss) 45
Chromosomenanalyse 63
CTG (siehe Kardiotokogramm)

Dammschnitt 54
Depressionen
– in der Schwangerschaft 24, 33
– nach der Schwangerschaft (siehe Wochenbettdepression)
Diagnoseproblematik bei Zwillingsschwangerschaften 10
Doppeltragesack 161, 172 ff.
Drillinge 95 f., 116 ff., 181, 195, 202, 216, 218 f., 222, 235, 246
Drillingsbuggy 157
Drillingsgeburt 19, 60
Drillingsschwangerschaft 14, 16, 21, 34, 40 f., 45, 48, 85
Drillingsvater (siehe Zwillingsvater)
Drillings(kinder)wagen 156 f.
Durchschlafen 126 f., 128

Eifersucht älterer Geschwister 202 ff.
»eigenes Ich« der Zwillinge (siehe Individualität)
»Eiigkeit« (eineiig oder zweieiig) 13 f.
– Diagnoseverfahren zur Feststellung 61 ff.
Einfrieren von Muttermilch (siehe auch Haltbarkeit) 108 f.
Einkaufen mit Zwillingen 188 f.
Einschlafhilfen für die Kinder 128 ff., 146
Eisentherapie
– für Babys 114

– für Schwangere 21, 29
Eiweißausscheidung im Urin 21, 28
Eizelle 13 ff.
Elternrolle 97 f., 196 f.
Engagement, ehrenamtliches 200
Entbindung, vaginale (= normale) 18
Entbindungsklinik 40 f., 48, 60, 203
Entlassung aus der Klinik
– gemeinsam 96
– ohne Kinder 94 f.
Entlastung, gegenseitige 195 ff.
Entspannungstechniken 38
Entwicklung (siehe auch Sprachentwicklung) 224 ff.
– altersgemäße 224
– geistige und körperliche 224 f.
– im Mutterleib 13 ff., 35, 62
Entwicklungstempo 224 f.
Erbanlagen, identische 13
Erblichkeit von Mehrlingsschwangerschaften 19
Erfahrungsaustausch
– in der Schwangerschaft 39
– nach der Geburt 198, 200, 208, 217, 246 ff.
Erfahrungsberichte Betroffener
– in der Schwangerschaft 22 f.
– über die Geburt 64 ff.
– über Rollentausch in der Kindererziehung 214 f.
– übers Stillen von Zwillingen 89 f.
Erholungsphase tagsüber 126, 199
Erledigungen, letzte (vor/kurz nach der Geburt) 43, 94, 96
Ernährung
– in der Schwangerschaft 29
– nach der Geburt 100
Erschöpfung, totale (der Mutter) 201
Erstgebärende 18, 33, 38 f., 42, 53 f., 72, 74 f., 94 f., 97 f.
Erziehung zur Eigenständigkeit 224, 232 ff., 241 f.
Erziehungs- und Kindergeld 216
Erziehungsurlaub für den Zwillingsvater 213
Essen, selbständiges 121

Fahrradanhänger 167, 188
Fahrradfahren mit Zwillingen 187 f.
Fahrradsitz 167, 187 f.
Familienauto 190, 216
Familienplanung, weitere 204
Fertigmilchprodukte fürs Fläschchen 113, 218
– warm halten 114
– wiederaufwärmen 113 f.
– Zubereitung 113 f.
Fertigwindel (siehe Höschenwindel)
Fetofetales Transfusionssyndrom siehe Plazentainsuffizienz
Figurprobleme 100, 197
Finanzielle Aspekte 208 ff., 216 ff.
Fixierung der Zwillinge aufeinander 228 ff., 246
Flaschen (Fläschchen) 147
Flaschenfütterung 102, 106, 109 ff., 129
– einzeln 116 ff.
– gleichzeitig 114 ff.
Flaschen- und Saugerpflege 120
Fluorgabe
– für Babys 114
– für werdende Mütter 29
Freiräume schaffen 197 ff.
Freunde/Bekannte, frühere (der Eltern) 184, 198, 246 f.
Freundschaften, eigene (der Zwillinge) 229, 233, 235, 242
Fruchtblase 14 ff., 62
Fruchtblasensprengung 48, 55 f.
Fruchtblasensprung 48
– vorzeitiger 41, 47
Fruchtwasserpunktion 34
Fruchtwasserspiegelung 52
Frühförderung (siehe Krankengymnastische Behandlung)
Frühgeborene 34, 76 ff., 96, 98, 105, 112, 225
Frühgeburtsbestrebungen 31, 38, 41, 44 ff.
Frühgeburtsvorbeugung 45 ff.
Führungsrolle eines Zwillings 227, 234, 237
Füttern (siehe auch Stillen, Flaschenfütterung) 101, 121

Gebraucht kaufen siehe Anschaffungen, gebrauchte
Geburt, ambulante 57 f.
– sanfte 57
Geburtseinleitung 47 f.
Geburtsgewicht
– niedriges 18, 77, 81 f.
– normales 82, 96
Geburtshilfsmittel 53
Geburtsklinik (siehe Entbindungsklinik)
Geburtskomplikationen siehe Komplikationen bei der Geburt
Geburtstermin 18, 41, 44, 77, 82
Geburtsüberwachung 48, 52 ff.
Geburtsverlauf 47 ff.
Geburtsvorbereitungskurs 31, 38 f.
Geburtszange 54 ff.
Gefahr einer Frühgeburt siehe Frühgeburtsbestrebungen
Gelbsucht bei Frühgeborenen 77 f., 80 f.
Geschwister, ältere (siehe auch Eifersucht) 35 ff., 95, 99, 112, 196
Geschwisterwagen 156, 158
Gewichtsunterschiede der Zwillinge
– nach der Geburt 106 f.
– vor/bei der Geburt 17, 62
Gewichtszunahme in der Schwangerschaft 28
Gitterbett 145
Gläschenkost 121, 216 ff.

Gleichbehandlung der Zwillinge
siehe Zuneigung, elterliche
Glücksgefühl nach der Geburt 70 ff.

Haltbarkeit der Milch 108 f.
Hängewiege (= Lullababy) 118, 145
Hausarbeit, anstrengende (in der Schwangerschaft) 28
Hausgeburt 57 f.
Haushaltshelfer, elektrische 205
Hausbesuche (siehe Kinderarztwahl)
Haushaltshilfe 95
– bezahlte 46, 99, 200 ff., 218 f.
– unbezahlte/freiwillige 99, 200 f., 205 f.
Hautjucken 26
Hebamme 39, 58
Herztöne (der Zwillinge) 10, 21, 52 ff.
Herztonüberwachung 52 ff.
Herztonverschlechterung 58 f.
Herztonwehenschreiber (siehe Kardiotokograph)
Hilfen im Umgang mit dem dicken Bauch 32
Hirnblutung bei Frühgeborenen 79 f., 82
Hochrisikogeburt 60
Hochstuhl 165 f., 178
Holzgitterschaukel 164
Hormonbehandlung 19
Höschenwindel (= Fertigwindel) 133 f., 137

Individualität der Zwillinge 222, 229, 231 ff., 237, 241 f.
Infektionsgefahr bei Frühgeborenen 80
Infusion siehe Medikamente
Inkubator (= Brutkasten) 78, 88
Intelligenzquotient bei Schuleintritt 225
Intensivmedizinische Betreuung der Kinder siehe Neugeborenen-Intensivstation
Intubation 78
In-vitro-Fertilisation 19
Isolation, soziale 184, 214 f.

Jodmangel (in der Schwangerschaft) 29
Job (stundenweise) 200, 210

Kaiserschnitt 18 f., 47 f., 55 f., 58 ff., 72, 97
– Risiken 59
Kardiotokograph/-gramm (= CTG) 24, 48, 52 f.
Kinderarztbesuch 180 f.
Kinderärztliche Untersuchung 82
Kinderarztwahl 42
Kinderbetreuung siehe Babysitter, Tagesmutter
– gegenseitige 212
– im Notfall 212
Kinderbetreuungskosten 217
Kindergarten 241 f.
Kinderkleidung 149 ff., 216
– für draußen 193
– gleiche 231, 234
– Größen 150, 218
– selbstgestrickte 149
Kinderklinik 95
Kinderkrippe, staatliche 213
Kindersicherheit außer Haus 178 f., 186, 189
Kindersicherheit zu Hause 176 ff.
Kindersicherheitssysteme fürs Auto 168 f.
Kindersitze 163 ff.
Kinderwagen 152 ff.
Kindsbewegungen 16
Kindslage 18
Klinikaufenthalt (zur/nach Entbindung) 74 ff., 203
Klinikkoffer 43
Klinikkontakte/-erfahrung, vorgeburtliche 61
Komplikationen bei der Geburt 41
Kontaktadressen für Mehrlingseltern 253 ff.
Kontakte von Mehrlingseltern 185, 246 ff.
Kopfkissen für Babys 146
Körperpflege der Kinder 133 ff.
Kosten, erhöhte siehe Finanzielle Aspekte, Anschaffungen, Ausstattung
Krampfadern 26
Krankengymnastische Behandlung
– nach Bobath 82 f.
– nach Vojta 82 f.
Krankenkassenleistung 46, 201, 219
Krankheit der Kinder 179 f.
Krankschreibung in der Schwangerschaft 31
Kreuzschmerzen 26
Kuhmilchunverträglichkeit 113
Kuraufenthalt (für Mütter) 201
Kurzatmigkeit (in der Schwangerschaft) 25

Laufstall 166, 178
Let-Down-Reflex 102, 106
Liegen in der Schwangerschaft
– in der Klinik 46 ff.
– zu Hause 46
Löffeltraining 121 f.
Lohnfortzahlung in der Schwangerschaft 31

Magnesium 29, 47
Mangelgeburt siehe Geburtsgewicht, niedriges und Unterversorgung
Massage 27, 32
Medikamente
– während der Geburt 54 ff.
– wehenfördernde 47, 55
– wehenhemmende 33, 45 ff., 55
Mehrgebärende 18, 33, 38, 48, 53, 74, 95, 98, 112, 129
Milchbildungstee 107
Milchproduktion anregen/in Gang halten 75, 86 ff., 91, 94, 105 ff., 109 f.
Missbildungen 34

Mittagsschlaf der Zwillinge 125 f., 199
Mobil bleiben mit/trotz Zwillingen 184 ff., 197 ff., 246
Mobile 135, 141
»mobile Therapie« 83
Mutter-Kind(er)-Beziehung
– nach der Geburt 71, 75, 98
– während der Schwangerschaft 35
Muttermilch-Mythos 111 f.
Muttermundschwäche (siehe auch Cerclage) 45
Mutterschutzfristen 31, 213

Nabelschnurvorfall 48
Nachgeburt 56, 58
Nahrung, feste 121 ff.
Namensgebung bei Zwillingen siehe Zwillingsnamen
Neugeborenen-Intensivstation 41, 60, 71, 73 f., 76 ff.
Nur-Hausfrau (Nur-Mutter) 210

Organisation im Haushalt (siehe Haushaltshelfer, Haushaltshilfe)
Östrogenkontrolle 52

Paarbeziehung/Partnerschaft (siehe auch Elternrolle) 196 ff.
Patenschaften (von Babyartikelfirmen) 218
Periduralanästhesie (= PDA) 18, 45, 54, 59
Persönlichkeitsentwicklung der Zwillinge 132, 229 ff., 238 f., 241 f.
Pflanzen, giftige 178
Pflegepräparate (siehe Wickelzubehör)
Plastikauflage (= Wickelauflage) 135, 151
Plazenta 14, 16, 62
Plazentainsuffizienz 17, 47, 58
Pudendusanästhesie 54
Pumpe, elektrische 108 f., 112

Quengeligkeit der Kinder 143 ff.

Rauchen (in der Schwangerschaft) 30
Reaktionen auf die Zwillingsdiagnose
– eigene 10 f.
– der Umwelt 11 f.
Reifungsstörung siehe Unreife der kindlichen Körperorgane
Rhesusfaktor der Kinder 62
Risikogeburt 18, 53, 58, 60
Rolltreppen 189
Rooming-in 75 f.
Rückentragesitz (= Kraxe) 162 f., 186 ff.

Sauber werden 137 f.
Sauger 147
Saugglocke 54 f.
Säuglingspflegekurs 39
Saug- und Schluckstörung bei Frühgeborenen siehe Sondenernährung
Schädellage (siehe Kindslage)
Schlafen der Kinder im Elternbett 131 f.
– der Kinder in fremder Umgebung 191
Schlafmangel
– in der Schwangerschaft (= Schlaflosigkeit) 27
– nach der Geburt (= Schlafdefizit) 101, 126 ff., 194 f.
Schlaf-wach-Rhythmus (der Kinder)
– Beeinflussbarkeit 125
– nachts 126 ff.
– tagsüber 123 ff.
Schnuller 147
Schonung in der Schwangerschaft 28, 45
Schreien lassen 123, 130
Schuhe der Kinder 150
Schulbesuch (siehe Kindergarten)
Schwangerschaftsanämie 27
Schwangerschaftsbeschwerden
– körperliche 24 ff.
– seelische 33
Schwangerschaftsgymnastik (siehe Bodengymnastikübungen)
Schwangerschaftsstreifen 27, 30
Schwangerschaftsüberwachung (siehe Schwangerschaftsvorsorgeuntersuchungen)
Schwangerschaftsvergiftung (= Toxikose) 21, 27 f., 58
Schwangerschaftsvorsorgeuntersuchungen 11, 17, 20 f., 28, 34, 41
Second-hand-Läden 171, 218
Selbstgekochtes (für die Kinder) 121
Selbsthilfegruppen siehe Zwillingsclub
Sexualität
– in der Schwangerschaft 31
– nach der Schwangerschaft 98, 196 f.
Siamesische Zwillinge (siehe Missbildungen)
SIDS (= »plötzlicher Säuglingstod«, siehe Tod)
Sodbrennen 25
Sojamilchprodukte fürs Fläschchen 113
Sondenernährung bei Frühgeborenen 80, 88
Sonderurlaub (wegen Krankheit) 212
Sparmöglichkeiten 217 ff.
Spazieren gehen 99, 141, 143, 178 f., 185 f., 206, 238
Spielen der Zwillinge, gemeinsames 140 ff., 230
Spielgefährten 140, 227 ff., 246
Spielplatzaufenthalt 143, 178, 185 f., 247
Spielzeug 141 f., 171, 191, 234, 239
Sport
– in der Schwangerschaft 30
– nach der Geburt 100
Sport(kinder)wagen 152
Sprachentwicklung 225 f.
Sprachentwicklungsförderung 226

Steißlage (siehe Kindslage)
Sterblichkeit von Mehrlingen 33 f.
Stillberatung/Stillgruppe 87, 99, 107, 111
Stillen 75, 86 ff., 97, 99, 103 ff., 126, 203
– einzelnes 101 f.
– gleichzeitiges 101 f.
– im Krankenhaus 88
– von Drillingen 87, 111
– von Frühgeborenen 88, 112
Stillhäufigkeit/-rhythmus 104 ff.
Stillkissen 102
Stillpositionen 102 f.
Stimmungsschwankungen in der Schwangerschaft 33
Stoffwindeln 133 ff., 146
Strampelhosen/Strampelsäcke 149
Streit der Zwillinge 140 f., 237 ff.
Stress der Mutter/Eltern (siehe Schlafmangel, Überforderung, auch Umstellung im Alltag)
Stubenwagen 145

Tagesmutter 211 f.
Telefonnummern, wichtige 41, 43
Temperament der Zwillinge 222 f., 237
Tipps zum Kinderwagenkauf 153 f.
Tod eines Säuglings, plötzlicher 84 ff.
Tragesack (= Easy-Rider) 159 f., 186
Tragetasche/Softtragetasche für Babys 152, 159
Tragetuch 162, 186, 188
Transport zusätzlicher kleiner Geschwister 158
Trennung vom Partner 208
Trinkgewohnheiten der Kinder 106 ff., 116 f.
Trinkhilfen (für trinkfaule Babys) 119
Trinkmenge, ausreichende 106
Tri-Set (siehe Sportwagen)
Türgitter 166, 177

Überforderung der Mutter/Eltern 97, 99 f., 194 f.
Überwachung der Atmung
– bei Frühgeborenen 78 f.
– per Monitor zu Hause 84
Ultraschall 10, 17, 21, 34
Umgewöhnung von Flasche auf Brust 91, 105
Umstellung, hormonelle (in der Schwangerschaft) 24, 33
– im Alltag mit Kindern 97 ff., 184, 196 ff., 201, 246 f.
Umzug (siehe auch Wohnsituation) 43 f., 206, 216
Unfallgefahr (siehe Kindersicherheit)
Unreife der kindlichen Körperorgane 77 ff.
Unterschiedlichkeit von Zwillingen 222 ff., 232 ff.
Unterstützung, finanzielle siehe Beihilfen, staatliche
Unterversorgung (im Mutterleib) 17, 46, 52, 62, 77 f., 222

Urlaub/freie Zeit
– mit den Kindern (kindgerecht) 191 f.
– ohne Kinder 198, 199
Urlaub des Zwillingsvaters 96 f.

Verkehrsmittel, öffentliche 189, 217
Versorgung im Mutterleib siehe Unterversorgung
Vierlinge siehe Drillinge
Vierlingsgeburt 41, 60 f.
Vierlingsschwangerschaft 14, 16, 34
Vitaminpräparate für die Mutter 107
Vojta-Therapie 82 f.
Vollnarkose bei Kaiserschnitt 59
Vorsorgeuntersuchungen der Kinder 82

Wachstum (im Mutterleib) 21
Wahrscheinlichkeit von Zwillingen 19
Wasseransammlungen 21, 25, 28
Wehen, regelmäßige 47
– vorzeitige 31, 34, 45
Wehenmittel siehe Medikamente
Wehenschmerz 53 f.
Wickelauflage siehe Plastikauflage
Wickeln 118 f., 133 ff.
Wickeltechniken 135
Wickeltisch/Wickelkommode 135., 150
Wickelzubehör 135 f., 218
Windeln 133 ff., 216 ff.
Windelservice 134 f.
Wippe 115, 120, 163 f.
Wochenbett-Depressionen 70 ff.
Wohnsituation 42 ff.

Zähne der Zwillinge 63
Zeitschrift »Zwillinge« 2, 155, 175, 218, 243, 248
Zellteilung 13 ff., 62
Zimmer, getrennte (für die Kinder) 132
Zimmerpflanzen, giftige 177
Zufüttern (zur Muttermilch) 86 ff., 106, 110
Zuneigung, elterliche 236 f.
Zwillinge
– eineiige 13 ff., 62 f., 98, 104, 222 ff., 230 f.
– gleichgeschlechtliche 13 ff.
– verschiedengeschlechtliche 14, 233 f.
– zweieiige 13 f., 62 f., 222 ff.
Zwillingsbuggy 157 ff.
Zwillingsclub/Zwillingselternvereine 39, 175, 200, 208, 246 ff.
Zwillingsinitiative gründen 248
Zwillingsnamen 252
Zwillingstraining, praktisches 39
Zwillingsvater 96 ff., 195
Zwillingswagen (siehe Kinderwagen)

Heft 131, Juli 2003
ISSN: 0940-8843
3,60 € plus 1,00 € Versand
Postvertriebsstück
B 9484
Entgelt bezahlt
ZWILLINGE
ZEITSCHRIFT FÜR MEHRLINGSELTERN
Grillen
ADS
Laura und Jessica Etter